Self-discipline
and
Nature

自律／與自然

一部人類與瘟疫的
鬥爭史

陳根 著

博碩文化

作　　　者：陳根
責任編輯：賴彥穎

董 事 長：陳來勝
總 編 輯：陳錦輝

出　　　版：博碩文化股份有限公司
地　　　址：221 新北市汐止區新台五路一段
　　　　　　112 號 10 樓 A 棟
電　　　話：(02) 2696-2869
傳　　　真：(02) 2696-2867

發　　　行：博碩文化股份有限公司
郵撥帳號：17484299　戶名：博碩文化股份有限公司
博碩網站：http://www.drmaster.com.tw
讀者服務信箱：dr26962869@gmail.com
讀者服務專線：(02) 2696-2869 分機 238、519
（周一至周五 09:30 ～ 12:00；13:30 ～ 17:00）

版　　　次：2021 年 3 月初版一刷

建議零售價：新台幣 390 元
I S B N：978-986-434-740-7
法律顧問：鳴權法律事務所 陳曉鳴律師

本書如有破損或裝訂錯誤，請寄回本公司更換

國家圖書館出版品預行編目(CIP)資料

自律與自然：一部人類與瘟疫的鬥爭史/陳
根著. --初版. --新北市：博碩文化股份有限
公司,2021.03
　面；　公分
ISBN 978-986-434-740-7(平裝)

1.未來社會　2.國際關係　3.病毒感染

541.49　　　　　　　　　　110003042

Printed in Taiwan

歡迎團體訂購，另有優惠，請洽服務專線
博碩粉絲團 (02)-2696-2869 分機 238、519

商標聲明

本書中所引用之商標、產品名稱分屬各公司所有，本
書引用純屬介紹之用，並無任何侵害之意。

有限擔保責任聲明

雖然作者與出版社已全力編輯與製作本書，唯不擔保
本書及其所附媒體無任何瑕疵；亦不為使用本書而引
起之衍生利益損失或意外損毀之損失擔保責任。即使
本公司先前已被告知前述損毀之發生。本公司依本書
所負之責任，僅限於台端對本書所付之實際價款。

前言

　　自新冠肺炎疫情全球大流行以來，它就成為了影響全球經濟走勢、國際政治格局等最重要的變數。疫情讓社會的不確定性有增無減，不同的問題在各個領域不斷地湧現出來。從教育到醫療，乃至社會意識形態均面臨大考。疫情擴散範圍和持續性一再刷新各界的預期，也讓社會的脆弱性進一步加劇。

　　新冠疫情造成的封鎖導致了 1930 年以來增幅最大的失業率。美國勞工部（Department of Labor）2020 年 4 月資料顯示，截至 4 月 11 日，美國已成功提交的失業救濟申請以及獲得批准的人數比重升至全部勞動人口的 11%，這是有記錄以來的最高水準。同時，封城抗疫五周以來的失業救濟申請總人數達到創紀錄的 2600 萬，在數量上超過了美國自金融危機以來創造的就業崗位總數。

　　經濟的急劇下滑讓人們感到震驚。根據中國 2020 年第一季度 GDP 報告，從各產業來看，第一產業受到的影響相對較小（-3.2%）；第二產業受到的影響最大（-9.6%），因為人員流動受到限制，產業鏈無法正常運轉，因此該產業受到的衝擊幾乎是"休克"式的；其次則為第三產業（-5.2%）。

　　疫情也讓近年來不斷震盪的國際關係增加更多變數。與應對金融危機時相比，2020 年的疫情中，國際合作的成效乏善可陳。世界衛生組織（WHO）面對疫情的暴發顯得手足無措，美國更是激烈抨擊 WHO，強烈要求停止繳納會費，並揚言永不繳納。大國之間的原則性分歧，讓 G20 會議很難複製當年的高效與決斷。國家之間各自為政，中美兩國持續對峙，主權政府已開始逐步收回曾向國際機制讓渡的權力。

　　新冠疫情的全球流行把家門外的世界變成了一片荒野，社交隔離讓民眾減少了對公共空間的涉足。疫情導致許多短期的緊急措施成為社會生活的一部分，這也正是緊急措施的性質，它們同時也加快了歷史進程。通常情況下，可能需要花費數年時間進行審議的決定，疫情期間幾小時內即可通過。不成熟甚至潛在危險的技術被投入使用，因為不採取任何行動造成的風險會更大。從國際到各個國家，都在大型社會實驗中充當豚鼠。

疫情不是對社會暫時的干擾，而是一種完全不同的生活方式的開始。

一些國家通過尋找更精準的方法來識別疾病風險人員。以色列通過追蹤恐怖分子的手機定位資料來追蹤那些與已知病毒攜帶者有聯繫的人；新加坡則進行了詳盡的聯繫追蹤，不僅公佈了每一個已知案例的詳細資料，甚至病人在哪裡生活和工作，他們住進了哪家醫院都有記錄。

《麻省理工科技評論》曾對疫情的影響做出了一個想像：在新世界裡，為了登上一架航班，人們必須註冊一項服務，這項服務使得人們的全部行動會通過手機被跟蹤。航空公司無法看到人們去了哪裡，但如果接近已知的感染者或疾病熱點，手機就會發出一個警報。在大型場館、政府大樓或公共交通樞紐的入口處也會有類似的要求。到處都會有溫度掃描器，人們的工作場所可能會要求每個人戴一個監視器來跟蹤其溫度或其他生命體征。人們終將適應並接受這些措施，就像人們在恐怖襲擊後適應日益嚴格的機場安全檢查一樣。

當然，在疾病預防方面，現代的社會已經取得了巨大進步。過去的傳染病大流行甚至會在很長一段時間內減少人們的預期壽命，醫療水準的進步和科技更迭使情況得到改善，但社會的脆弱性在疫情大考下依舊暴露無遺。

幾乎可以肯定的是，新冠疫情將如同歷史上的任何一次瘟疫，對人類的社會生產和生活造成深刻影響。儘管新冠疫情造成了供需雙弱、地緣政治震盪的獨特蕭條場景，但從更長期的歷史視角來看，卻也加速了全球經濟、政治、社會治理的艱難蛻變。

縱觀人類歷史，世界性的重大意外事件其實是一個常態，它們在歷史上不斷出現。從黑死病到兩次世界大戰，歷史的走向不斷被這些意外所改變，有些意外事件也標誌著一個新時代的開端。

在過去的三十年，人類社會處於前所未有的太平盛世，一直在平穩發展著。雖然地球上不斷出現局部的意外和波折，就像新冠疫情猝不及防地打碎了曾經直線型的、平滑的、可預測的社會，但並沒有一個全球性的事件可以終止這種進程。

　　本書寫於新冠疫情大流行期間，在疫情背景下，回溯了諸如麻風天花等與人類文明一同生長的瘟疫，並基於現代醫學的研究成果對"非典"、埃博拉等新生病毒做了歸類和病理學解釋。本書以疫情為主題，以變化為線索，展開了在疫情期間對醫療、經濟、政治、社會生活等各方面的觀察和思考，基於國際視角提出了後疫情時代的前瞻性看法。本書兼具趣味性和科學性，讀來並不枯燥晦澀，在提供更多資訊的同時幫助讀者對人們所處的後疫情時代有更多的瞭解，體會到疫情是如何一往無前地向前奔走，裹挾著人類和人類文明去向遠方。

陳根

內容簡介

　　歷史的車輪滾滾向前，但似乎又在周而復始地重複著歷史的軌跡。縱觀歷史，不同的階段都會出現意想不到的瘟疫，從而對人類的生命造成極大的威脅。但是，這些瘟疫也能讓人類停下腳步來思考人與自然的關係。可以說，人類的發展史也是一部人類的瘟疫史。一隻無形的手總在人類歷史的不同階段借助於瘟疫來提醒人類應該控制欲望，與大自然和諧共處。《自律與自然--一部人類與瘟疫的鬥爭史》正是從人類與瘟疫史的角度出發，它將帶領我們穿越歷史來理解為什麼人類需要自然與自律。從這本書中，我們會看到瘟疫在歷史中所留下的腳步有著驚人的相似之處，包括這次新冠肺炎。同時，我們也能窺見這些腳步的細小區別，這些區別無非是每一次所表現出來的病毒的差異。

　　通過這本書，我們將會發現不論是當下的瘟疫，還是歷史中的瘟疫，每一次瘟疫的發生都會給人類社會帶來深刻的改變。當然，這次的瘟疫也是如此，它將給人類社會帶來前所未有的變化，這個全新的時代可以被稱為後疫情時代。在後疫情時代，我們將會面對哪些變化、機遇與挑戰，這也是本書探討的一個重要方向。

　　那麼，我們人類該如何才能避免重蹈歷史的覆轍，這也是本書提出的一個重要問題。通過此書的閱讀，我們或許能更好地理解人類回歸自然以及與自然和諧相處的重大意義，這也必將會為人類避免下一次的大瘟疫暴發提供智慧。

目錄

第一章　瘟疫紀事

1-1　人類和文明，人類和瘟疫

138 億年前，宇宙大爆炸。這是所有歷史日期的開端，也是創世故事的起源。

46 億年前，地球誕生。6 億年後，在早期的海洋中，出現了最早的生命，生物開始了由原核生物向真核生物複雜而漫長的演化。

2000 萬年前起，一部分靈長類動物開始花更多時間生活在地面上。到了約 700 萬年前，在非洲某個地方，出現了第一批用雙腳站立的 "類人猿"。

200 萬年前，非洲東部出現了另一個類人物種，即 "能人"。這個物種的特別之處在於它的成員可以製作簡單的石質工具。他們開始改進手中的石器，甚至嘗試著馴服狂暴的烈焰。隨著自然選擇和基因突變的雙重作用，他們後代的腦容量越來越大，直到直立人的出現。

根據古生物學的研究，名為 "直立人" 的物種，和現代人類個頭相當，其腦容量也和現代人相差無幾。他們製作的石質工具比能人更加精細複雜。隨後，這個物種的部分成員離開非洲，歷經多代繁衍與遷徙，對多個國家和地區的人類起源產生重大影響。

終於，現代人類，即智人，出現在約 25 萬年前的東非。

人類在地球的演化何其漫長，在這幾千萬年裡，人類和萬物都一起生長著。其中，就包括病毒和那些伴隨人類千年的瘟疫。

上述觀點只是我們根據當前有限的考古學以及相關的學科資料倒推出的人類起源結果，並不代表著人類真實的起源。也許非洲也並不是真正的起點，而只是人類目前探索下的一個階段性推論點。但是，這種推理卻是站在進化論的視角上提出的。從宗教與民族的視角來看，人類的起源則又是另外一番景象，因為這種視角是與進化論完全不同的創造論視角。顯然，關於人類的起源說並不是這本書所要探討的重點，而基於進化論的人類起源說則更多的是基於達爾文的一種學術理論構建。就本人而言，在這個問題上則更選擇相信創造論。

1-1-1　病毒星球

病毒影響了人類福祉的發展，追溯病毒的過去，病毒是什麼時候出現在地球上，又是什麼時候與人類有了連結和關係？

在《極簡人類史》一書中，作者大衛・克利斯蒂安在描述回顧人類在宇宙中的具體位置時表示：假如將整個 130 億年的宇宙演化史簡化為 13 年，那麼人類的出現大約是在 3 天前，最早的農業文明發生在 5 分鐘前，工業革命的發生不過 6 秒鐘以前，而世界人口達到 60 億、第二次世界大戰、阿波羅登月都只不過是最後一秒發生的事情。

於是，就能看到了人類在宇宙中的位置。

從目前的考古學角度來推論，地球的年齡在 46 億年左右，單細胞生物出現大概在 30 億年前，按《極簡人類史》中的換算相當於出現在 3 年前。這樣看來，病毒似乎比人類要古老的多。這也就意味著，當地球上誕生第一個細胞時，病毒很可能就存在了，病毒的歷史可能比人類的歷史還要漫長。

病毒造就了地球今天的環境，而且病毒遍佈地球的每一個角落。所有人們能想像到的地方都有病毒的存在，如海洋、冰川、沙漠、火山，當然還包括在人類的身體裡。病毒在人們的 DNA 裡留下了豐富的資訊，人類 DNA 片段中 8% 來自病毒，說它們是人類親緣有點遠的祖先也不為過。

地球上病毒最多的地方就是海洋，在一升的海水裡，有大約 1000 億的病毒。這些病毒在基因交換的過程中，促成了海洋生物的演化。可以說病毒維持著生態平衡，並且默默地改造著地球的環境。

　　病毒一詞經歷了 3 次變遷才比較接近現在的意思。病毒 Virus 的詞源學溯源，在拉丁語中意為“流動的粘液”，引申意是“蛇的毒液”和“人的精液”，這賦予了病毒“毀滅”和“創造”的雙重含義。經歷幾個世紀後病毒一詞逐漸呈現出另一種含義--有傳染性的物質，比如傷口流出的膿液，通過空氣傳播的神秘物質。

　　19 世紀晚期，在研究煙草花葉病的原因時，伊萬諾夫斯基提出致病因數與細菌的特性不相吻合，於是將這種物質命名為“濾過性病毒”，為病毒學的創立奠定了基礎，這也是人類在病毒意義上首次使用 Virus 一詞。伊萬諾夫斯基作為世界上第一位發現病毒的人，也被後人譽為“病毒學之父”。

　　20 世紀 20 年代，斯坦利從患有花葉病的煙草葉子的提取液中濃縮、分離出蛋白質結晶，用實驗證明這種蛋白質結晶具有傳染性，亦即能夠進行自我增殖，發現了病毒的結構--95%蛋白質+5%核酸。

　　在電子顯微鏡的發明人、1986 年諾貝爾物理學獎得主恩斯特·魯斯卡的弟弟哈爾墨特·魯斯卡的協助下，德國生物化學家考舍於 1939 年終於觀察到了煙草花葉病毒，並確認其為杆狀顆粒。從最初推定煙草花葉病毒為濾過性病原體，到直接觀察到這種濾過性病原體為一種亞微觀顆粒，人類整整用了 41 年。

　　現代醫學的發展，讓病毒的研究更加深入。在現代醫學的定義裡，病毒是一種個體微小，結構簡單，只含一種核酸（DNA 或 RNA），必須在活細胞內寄生並以複製方式增殖的非細胞型生物。

　　病毒以一種非細胞生命形態存在著，由一個核酸長鏈和蛋白質外殼構成。病毒沒有自己的代謝機構，沒有酶系統。因此病毒離開了宿主細胞，就成了沒有任何生命活動、也不能獨立自我繁殖的化學物質。它的複製、轉錄和轉譯的能力都是在宿主細胞中進行。當它進入宿主細胞後，它就可以利用細胞中的物質和能量完成生命活動，按照它自己的核酸所包含的遺傳信息產生和它一樣的新一代病毒。

病毒並不總是面目可憎。人類吸入的氧氣裡，有 1/10 是病毒惠予的，而大多數病毒對人體其實是有益的。比如，病毒能說明人體平衡腸道中的菌群防止對人們的身體造成損害。病毒在不同宿主間穿梭，有一定機率攜帶上一部分宿主的基因片段，然後插入到下一位宿主的基因裡，這才使得人類或其他物種能夠具有多樣性。

當然，病毒也是自然創造的冷血殺手。目前發現的對於哺乳動物致命的病毒就有 32 萬種，它對人體的害處毋庸置疑。著名的＂天花病毒＂、＂愛滋病病毒＂、＂埃博拉病毒＂等，由於大多表現出致命性，所以令人談病毒色變。

現存大部分病毒無法單獨進行代謝活動，需要通過將核酸注入宿主的細胞內部進行＂繁衍＂。病毒核酸一旦進入宿主細胞核增殖，將會打亂細胞正常翻譯、轉錄。通過抗原蛋白對宿主細胞入侵損害或由於病毒入侵導致的免疫過激，將會導致宿主細胞損傷甚至死亡，對人類健康產生不可逆轉的負面效應。

1-1-2　瘟疫文明

人類文明的出現是距今一萬年內的事，而幾乎同時發生的另外一個巨大變化就是傳染性疾病的形成。隨著文明的發展，傳染病也以相同甚至更快的速度發展，在西元前後開始出現跨地區、跨大陸和全球性流行。

傳染病也被稱為瘟疫，瘟疫的出現不外是由於人口增多、人群定居、從事農業和畜牧業等。可以說，瘟疫是文明浪潮中全球化大趨勢不可避免的後果。在過去的幾千多年中，瘟疫一直都和人類共存，影響著人類社會的政治、經濟、文化等方方面面。

關於瘟疫最早且最詳細的文字敘述來自西元前 6 世紀文字版《荷馬史詩》第一部《伊利亞特》第一卷，游吟詩人曾對瘟疫有過如此描述：＂阿基琉斯與阿伽門農因爭吵而結仇，高歌吧！女神！為了佩琉斯之子阿基琉斯的暴怒……是哪位天神挑起了兩人的爭執？是宙斯與勒托之子阿波羅。他對國王不滿，在他的軍中降下兇惡的瘟疫，吞噬了將士的生命。"

《荷馬史詩》中詩人對瘟疫的描述只讓人們粗淺地看到了遠古時期人們對瘟疫敘述與抗爭，書中所敘述的"阿波羅用瘟疫懲戒人間"雖是以神話隱喻現實，但其瘟疫暴發時間已不可考。

西元前 430 年至前 427 年，雅典城邦暴發的瘟疫是記載較為詳盡的一次瘟疫，那場瘟疫摧毀了輝煌的城邦文明。希臘史學家修昔底德對這場毀滅雅典的瘟疫進行了這樣的描述："身強體健的人們突然被劇烈的高燒所襲擊，眼睛發紅彷彿噴射出火焰，喉嚨或舌頭開始充血並散發出不自然的惡臭，伴隨嘔吐和腹瀉而來的是可怕的乾渴，這時患病者的身體疼痛發炎並轉成潰瘍，無法入睡或忍受床褥的觸碰，有些病人裸著身體在街上遊蕩，尋找水喝直到倒地而死。甚至狗也死於此病，吃了躺得到處都是的人屍的烏鴉和大鵰也死了，存活下來的人不是沒了指頭、腳趾、眼睛，就是喪失了記憶。"

瘟疫暴發之時，正值古代希臘最大規模的內戰--伯羅奔尼薩斯戰爭期間，雅典與斯巴達進行著激烈的軍事對抗。而瘟疫蔓延導致了 1/4 的人口喪生，連 "首席將軍"伯裡克利也未能倖免。據史書記載，這場瘟疫大流行起源於非洲，從衣索比亞經海上傳到庇裡猶斯港，然後蔓延至雅典衛城。伯利克裡的死，直接影響到當時的伯羅奔尼薩斯戰爭。西元前 404 年，雅典戰敗向斯巴達投降，自此以後，古希臘隕落，之後兩千年，歐洲再也沒有出現過雅典這樣的輝煌的城邦文明。

歷史上最大規模的瘟疫暴發於西元 168 年，史稱 "安東尼瘟疫"。尼古拉斯·普桑在畫作《阿什杜德的瘟疫》中忠實紀錄了這場恐怖瘟疫的實況："因無人埋葬而在街道上開裂、腐爛的屍體，腹部腫脹，大張著嘴，如洪流般噴出陣陣膿水，眼睛通紅，手則朝上高舉。屍體重疊著屍體，在角落裡、街道上、庭院的門廊裡以及教堂裡腐爛。"

這場瘟疫究竟是什麼疾病，歷代學者分別提出了不同的解釋方式，包括天花、鼠疫、流感和霍亂。這場瘟疫持續十五年左右，導致羅馬帝國本土 1/3 的人口死亡。瘟疫過後，羅馬的黃金時代也逝去了，羅馬帝國的社會和政治，特別是文學和藝術遭受了巨大打擊。皇帝安東尼是當時著名的詩人、哲學家，他的悲觀、絕望與突然離世對整個羅馬社會的文化自信產生了極大的摧毀作用。而絕望的人們對巫術的膜拜，又使得羅馬人背離了對神的信仰，由此形成了一種惡性循環，最終鑄成了羅馬帝國內部的文明坍縮。

瘟，疫也。疫，民皆疾也。瘟疫在人類的幾千年間，曾摧毀文明，也締造文明。

1-2　古老的麻風與天花

人們可以在宗教上相信人類的精神與神靈存在某種秘密的聯繫，並傾向於確立人在生物圈中至高無上的地位--基督徒認為上帝用粘土創造了亞當；佛教徒把人類的存在和繁衍歸結為無窮的精神輪回；其他宗教把人看作是神的神奇造物，等等。

但事實上，無論人們信奉怎樣的理念，精神之外的身體卻只能與物質的細胞和病毒相伴。數百萬年的進化使人類擁有了非凡的技藝，但人們仍然無法擺脫外在物質世界對身體的侵蝕，隨時都在與無窮種類和數量的細菌或病毒進行抗爭，以維持生命的有限存在。

當某種細菌或病毒攻擊了某一個活著的軀體，並使這個軀體承擔生命受損的病苦，這就是個體疾病。然而，當某些殘忍而狡猾的細菌或病毒攻擊人類後，卻可以將疾病演化為一場群體性的傷害和死亡，並在很大的範圍內蔓延開來。這樣，個體疾病就變成了令人恐懼的瘟疫。

其中，麻風和天花，就是伴隨人類的最古老的瘟疫之二。

1-2-1　麻風夢魘

可以說，麻風的出現幾乎與人類文明同步。麻風在世界上流行的歷史之悠久，傳播之廣泛，使得幾乎五大洲的各國、各地區都有麻風病人存在。

麻風的記載可以上溯到古埃及。據考證，西元前 2400 年的紙草書中，"set" 一詞就指當時的麻風。在埃及第四代法老的王宮遺填中發現的陶罐上，有類似瘤型麻風 "獅面" 的刻繪。陶罐的產生時期，相當於西元前 1411-1314 年。

印度學者則根據西元前 1400 年時的梵文紀典《吠陀》中的 "Kushtha" 一詞，認為麻風病在印度流行至少 3000 多年。此外，在古代亞述帝國的重鎮之一的尼尼微城（曾經世界最大的城市之一）的亞述巴尼拔皇宮（建於西元前 7 世紀）的遺址中，發掘出很多刻有楔形文字的瓦言，其中被發現有令麻風病人遠離城市的法律條文。這意味著，在那時亞洲西部的底格裡斯河與幼發拉底河流域一帶，已有麻風流行。

中國有關麻風病的最早記載，是《戰國策》中引用的殷商時期（西元前 1066 年）箕子漆身為厲以避殺身之禍的史料。實際上，秦漢以後的中醫典籌畫中，關於麻風的記載已然很多。如戰國的《內經》、隋代的《諸病源候論》、唐代的《千金要方》、清代的解圍無藪》、《瘋門全書》等，這些典籍對麻風的症狀、治療等，已有較深的認識和系統的論述。

在基督教的《新約聖經》中也有關於耶穌接觸與醫治麻風病的記載，但這已經是西元後的事情。但是，我們可以清楚知道的是，麻風病是一種古老而又悠久的傳染病。

歐洲的麻風病是十字軍東征（1096 年—1291 年）的產物，在這場大規模軍事擴張活動中，耶路撒冷國王鮑德溫四世因他麻風病人的身份格外受關注。這位 "麻風國王" 因病無力治國，耶路撒冷王國也因此由盛轉衰。

麻風病困擾了人類 3000 多年，人類與麻風病的鬥爭也持續了 3000 多年。現代醫學揭示了麻風病的機理：是由麻風桿菌引起的一種慢性傳染病，主要病變在皮膚和周圍神經，也被稱為 "漢森病"。這一名稱的得來，主要得益於 1873 年發現麻風桿菌的挪威學者--格哈德·阿瑪爾·漢森（Gerhard Armauer Hansen）。

麻風病的臨床表現為麻木性皮膚損害，神經粗大，嚴重者甚至肢端殘廢。如果不進行治療，可能會導致肌肉無力、毀容和永久性神經損傷。根據機體的免疫狀態、病例變化和臨床表現可將大多數患者分為瘤型和結核樣型兩型。少數患者處於兩型之間的界線類和屬非特異性炎症的未定類，瘤型和界線類病人傳染性最強。

麻風病人是麻風桿菌的天然宿主，麻風病的傳染源也是未經治療的麻風病人，其中多菌型患者皮膚黏膜含有大量麻風桿菌，是最重要的傳染源。當感染者咳嗽或打噴嚏時，這種疾病會通過飛沫傳播，傳播途徑還有破損的皮膚與黏膜和密切接觸等。人類對麻風桿菌的易感性很不一致，兒童患麻風病的風險高於成人，而病例多為 20 歲以上的成人，男性病例多於女性病例。

20 世紀 40 年代初，碸類藥物治療麻風病被證明有效後，化學治療時代來臨，麻風病人不再束手等待死亡。時至今日，麻風病在醫學上已 "不足為患"，多種藥物聯合化療能夠在 6—12 個月內完全治癒麻風病。早期發現、及時治療可避免任何殘疾的發生，已經徹底治癒的麻風病患者完全沒有傳染性。治癒病例不斷增多，加上防治措施的普及，在世界範圍內消滅麻風病已指日可待。

1-2-2　天花消亡史

1977 年 10 月 25 日，最後一個天花病人在非洲索馬里被發現。之後，地球上再也沒有出現天花病人，天花作為人類歷史上最致命的流行病之一，從此絕跡。在中國境內，這一刻來得更早。隨著 1961 年最後一例天花病人的痊癒，中國再未出現天花病例。

1979 年 10 月，世界衛生組織確證，中國自 1960 年代起再無天花病例。1980 年 5 月，世界衛生組織第 33 屆大會正式宣佈，人類已經徹底消滅天花。迄今為止，天花是人類通過自己的努力，用科學方法消滅的唯一傳染病。

天花是已知的最古老的傳染病之一，歷史記載的第一個天花病例，是古埃及法老拉美西斯五世。而從西元前 1145 年拉美西斯五世之死，到 1980 年天花被宣佈消滅。這一曾經讓人類恐懼的傳染病，在歷史上肆虐了 3000 多年。

具體來說，天花是一種由天花病毒導致的烈性傳染病。大天花的死亡率在 25% 以上，出血性天花的死亡率更高達 97%。天花發作時，患者周身會冒出白色疹泡，這種瘟疫也因此得名"天花"。

天花對於任何年齡階段的人群都具有易感性。通過飛沫吸入或是直接接觸患者都會感染，其中尤以患病一周患者的唾液感染性最強，因為此時其中所含的天花病毒含量最高。天花病毒同時具備高死亡率高、強感染性的 DNA 病毒，可謂是瞄準人類的"精準狙擊手"。在古代，一旦感染天花，除依靠自身免疫力和服用緩解症狀的藥物之外，幾乎沒有方法可以根治。其典型症狀包括寒戰、高熱、乏力、頭痛、四肢及腰背部酸痛，並出現斑疹、丘疹、皰疹、膿皰。若是體溫急劇升高，則會出現驚厥昏迷的狀況。

另外，重型天花患者常伴有許多併發症，如敗血症、腦炎、骨髓炎、肺炎等。這些併發症很大一部分都屬於嚴重的範疇，是天花致人死亡的主要原因。而天花僥倖存活的人群，則會因天花疹的結痂、脫落而遺留下許多瘢痕—時人稱之為"麻臉"。

在醫術水準和衛生條件差的時代裡，上到皇帝貴族下到黎民百姓，無不面臨著天花病毒帶來的死亡威脅。據記載，在清朝的皇帝中，就有 4 位得過天花惡疾，其中順治皇帝和同治皇帝直接死于天花；康熙皇帝和咸豐皇帝僥倖逃過一劫，但在他們的臉上都留下天花肆虐過後的痕跡，即麻子。

中國最早有關天花病情的明確記錄在東晉。醫學家葛洪（283～363）在其著作《肘後救卒方》描述了天花的症狀，但是當時的醫者還不夠瞭解天花病毒，書中並沒有給出具體的治療方略。

隨著時間的推移，人們在此後的治療中終於發現了天花的弱點：這種病毒於人類而言是一次患病終身免疫。這個特性給了古代醫生 "以毒攻毒" 的靈感，嘗試使用 "父血"、"膿汁" 或直接接觸輕症患者以主動感染獲免疫力。這類早期樸素的免疫學嘗試取得了一定的成效。

在此基礎上，一種起源于宋代、成熟於明清時期的 "人痘" 技術誕生了。人痘治療天花的手段，簡單來說，就是從病人的水痘結痂裡面制出乾粉，再用一根管子把乾粉吹到鼻子裡去，希望通過這種方式讓人們有對天花病毒的免疫力。儘管很多病人也因為種人痘死去，但總有活下來的人。慢慢地，種人痘的方法就開始傳播了。可以說，種人痘的方法開啟了人類免疫治療的時代。

中國防治天花取得成效的消息迅速地傳遞到世界各地，人痘術為飽受天花病毒侵擾的全人類帶來了希望的曙光。但是，人痘術雖然確實能夠預防天花，但它依舊會帶來死亡的可能，所以它並不被認為是理想的根治方法。直到十八世紀的歐洲，有一位叫愛德華‧琴納的英國醫生發明了牛痘接種法。

琴納觀察到一件事，得了天花之後臉上會有很多痘痕，很多歐洲女性通過抹粉來掩飾疤痕。但是有一類女人基本上不化妝，臉上也沒有痘，這些女人就是農場的奶牛女工們。她們基本不出痘子，也不長麻子。1796 年 5 月 14 日，琴納找到一位年輕的、不久前感染了牛痘的擠奶女工，琴納收集了她皮膚上的膿液，注射到了一名 8 歲的小男孩菲普斯身上，小男孩在發燒了幾天後成功康復。2 個月後，詹納再給小男孩進行接種，而這次是從天花病人的傷口中取出的膿液，菲普斯沒有任何症狀出現。

這堅定了他種牛痘的信心，也讓他繼續開啟了疫苗的研製，這種牛痘接種法就是疫苗的雛形。事實上，牛痘研發的初期，部分歐洲人並不信任這種取自于牛的疫苗，甚至鄙夷地諷刺琴納和牛痘的接種者。但是，在琴納為首的大批醫生的不懈推廣下，人們見證了牛痘疫苗的良好效果。此後，牛痘取代了人痘疫苗，成為人類預防天花病毒的首選。在成功實現量產之後，這種預防方式在歐洲國家及其殖民地得到了廣泛普及，這才有了後來天花的滅亡。

1-3　黑死病--鼠疫

人類歷史的發展中，黑死病、西班牙流感、天花和愛滋，被稱為"四大瘟疫"。其中，黑死病最早起源於非洲。據今天位於埃及開羅市內尼羅河邊的"拉加卜博士紙草博物館"的紙莎草文獻記載，大約在西元前 1500 年至西元前 1350 年期間古埃及，尼羅河穀就出現了被稱作"出血熱"的傳染性瘟疫，也就是後來被定名的黑死病。

黑死病的提出源於中世紀的一場恐怖瘟疫，由於死者屍體呈黑紫色而得名，黑死病就是後來被科學證實的鼠疫。

1-3-1　從文藝復興到終結朝代

鼠疫是由鼠疫耶爾森菌感染引起的烈性傳染病，屬國際檢疫傳染病。《中華人民共和國傳染病防治法》按照疾病的嚴重程度、公眾危害等，將法定傳染病分成了甲、乙、丙三類。甲類傳染病赫然排列著鼠疫和霍亂，鼠疫是名副其實的"1 號病"。

作為一種自然疫源性傳染病，鼠疫主要在齧齒類動物間流行，例如鼠、旱獺等就是鼠疫耶爾森菌比較常見的自然宿主。此外，野狐、野狼、野貓、野兔、駱駝和羊也有可能染上鼠疫，成為傳染源。由於自然寄主多是齧齒類動物，在自然疫源地，病媒生物是主要的傳播途徑。借由跳蚤在傳染源動物和人之間的活動，鼠疫耶爾森菌得以從傳染源動物傳染到人。

鼠疫的潛伏期較短，一般在 1-6 天之間，多為 2-3 天，個別可達 8-9 天。根據不同的感染部位和臨床表現可以將鼠疫分為腺鼠疫、肺鼠疫、敗血症型鼠疫、輕型鼠疫和其他少見類型鼠疫。

腺型最多見，常發生於流行初期，急起寒戰高熱、頭痛乏力、全身酸痛、偶有噁心嘔吐、煩躁不安、皮膚淤斑、出血中世紀的"黑死病"就是腺鼠疫；肺型可原發或繼發於腺型，並且發展迅猛，急起高熱，全身中毒症狀明顯，發病數小時後出現胸痛、咳嗽、咳痰，痰由少量迅速轉為大量鮮紅色血痰；原發敗血症型發展極迅速，全身毒血症症狀、中樞神經系統症狀及出血現象嚴重。輕型患者的典型症狀有不規則低熱，全身症狀輕微，局部淋巴結腫痛，無出血現象，多見於流行初、末期或預防接種者。

雖然鼠疫可怕，但隨著公共衛生和醫療技術的發展，鼠疫的防控和治療都有了保障。從 1894 年起，鼠疫的元兇--鼠疫耶爾森菌被發現到如今，人們可以通過核酸檢測、病原學檢測等手段快速檢驗是否患有鼠疫。早期診斷帶來的及時使用各類抗菌藥物治療，使得鼠疫致死率大幅下降。高品質的隔離條件，讓傳染情況也能夠得到良好的控制。

由於鼠疫的自然宿主主要是齧齒類動物，人們不可能將地球上的齧齒類動物完全消滅，所以鼠疫很難像天花一樣被人類清除。儘管鼠疫雖偶有發生，但對於現代的醫學條件來說，鼠疫已很難造成大規模的影響。

鼠疫作為烈性傳染病的嚴重流行，廣泛而深遠地影響了人類文明的進程。

一場瘟疫一個漢帝國的危機

根據史書記載，東漢末期到三國初，漢帝國內出現了傳染病疫情，並在東漢末年達到了疫情流行的最高峰。東漢最後三十年，即 204-219 年被稱為是中國歷史上最可怕的年代之一，瘟疫的致死率達到 60%以上。據張仲景在《傷寒卒病論》中描述"餘宗族素多，向逾二百，自建安以來，猶未十年，其亡者三分之二，傷寒十居其七"。東漢末年到三國初，是中國有文字記載的三千多年歷史上人口減少最劇烈的年代，人口從 6000 多萬驟減到 1500 萬以下，死亡人數約為漢帝國總人數的三分之二。而東漢末期的大瘟疫究竟是什麼傳染病造成的呢？目前歷史還沒有非常明確的答案。目前有鼠疫、流行性出血熱、傷寒、流感等多種說法，也有人認為是一種已經消失的古代傳染病。從多數病死者的症狀來看，這是一種由哺乳動物作為病毒宿主傳播，以突發高熱和劇烈呼吸道症狀為主要特徵，並出現血斑瘀塊的傳染病。結合症狀及其高致死率的特點，推斷為鼠疫的可能性最大，這也就是為什麼當前大部分人認為東漢末期是第一次鼠疫傳染病的由來的重要原因。

查士丁尼大鼠疫

西方歷史上有明確記錄的鼠疫，並被定義為西方歷史中鼠疫首次襲擊人類的事件發生在西元 6 世紀，準確來說是從西元 520 年開始的（也有一說是西元 541 年開始）。疫情最初起源於埃及的西奈半島，後來蔓延至整個地中海地區，持續了 50~60 年。據記載，最嚴重的時候，每天有 5 千~1 萬人死亡，總死亡人口在全球範圍內超過 1 億，造成歐洲人口銳減 50%。

因為這段時間，疫情最嚴重的衣索比亞地區恰逢查士丁尼王朝執政，因此被稱為查士丁尼大鼠疫，或查士丁尼瘟疫。這場大鼠疫是醫學史中明確記載的第一場鼠疫世界性大流行，波及整個地中海沿岸。第一次鼠疫大流行對歷史的直接影響是：東羅馬帝國急劇衰敗，阿拉伯帝國迅速崛起，伊斯蘭文明開始向歐洲擴張。

黑死病催生了文藝復興

"查士丁尼瘟疫"之後，鼠疫似乎暫時收起了利刃，潛伏在了歷史的洪流之中。但當它以"黑死病"之名再次露出獠牙之日，人類終將發現自己所謂的文明是多麼不堪一擊。

14 世紀，鼠疫在中亞地區的茫茫戈壁上對人類進行了第二次大規模襲擊，並跟隨著蒙古軍隊一路向西征伐。1346 年夏天，熱內亞在克裡米亞的殖民地卡法被韃靼包圍，圍城者將染上病菌的屍體通過投石機拋入城中，導致了鼠疫在城內蔓延。

從 1347~1353 年，一場鼠疫大規模暴發席捲了整個歐洲。由於感染鼠疫的人皮膚上有大量皰疹，且破潰後出現黑色結痂，嚴重者甚至全身皮膚壞死發黑，這場鼠疫被稱為 "黑死病"。這場鼠疫，奪走了 2500 萬歐洲人的性命，死亡人口超過當時歐洲總人口的 1/3。後來又傳入俄羅斯，造成了俄羅斯近一半人口死亡。

此後，在十五、十六世紀黑死病又多次捲土重來，再次肆虐歐洲大陸，最終死亡數字達到 5000 萬~7500 萬。其中最慘烈的一次鼠疫複燃可能是 1665~1666 年發生在倫敦的鼠疫大暴發，這場大面積黑死病造成了倫敦 7.5 萬~10 萬人喪生，超過當時倫敦總人口的 20%。

這場災難也引發了西方政治、文化、經濟、宗教、社會結構的危機，進而引發了一系列深刻的社會變革。可以說，這場鼠疫直接催生了當代西方文明。薄伽丘的名著《十日談》講述的正是歐洲黑死病大流行期間的故事，這部充滿人文主義思想的作品被認為是歐洲文藝復興運動的宣言書。現代很多人認為，正是黑死病的流行，動搖了歐洲宗教勢力的權威，推動了醫學和科學的發展，使歐洲從黑暗的中世紀中走出，進入了文藝復興時期。

明末鼠疫終結了一個朝代

明朝萬曆年間旱災比較多，同時瘟疫大作。明朝最嚴重的一次瘟疫是從崇禎 9 年（1636）年李自成在陝西安定擊敗明榆林總兵開始的，"大疫大饑，瓦塞堡厲疫尤甚"。崇禎 10 年，張獻忠攻陷湖北蘄春、黃石，蹂躪江西九江，引發當地饑荒、大疫。崇禎 11 年，南直隸太平府大疫，死者甚多。崇禎 12 年，山東曆城、齊河大旱，隨即大疫。而這次瘟疫據史料記載為鼠疫，得病者朝發夕死，疫情兇悍，死亡率極高。

明末京城人口約在 80 萬到 100 萬左右，鼠疫高峰時，日死萬人。崇禎 16 年年底，京城死了 20%的人口，物資緊缺，物價飛漲，民不聊生。

全國到處是餓殍遍野、哀鴻敗象。明末關內各省總人口數約一億人左右，瘟疫災變戰爭等造成的非正常死亡人數，約占全國總人口的 40%。華北地區約一千萬人口死於瘟疫。

鼠疫也大大摧毀了明軍的戰鬥力。瘟疫肆虐後的明軍"鳩形鵠面，充數而已"，京城守城士兵只有區區 5 萬。由於軍糧不足，飽受饑餓，很多士兵都無力作戰。京城十五、六萬城牆垛口，平均一人守三個垛口。而這樣的軍隊又如何抵擋的了李自成的五十萬精兵？

鼠疫引發的人心之變比鼠疫本身更可怕，帝國從上到下的手足無措讓百姓從心理上拋棄了朝廷。儘管崇禎本人勤勉，但也無法挽救前幾朝的閹黨亂政之後風雨飄搖的大明王朝。明朝大勢已去，王朝終結，終成定數。

1-3-2　一個人類文明的隱喻

1855 年，中國雲南首先發生了大型鼠疫。當時恰逢多事之秋，杜文秀于雲南起事，鼠疫病菌也就隨著人群擴散開來。1894 年廣東暴發鼠疫，十日之內蔓延全城，並傳至中國香港。廣州和中國香港成為當時鼠疫流行的中心，藉由方便的海上交通傳播。死神的腳步最終遍及全球，僅僅在中國和印度便導致約 1200 萬人死亡。注：根據曹樹基 （2005），1894 年鼠疫大流行中的廣州、中國香港和上海，發表于上海交通大學學報，及《申報》當時的報導整理）

但與之前的鼠疫大暴發不同，這次人類終於借助于現代醫學的手段湊足了與死神抗爭的籌碼。

1894 年，巴斯德研究所的細菌學家亞歷山大·耶爾辛在中國香港的鼠疫患者身上分離出引致瘟疫的鼠疫桿菌。1898 年，法國科學家席蒙（Paul Louis Simond）在印度孟買首次證明鼠及跳蚤乃是鼠疫傳播的罪魁禍首。這也開啟了現代醫學對鼠疫這一千年瘟疫的抗爭。

時值 1910 年，即中國辛亥革命的前一年。彼時大清尚在（清宣統二年），東三省仍在日俄勢力範圍。就在這樣的背景下，東北暴發了鼠疫，尤以哈爾濱的傳家甸（今道外區）一帶為甚。

　　即便歷史的記載令清朝統治者無比清楚鼠疫的危害，但是在宣統二年時，其政權早已是朝不保夕，日薄西山，幾乎完全喪失了行政能力。從 10 月 26 日滿洲里報告第一例鼠疫病人以來，東北方面接二連三發來緊急報告。到 11 月 15 日，哈爾濱傅家甸地區已是屍體狼藉，不及掩埋，清廷除了派兵封鎖山海關一線，阻止關外人進關之外，再無實際行動。

　　與此同時，沙俄和日本還想趁火打劫，企圖通過控制東北的防疫權進而完全控制東北。就在這樣的情況下，時任天津陸軍軍醫學堂（後改名國防醫學院，遷上海，1949 年部分遷臺灣，留在上海的部分為第二軍醫大學前身之一）副監督（即副校長）的伍連德臨危受命，擔任東三省防疫總醫官，全面負責醫務工作。

　　1910 年 12 月 24 日，伍連德率助手即陸軍醫學堂高年級學生林家瑞到達疫區中心哈爾濱，領導防治工作，在四個月之內控制了疫情。通過現代醫學方法，伍連德力排眾議，得出了這次瘟疫是由肺鼠疫桿菌傳染的科學結論。曾在歐洲流行的腺鼠疫桿菌只能在老鼠、跳蚤與人之間傳播，而這種肺鼠疫桿菌不同，它能在人與人之間傳播。由於伍連德判斷準確，採取的各項防疫措施得力，一場死亡人數達 6 萬之多、震驚世界的烈性傳染病，在小軍醫伍連德的指揮下，得以在 4 個月內撲滅。防疫的慘烈，可以說，不亞於一場戰爭。

　　1911 年初，伍連德在哈爾濱建立了中國第一個鼠疫研究所。1911 年 4 月，11 國的專家參加的"萬國鼠疫研究會"在奉天召開，東三省防疫總醫官伍連德博士擔任會議主席。與會中外專家建議清朝政府在東三省設立永久性防疫機構，以防止瘟疫重來，中國還收回了海港檢疫的主權。此外，伍連德為防疫設計的較為緊緻、實用的口罩還在後世得到了極大發展和廣泛使用，並且被認為是 N95 口罩的始祖之一。

　　事實上，人類同鼠疫的對抗從未停歇，只是在很長一段時間都未能踏入正確的軌跡。早期人們曾試圖通過吞下糞便與灰燼、將黑色腫塊直接切除或者把活著的蟾蜍置於胸前以治療黑死病。

　　隨著鼠疫桿菌的發現，人類第一次對鼠疫的發病機制有了正確的認識。抗生素的發明進一步為人類對抗鼠疫提供了強有力的工具，疑似鼠疫患者儘早接受正規的治療可以大大降低死亡率。臨床經驗表明，鏈黴素、慶大黴素、四環黴素、氟喹諾酮或氯黴素均可以有效地對抗鼠疫桿菌。

　　對於鼠疫的恐懼催生了人類對於醫學與微生物學的研究，一些帶有現代醫學痕跡的防治手段也開始出現。從某種意義上來說，與黑死病的抗爭促進了現代醫學的興起，也使得人們對於公共衛生事業的關注被提升到了前所未有的高度。

　　如今人們談及鼠疫，似乎是在訴說著某個上古的神話，抑或是中世紀流傳下來的某個怪談。然而鼠疫實則離人們並不遙遠，鼠疫成了人類文明發展的一個隱喻。事實上，威脅著歡樂的東西始終存在，只是在狂歡的人群之中無法被窺見罷了。

　　與中世紀人們的觀念不同，現代醫學使人們認識到，瘟疫的產生並不是由於神明的懲戒或者魔鬼的戲謔，人類自身要對災難的暴發承擔更多的責任。生活環境的污染和惡化、醫療設備與醫護人員的短缺、社會制度的缺失、基本健康常識的欠缺，都是導致災難的重要原因。瘟疫只需要換一身皮囊，就可以向人類發起一次又一次的衝擊。

　　著名歷史學家克羅齊曾經說過：一切歷史都是當代史。瘟疫的歷史同樣是當代的瘟疫史。當人類在伊甸園中咬下第一口蘋果，人類就註定要面對各種的無法預見的生存環境，瘟疫也可以看做大自然的新陳代謝手段之一。人類將會和已經存在以及尚未出現瘟疫共同存在，相當長的時間裡，也許會永遠共存下去。

　　用當代的眼光，人們看到的是經濟危機、能源危機、人口爆炸和環境污染；用歷史的眼光，人們會看到包括瘟疫在內各種無形的手在操縱著歷史的方向盤。而人類只有重建對自然的敬畏，培養群體的科學意識，才能實現人與自然的和諧共生，使人類長久地生存與發展。

1-4　流感真相

　　每逢換季，都是感冒和流感高發之時。由於感冒和流感的初發狀況相似，加上社會醫學科普教育做得並不算充分，大部分人對於流感與感冒沒有一個清晰、科學的認知，以至於常常混淆流感和感冒。但其實，感冒和流感是完全不同的兩件事。

1-4-1　流感和感冒

　　普通感冒最常見的元兇叫鼻病毒，是一種球形結構的病毒。人們平時感冒，流鼻涕就是因為鼻病毒通過空氣侵染到了人們的鼻黏膜，發生了炎症反應，導致人們出現感冒症狀。鼻病毒傳染方式有兩種：一是通過飛沫和氣溶膠傳播；另一種是通過被污染的表面傳染，包括直接人與人接觸傳染。

　　鼻病毒所引起的症狀包括咽喉痛，流涕，鼻塞，打噴嚏和咳嗽；另外一些患者同時會出現肌肉酸痛、疲勞、乏力、頭痛、肌肉無力、食欲不振等症狀。而流行性感冒則多表現為發熱和極度的疲憊。鼻病毒感染後可獲得免疫力，但維持時間短，不同型鼻病毒之間很少交叉保護，因而人可多次患感冒。對普通感冒尚無特異預防和治療方法。

　　流感病毒與引起普通感冒的鼻病毒大不相同。單從危險性來看，重度流感造成的肺炎死亡率達到 9%，僅次於 SARS 的死亡率 10%，而普通感冒很少或幾乎不造成死亡。流感病毒全稱流行性感冒病毒，是正粘病毒科的代表種。流感病毒包括人流感病毒和動物流感病毒，人流感病毒分為甲（A）、乙（B）、丙（C）三型，是流行性感冒（流感）的病原體。

甲型流感病毒抗原性易發生變異，曾多次引起世界性大流行。例如 1918 ～1919 年的大流行中，全世界至少有 2000 萬～4000 萬人死於流感；乙型流感病毒對人類致病性也比較強，但是人們還沒有發現乙型流感病毒引起過世界性大流行；丙型流感病毒只引起人類不明顯的或輕微的上呼吸道感染，很少造成流行。甲型流感病毒於 1933 年分離成功，乙型流感病毒於 1940 年獲得，丙型流感病毒直到 1949 年才成功分離。

對於流感病毒的生命力來說，流感病毒抵抗力較弱。它不耐熱，56℃溫度 30 分鐘即可使病毒滅活。室溫下傳染性很快喪失，但在 0℃～4℃能存活數周，－70℃以下或凍幹後能長期存活。病毒對乾燥、日光、紫外線以及乙醚、甲醛、乳酸等化學藥物也很敏感。

傳染源主要是患者，其次為隱性感染者，被感染的動物也可能是一種傳染源。主要傳播途徑是帶有流感病毒的飛沫，經呼吸道進入體內。少數也可經共用手帕、毛巾等間接接觸而感染。

病毒傳入人群後，傳染性強並可迅速蔓延，傳播速度與廣度和人口密度有關。進入人體的病毒，如果不為咳嗽反射所清除，或不為機體的特異 IgA 抗體中和及粘膜分泌物中非特異性抑制物滅活，則可感染少數呼吸道上皮細胞，引起細胞產生空泡、變性並迅速產生子代病毒體擴散至鄰近細胞，再重複病毒增殖週期。

流感病毒感染將導致宿主細胞變性、壞死乃至脫落，造成粘膜充血、水腫和分泌物增加，從而產生鼻塞、流涕、咽喉疼痛、乾咳以及其它上呼吸道感染症狀。當病毒蔓延至下呼吸道，則可能引起毛細支氣管炎和間質性肺炎。

人群普遍易感，潛伏期長短取決於侵入的病毒量和機體的免疫狀態，一般為 1～4 天。起病後患者有畏寒、頭痛、發熱、渾身酸痛、乏力、鼻塞、流涕、咽痛及咳嗽等症狀。在症狀出現的 1～2 天內，隨分泌物排出的病毒量較多，以後則迅速減少。無併發症患者發病後第 3～4 天就開始恢復，如有併發症，則恢復期延長。流感的特點是發病率高，病死率低，死亡通常由併發細菌性感染所致。常見的細菌有肺炎鏈球菌、金黃色葡萄球菌、流感嗜血桿菌等。

1-4-2　流感休止了一戰

　　第一次世界大戰是首個戰火波及全球的歷史戰爭，捲入其中的人口多達數億，陣地戰、坦克以及新式戰鬥機奪走了無數人的生命。而一戰的結束，卻與一場流感有關。

　　1918 年 3 月 4 日，美國堪薩斯州的福斯頓軍營的第一例流感患者開始發病，到當天中午，患者數量超過 100 人。三周內，1100 名士兵因病重需要住院。由於軍隊不斷在各軍營間流動，流感很快就在軍營中蔓延開來。

　　1918 年正值一戰，歐洲戰事達到白熱化階段，美國政府決定嚴密封鎖消息，同時繼續向歐洲派兵。1918 年 3 月，84000 名美國大兵開赴歐洲戰線。次月，又有 118000 名美國大兵渡洋參戰。

　　4 月初，在美國人登陸的布列斯特，流感開始出現，布列斯特的法國海軍司令部因為流感而癱瘓。此後，流感以驚人的速度席捲歐洲大陸和全世界，造成了一場空前的災難。

　　這一場流感的攻擊可簡單分為三波：第一波攻擊在 1918 年 4 月至 7 月，病毒由布列斯特向全歐洲快速蔓延，這波攻擊的特點是發病率高而死亡率低。第二波攻擊是同年 7 月至 11 月，病毒席捲了歐、美、亞、非各大洲，其特點是發病率和死亡率都非常高，且流感死亡率最高的群體，是 20-35 歲的青壯年，也是戰爭的主力。第三波流感在大約 1919 年冬季開始，在許多地方出現，而 1920 年春季起，便逐漸神秘地消失。在澳大利亞，流感延續到了 1919 年 8 月（南半球的冬季）。在夏威夷，則是延續到了 1920 年 3 月。

　　這場震驚世界的流感便是西班牙大流感，這次流感被稱為〝西班牙流感〞，並非因為疫源地在西班牙。當時參戰各國都嚴密封鎖消息，流感的疫情並不為外界所知。西班牙因為沒有參戰，所以沒有對疫情進行封鎖，媒體對疾病的報導比較多。

在前兩波的流感攻擊中，美國死亡達 54.8 萬人，占全國人口的 0.5%。1918 年美國人口平均壽命下降 12 歲。美國不得不動用全部力量對抗流感，全民動員支援戰爭，變成了全民動員對抗流感。

英國死亡 21.5 萬人，僅 1918 年 4 月，英軍就有 3.1 萬人染病。到 5 月，英國皇家海軍有 10% 的部隊感染了流感，整整 3 周時間無法作戰。流感暴發期間，英格蘭平均每週死亡人數達 4482 人，連國王喬治五世也被感染。

法國死亡人數是 16.6 萬人。在巴黎，平均每週有 1200 人喪生。6 月上旬，在德軍發動猛攻的當口，近 2000 名法軍因感染流感不得不撤出戰場。

同盟國的情況同樣很糟糕。

德國死亡人數是 22.5 萬人。為了在美軍大部隊到達前結束戰爭，德軍 3 月起發動了一系列進攻。勇敢的德軍士兵衝進對方的戰壕，也接收了對方留下的流感病毒。流感死亡率最高的是年輕人，而這些人正是支撐戰爭的主力。各國政府都急於擺脫戰爭，集中全國力量用於對抗這個更恐怖的敵人。

1918 年 11 月，德國基爾港水兵起義，此後起義遍及全國，德國的戰爭機器首先熄火了。德皇威廉外逃，德國政府向協約國求和，而協約國也已經沒有力氣再打下去了。

1918 年 11 月 11 日，德國政府代表埃爾茨貝格爾同協約國聯軍總司令福煦在法國東北部貢比涅森林的雷東德車站簽署停戰協定。戰勝國鳴放禮炮 101 響，宣佈第一次世界大戰結束。

1-5　埃博拉往事

　　人們常見的有害病毒有許多，它們構成了一個龐大的病毒家族。根據病毒的形狀可以分為球狀病毒、杆狀病毒、磚形病毒、冠狀病毒、鏈狀病毒、絲狀病毒等。提及絲狀病毒，多數非傳染病或病毒專業的人員可能並不熟悉，但絲狀病毒科下的 "頭號明星" 埃博拉病毒，卻幾乎無人不知。

　　絲狀病毒科目前包括 3 個屬，分別為埃博拉病毒屬、瑪律堡病毒屬和奎瓦病毒屬。其中，埃博拉病毒屬又再分為 5 個型：薩伊型、蘇丹型、塔伊森林型、本迪布焦型和雷斯頓型。

1-5-1　埃博拉起源

　　埃博拉病毒的發現和確認要追溯到 1976 年南蘇丹的恩薩拉（當時為蘇丹的一部分）。1976 年 6 月 27 日，蘇丹第一個可識別的病例發生在恩薩拉一家棉花工廠的一名倉庫保管員中，該店主于 6 月 30 日住院並於 7 月 6 日死亡。儘管參與蘇丹疫情的世衛組織醫務人員知道他們正在應對一種未知的疾病，但直到幾個月後才在薩伊得到 "陽性鑒定" 過程和病毒命名。蘇丹的暴發感染了 284 人，造成 151 人死亡。

　　1976 年 8 月 26 日，在揚布庫（薩伊北部（現在稱為剛果民主共和國）北部 Mongala 區的一個小鄉村）暴發了第二起埃博拉病毒病。這次暴發是由埃博拉病毒薩伊型引起的，是與第一次蘇丹暴發不同的埃博拉病毒屬成員。

　　最早感染該病的人是鄉村學校的校長馬巴羅‧洛克拉，他在 1976 年 8 月 26 日開始表現出症狀。在 8 月 12 日至 22 日訪問埃博拉河後，洛可拉從中非共和國邊界附近的薩伊北部之旅返回。他最初認為自己患有瘧疾並服用了奎寧，而服藥後並未出現好轉。隨著病情繼續惡化，終於在開始出現症狀後的 14 天，即 9 月 8 日死亡。

洛可拉去世後不久，與他接觸過的其他人也出現相同症狀並死亡，揚布庫的人們才開始感到恐慌。隨著疫情的發展，研究人員對病毒的認知也由認為是瑪律堡病毒，到鑑定為與瑪律堡病毒有關的新型病毒。而從這兩次疫情中分離出的毒株樣本在薩伊第一個被確認的病毒暴發地點附近。因此，將這種新型病毒以埃博拉河命名，即〝埃博拉病毒〞。

1976 年的埃博拉病毒暴發中，薩伊總共發生了 318 例病例和 280 例死亡（88% 的死亡率）。儘管起初認為這兩次暴發是相關的，但科學家後來才意識到，它們是由兩種不同的埃博拉病毒，即蘇丹型和薩伊型引起的。薩伊疫情在世界衛生組織的幫助下得到控制，並通過隔離村民，對醫療設備進行消毒並提供防護服從剛果空軍運送。

整個 20 世紀 80 年代，埃博拉病毒在非洲毫無動靜。但專家們萬萬沒有想到，埃博拉病毒的第二次出現竟然是在另一個意想不到的地方。

雷斯頓（Reston），位於維吉尼亞州北部，臨杜勒斯國際機場，距美國首都哥倫比亞特區 20 英里，是美國的 IT 重鎮之一。1989 年，位於雷斯頓的康寧公司下屬 Hazelton Research Products 公司的雷斯頓靈長類檢疫中心來了一批從菲律賓進口的用於醫學實驗的長尾獼　猴，到貨時才發現路上已經死了兩隻。但對於當時來說，這種情況並不算什麼，類似的動物長途運輸常常會導致動物死亡，有時候甚至全軍盡歿。

然而，獼猴被運到雷斯頓的靈長類檢疫中心後繼續發生死亡事件，而每天兩到三隻的猴子死亡率意味著其可能是一種傳染病，這引起了中心人員的警惕。在進一步觀察裡，研究人員發現，死亡的猴子有出血熱症狀，與埃博拉病毒感染相似。

這令美國衛生防疫拉響了最大警報，陸軍傳染病研究所聞訊而來，軍方將中心剩下的猴子全部殺死，對中心進行全面消毒，後來房屋被推倒重建。實驗室後來證實導致猴子死亡的正是埃博拉病毒，但和薩伊型、蘇丹型又有區別。之後中心的 6 位工作人員血液中被發現了該病毒的抗體，這就表明他們已經被感染。根據這些情況，專家認為此型病毒可以通過空氣傳播。

也就是說，這類型埃博拉病毒具備流感病毒的傳播能力。於是，參照薩伊和蘇丹的流行情況和死亡率，加上美國首都郊區密集的人口，一場大禍即將臨頭。不僅相關人員陷入死亡的恐懼中，整個華府開始騷動。高層也寢食難安，他們不知道疫情擴散的情況，更不知道一旦出現埃博拉病毒流行，華府地區以至美國會發生什麼情況。

就在山雨欲來風滿樓之際，這幾位感染者卻意外一直沒有發病。專家在前往菲律賓的調查中，在馬尼拉附近的一家猴出口商處也發現大批死於埃博拉病毒感染的猴子。另外還有 12 名血液中有該病毒抗體的菲律賓人，而這 12 位感染者同樣沒有任何症狀。

直到 2008 年，這個吊詭的現象才被研究所解釋。究其原因，則與埃博拉病毒的另一表型相關，即雷斯頓型埃博拉病毒。當時，研究人員在調查菲律賓的一次豬群疾病暴發過程中，意外發現部分病畜同時感染了動脈炎病毒（豬生殖和呼吸綜合征病毒）和雷斯頓型埃博拉病毒。

血清學檢查表明，少部分菲律賓豬農具有針對該型病毒的 IgG 抗體，但從未發生嚴重症狀，這為雷斯頓型埃博拉病毒能夠引起人類輕微或無症狀的感染提供了額外證據。

1-5-2 跨越國境的埃博拉

自 1976 年埃博拉病毒的發現與首次暴發後，第二次重大疫情發生在 1995 年的薩伊（現為剛果民主共和國，DRC），造成 315 人死亡，254 人死亡。

2000 年，蘇丹型埃博拉病毒在烏干達暴發，感染 425 人並造成 224 人死亡；2003 年，剛果（金）暴發感染了 143 人，造成 128 人死亡，死亡率達到 90%，這也是迄今為止埃博拉病死亡率最高的一次；2004 年，一名俄羅斯科學家被污染的針紮後，死於埃博拉病毒。

　　2007 年 4 月至 8 月之間，剛果民主共和國四村地區的發燒人群在 9 月被確認為埃博拉病毒病例。2007 年的疫情最終造成 264 個人感染，187 人死亡。

　　2007 年 11 月 30 日，在確認了由美國國家參考實驗室和疾病控制中心測試過的樣品後，世界衛生組織（世衛組織）證實烏干達西部的本迪布焦區存在一種新的埃博拉病毒屬，定名為本迪布焦型。世衛組織報告了 149 例這種新菌株，其中 37 例導致死亡。

　　2012 年 8 月 17 日，剛果民主共和國衛生部報告在東部地區暴發了本迪布焦型埃博拉的變種。根據世界衛生組織報告，該變種病毒造成 57 人感染，29 人死亡。暴發的可能原因則是 Isiro 和 Viadana 鎮周圍的當地村民捕獵的食用灌木肉。

　　2014 年 3 月埃博拉疫情再度在剛果（布）暴發。與之前疫情不同的是，2011 年後多條高速公路通車，剛果（金）、剛果（布）、蘇丹三國與其他非洲國家的人口流動性大幅提高，此次疫情迅速由剛果（布）、蘇丹等疫情區蔓延至幾內亞、賴比瑞亞等西非國家。

　　病毒脫離赤道非洲的疫區後，如虎入羊群。幾內亞、賴比瑞亞等西非的醫護人員因直接接觸病人，大面積感染埃博拉病毒。在病毒潛伏的 21 天裡，醫院成為病毒擴散的主要場所。8 月份，賴比瑞亞的新發感染病例每隔 15-20 天增加一倍。8 月 8 日，世界衛生組織承認低估埃博拉傳播速度和預期，宣佈埃博拉疫情為“國際公共衛生緊急事件”。

　　截止 2014 年，埃博拉病毒在西非流行近 30 年時間，但人們對於埃博拉病毒的瞭解仍然非常有限。時值 2014 年，埃博拉沒有任何疫苗和獲批的治療藥物，醫生唯一的選擇是給患者輸液，防止他們脫水，直到患者的免疫系統能夠打敗病毒為止。

　　決定性轉捩點出現在 2014 年 9 月 19 日，聯合國成立埃博拉應急回應特派團，20 多個國家紛紛派遣醫護人員和物資，援助抗擊埃博拉。2015 年

12 月 29 日，在最後一個人第二次測試呈陰性之後 42 天，幾內亞被宣佈無埃博拉病毒傳播。一年之後的 2016 年，世界衛生組織最終確認疫情結束。

在這場疫情中，共有超過 28000 例病例，超過 11000 例死亡，甚至美國、英國、法國、義大利均出現感染病例，造成全球性恐慌。

1-5-3　埃博拉有多可怕？

從發現埃博拉病毒至今，學界也對埃博拉病毒有了深入的研究。

一般認為，食用野味傳統和特有喪葬文化是埃博拉出血熱在西非四國流行不止的重要原因。自 1976 年首次發現以來，埃博拉出血熱疫情曾陸續暴發 20 多次，但都集中在蘇丹、剛果（布）、剛果（金）、烏干達、加蓬等赤道非洲國家的森林地區，這與當地兩大獨特的食用野味和喪葬儀式等文化習俗有關。

西非當地數千年延續的食用 “叢林肉” 的傳統，其中就包括埃博拉病毒的原始宿主果蝠，和大猩猩等靈長類間接宿主。雖然西非各國早已明令禁止食用蝙蝠、猴子等野生動物。但在饑荒盛行的西非，“叢林肉” 是人們賴以生存的蛋白質來源。此外，當地沒有火化遺體的傳統，居民依舊保有撫摸親吻遺體與死者告別的習慣，有時甚至全村居民都會參與到這種傳統葬禮中，葬禮也因此成了埃博拉病毒擴散的主要場所之一。

埃博拉病毒是人類已知最致命、最恐怖的疾病之一。起初，患者會發熱、頭痛、嗓子疼，很快便會出現腹痛、嘔吐和腹瀉。隨著病情惡化，許多患者還會表現出反應遲鈍、呆滯和紫色皮疹，並伴有呃逆症狀。

最令人震驚的症狀發生在患病數天后，被埃博拉病毒感染的細胞會侵襲血管內部，導致血性液體從口腔、鼻子、肛門、陰道，甚至眼睛中滲出。埃博拉病毒對肝臟的損害尤其嚴重，會破壞肝臟細胞，影響它產生凝血蛋白和其他血漿中的重要成分的能力。最終，患者血壓急劇下降，導致休克和多器官衰竭，從而回天乏術。

　　埃博拉出血熱的傳播性較弱，但傳染力較強。埃博拉病毒感染者約有一半患者出現出血症狀，人傳人的途徑是體液接觸，埃博拉病毒（非洲）R0 值約為 1.5-2.5，較其他呼吸傳播疾病如非典 SARS 病毒、新冠肺炎病毒傳播性較弱。但埃博拉的傳染力是空前的，1cm³ 的血液中含有 10 億個病毒，無防護接觸患者體液而感染的概率接近 100%。

　　從傳播途徑方面，通常認為埃博拉病毒疫情始於個體接觸受感染動物的組織或體液。一旦患者染病或死亡，病毒隨後會傳播至直接接觸感染者血液、皮膚或其他體液的其他個體。靈長類實驗動物研究發現，將含病毒的液體微滴接種至口中或眼中會導致動物感染埃博拉病毒，這也提示人類感染可以歸因於不慎讓病毒從沾染的手部轉移至這些部位。

　　對有暴露史的有症狀患者，醫學評估一般包括埃博拉病毒檢測和其他可疑病原體檢測。是否應進行埃博拉病毒的實驗室檢測，一定程度上取決於患者暴露于病毒的相對可能性，以及臨床症狀和/或實驗室檢查結果是否與之相符。埃博拉病毒感染的診斷性檢測主要是經 RT-PCR 檢測血液或其他體液中的特定 RNA 序列。通常在出現症狀後 3 日內的血樣中可檢出埃博拉病毒；若取樣時距離症狀出現時間不足 3 日，可能需要複測。

　　對於埃博拉病毒感染的治療情況，儘管目前還沒有完全有效能抵禦這種病毒的疫苗和藥物，但醫學上已能夠更好地說明埃博拉病毒感染的治療。2019 年已有 4 款藥物和 2 款疫苗產品批准在埃博拉疫情期間緊急使用，但這些藥物均處於臨床Ⅲ期階段，有效性仍有待驗證。

　　4 款主治藥物包括 3 個單抗藥物、1 款 RNA 聚合酶抑制劑，分別為多聯單克隆抗體 ZMapp（Mapp 公司）和 REGN-EB3（再生元製藥公司），單一單克隆抗體 MAb114（Ridgeback 公司）和瑞德西韋（吉利德科學）。四種藥物中 Mabel14 和 REGN-EB3 治療效果最好，病毒濃度下降最快，分別於服藥 15、16 天出現病毒檢測為陰性，ZMapp 轉陰時間約為 48 天，瑞德西韋相比三種單抗藥物作用有限。

　　疫苗方面只有兩款埃博拉疫苗獲批。一是默克公司的減毒活載體疫苗 rVSV-ZEBOV-GP （ERVEBO），該疫苗於 2019 年 11 月 12 日獲得歐盟和美國

FDA 認證，但也只用於針對 18 歲及以上人群的主動免疫，主要以預防薩伊型埃博拉病毒。二是中國軍事醫學科學院研發的重組埃博拉病毒病疫苗（腺病毒載體），於 2017 年 10 月 19 日通過中國藥監局審批。

1-6　"自癒"愛滋

自 1981 年 6 月 5 日，美國疾病預防控制中心第一次報導愛滋病（AIDS）以來，此後 40 年時間裡，這種病毒已經傳播到世界各地，2020 年以前全世界有超過 3600 萬人感染愛滋病。

據中國疾控中心、聯合國愛滋病規劃署、世界衛生組織聯合評估，截至 2018 年底，中國估計存活愛滋病感染者約 125 萬，估計新發感染者每年 8 萬例左右。

從性別來看，在中國每年新發現愛滋病感染者中，男性數量約為女性的三倍。從年齡來看，2017 年有近 800 位新發現愛滋病感染者的年齡在 15 歲以下。從傳播途徑來看，中國愛滋病防控工作取得顯著成效，輸血傳播已基本阻斷，經注射吸毒傳播得到有效控制，母嬰傳播率處在歷史最低水準。性傳播是當前愛滋病的主要傳播途徑，占比超 95%。

1-6-1　愛滋四期

愛滋病的醫學全稱為："獲得性免疫缺陷綜合症"，英文縮寫"AIDS"，是由人類免疫缺陷病毒（簡稱 HIV）侵入人體後破壞人體免疫功能，最後導致被感染者死亡的一種嚴重傳染病。

　　獲得性免疫缺陷綜合症包含三個方面，即獲得性、免疫缺陷、綜合症。獲得性表示在病因方面是後天獲得而不是先天具有的。免疫缺陷表示在發病機理方面，主要是造成人體免疫系統的損傷而導致免疫系統的防護功能減低、喪失。免疫缺陷病的共同特點是：1.對感染的易感性明顯增加；2.易發生惡性腫瘤；3.臨床及病理表現多樣化。綜合症表示在臨床症狀方面，由於免疫缺陷導致的各個系統的機會性感染、腫瘤而出現的複雜症狀群。

　　由於引起愛滋病的人類免疫缺陷病毒（HIV）可以攻擊人體免疫系統的指揮中樞--CD4 T 細胞，從而使人體免疫系統癱瘓造成極高死亡率，所以患者往往需要接受抗逆轉錄病毒療法（ART）以控制疾病進展。更重要的是，HIV 作為一種 RNA 病毒，其基因組具有較高的突變率，因而使得愛滋病的預防疫苗和治療藥物的開發變得十分困難。就在 2020 年 2 月份，被科學界寄予厚望的愛滋病候選疫苗 HVTN 702 臨床試驗宣告失敗。於是，HIV 病毒的高突變率和高耐藥性終於讓愛滋病成為“不治（愈）之症”

　　引起愛滋病的人類免疫缺陷病毒（HIV）主要存在於感染者和病人的血液、精液、陰道分泌物、乳汁等體液中。這與愛滋病主要的三種傳播途徑密切相關。即性傳播、母嬰傳播和血液傳播。

　　性傳播：與已感染的伴侶發生無保護的性行為，包括同性、異性和雙性性接觸。母嬰傳播：在懷孕、生產和母乳餵養過程中，感染 HIV 的母親可能會傳播給胎兒及嬰兒。血液傳播：靜脈注射吸毒，與他人共用被愛滋病感染者使用過的、未經消毒的注射工具，是一種非常重要的 HIV 傳播途徑；輸入被 HIV 病毒污染的血液和血液製品；通過使用被 HIV 病毒污染的醫療器械而被感染，如牙科器械、手術器械等；日常生活中共用被 HIV 病毒污染的剃鬚刀，牙刷以及紋身、紋眉等美容器械等。

　　愛滋病的病程在臨床上通常分為四個時期：急性期、無症狀感染期、愛滋病前期和愛滋病期。

　　急性期：愛滋病感染者在感染後會出現急性症狀，大概在高危行為之後第 10-14 天出現，持續時間 1 到 2 周，這時也被稱為“HIV 病毒攜帶者”。急性期可以表現為非特性的很多症狀，如不明原因的發熱、咳嗽、腹痛、腹瀉、乏力、噁心、嘔吐、皮疹、淺表淋巴結腫大、咽痛等等。值得注意的是，有 50%以上的愛滋病感染者初期並不出現急性期症狀，所以依靠這些症狀判斷並不算靠譜。

無症狀感染期：急性症狀之後免疫系統抑制病毒活動，並能減少血液中的病毒數量，從此病人進入愛滋病的臨床潛伏期。潛伏期的長短受很多因素的影響，最短可能僅有兩周，最長可達 20 年。潛伏期病人沒有任何可見症狀。

愛滋病前期：無症狀感染期之後，出現明顯的與愛滋病有關的症狀和體症，有人稱之為愛滋病相關綜合症，也有人稱之為持續性全身性淋巴腺病等。主要表現在：持續性的淋巴腺腫大，開始於頸部，其次為腋、腹股溝淋巴結等。一般少有兩處以上淋巴結腫大者。體重減輕 10%以上。週期性發熱（38 攝氏度左右），常持續數月。夜間盜汗，發生單純皰疹病毒、白色念珠菌（屬真菌類）等各種感染。

愛滋病期：由於免疫系統被嚴重破壞，各種致命性機會感染、腫瘤等極易發生。病變可表面在肺、口腔、消化系統、神經系統、內分泌系統、心臟、腎臟、眼、關節、皮膚等等。已發生機會性感染者，平均存活期為 9 個月。

事實上，感染愛滋病後不是馬上就能檢出是否感染，因為還存在檢測的視窗期，即從愛滋病病毒感染人體到血液中能檢出抗體或核酸的一段時期。

目前愛滋病視窗期採用不同的方法進行檢測存在不同的檢測下限時間，一般來說採用核酸檢測愛滋病視窗期在一周左右，四代抗原抗體檢測試劑在兩周左右，三代抗體檢測試劑在三周左右，這個時間絕大多數的愛滋病感染者都能夠被檢測出來。

而在還沒確定是否感染時，HIV 阻斷藥，即暴露後預防（Post Exposure Prophylaxis）的藥物可以用來防止 HIV 病毒擴散的藥。

阻斷藥發揮作用的原理是，切斷愛滋病病毒複製的過程，防止病毒從已感染的細胞擴散從而感染更多的細胞。以性傳播為例：病毒先侵犯黏膜部位，穿過黏膜屏障後進入人體的組織、細胞、淋巴結，並在淋巴結繁殖，最後進入血液。阻斷的原理是在病毒到達血液之前將病毒殺死，以達到阻斷目的。

發生暴露後，越早服用阻斷藥，藥物的血藥濃度就能越早升上去，以保證在病毒進入血液前起效，這是一個藥物與病毒賽跑的過程。最佳的阻斷時間是 2 小時，阻斷成功率在 99%以上。之後，成功率會開始逐漸下降，但 72 小時內仍有較高的成功率，被稱為黃金 72 小時。

HIV 阻斷藥是一種極有效的補救措施，但是知道的人卻並不多。根據中國疾控動態與愛防中心 2017 年的統計資料，萬名受訪網友中，有將近一半不知道愛滋病可以服用阻斷藥物。

1-6-2　不吃藥的精英控制者

通常情況下，當病毒進入人體時，會受到來自免疫系統的猛烈攻擊。白細胞會立即作出應答，釋放抗病毒蛋白，攻擊受感染的細胞並招募後援。然而，HIV 卻可以突破免疫系統的極限，並且感染一種很關鍵的免疫細胞，那就是能幫助身體對抗病原的輔助性 T 細胞。

HIV 會先吸附並穿入細胞，一旦進入細胞後，病毒就會帶上它的酶和遺傳物質向細胞核靠近。其中，逆轉錄酶會把病毒 RNA 轉變成一段 DNA。這段 DNA 會插入細胞的基因組，迫使細胞吐出 HIV 蛋白和遺傳物質，生成新的病毒拷貝。

HIV 在感染者體內將其遺傳信息插入人類的基因組，就被稱為 "前病毒"。這些前病毒長期存在人體中，等待著合適的 "啟動" 時機，然後再次大量複製，這也正是 HIV 難以根除的原因所在。所以，HIV 感染者需要服用抗逆轉錄病毒療法（ART）藥物以抑制病毒複製。

然而，凡事總有例外。大約 0.5%的 HIV 感染者，似乎天然就具有對該病毒的控制能力，無需接受 ART 治療就能夠很好地抑制病毒在體內複製，這些人被稱為 "精英控制者"。

被稱為 "精英控制者" 的 HIV 感染者無需抗逆轉錄病毒藥物治療（ART）藥物，即可將血液中的 HIV 病毒保持在無法檢測的水準，甚至長達數年之久。基於此，一項發表在《自然》雜誌的研究給出了答案。這項由華人學者、哈佛醫學院副教授于旭領導的研究發現，在這些精英控制者中，病毒經常整合到人類基因組的特定區域，其中的病毒轉錄受到抑制。

研究團隊使用最新測序技術精確繪製了完整的 HIV 基因組在人類基因組中的位置，以此比較了 64 名保持 HIV-1 無藥控制者和 41 名正在接受 ART 治療者細胞中的前病毒。主要有三個發現：

第一，儘管精英控制者體內的前病毒數量更少，但是基因組完整的前病毒序列占比更高，有 4 名精英控制者基因組完整的前病毒序列占檢測到的前病毒物種的 100%。這意味著，它們在轉錄時具有產生感染性病毒顆粒的潛力。值得注意的是，這些前病毒顯示出更有限的突變逃逸證據。這說明，它們是在疾病過程的早期播種並長期存在的。

第二，在"精英控制者"中，45％的原病毒位於"基因沙漠"中，即很少發生轉錄的染色體區域。在接受抗逆轉錄病毒治療的人中，這一數位為 17％。

研究人員使用匹配整合位元點和前病毒序列（MIP-seq）分析對病毒已整合到宿主基因組中的位點進行了研究。結果發現，精英控制者中的完整前病毒序列更可能整合到 DNA 的非蛋白質編碼區域或 19 號染色體上的 KRAB-ZNF 基因中，這些區域由轉錄活性較低的異染色質組成，通常不利於 HIV-1 整合。

這意味著 HIV 被鎖定在細胞的基因組中，並且病毒基因組被阻止用於製造更多病毒，因此無法引起疾病。

第三，研究人員對可及染色質區域（可能進行轉錄的區域）進行了分析，發現精英控制者的 DNA 中的病毒整合位元點往往離宿主基因組轉錄起始位點更遠。這也說明精英控制者的基因組不太可能主動產生病毒轉錄物和蛋白質。

對精英控制者的研究提供了一種功能性治療（HIV）的可能性的自然原理證明，說明至少在原則上，通過自然的免疫介導機制，可以自發地治癒 HIV-1 感染。

1-6-3　"自癒"的愛滋病人

2010 年 12 月的美國《血液》雜誌上，德國 3 所大學醫學部的研究人員共同發表論文稱，其研究結果有力地證明一位 43 歲男性愛滋病患者被治癒。後 2020 年 8 月 26 日，著名學術期刊《自然》線上發表了一

篇有關愛滋病的重磅論文，該研究由美國拉根研究所的免疫學家 Xu Yu 教授領銜。研究揭示了一組 HIV 感染者如何實現在未用抗病毒藥物的情況下，自發控制體內病毒複製。其中，有一例罕見的無藥控制者，似乎實現了 HIV 的清除性治癒。這一發現或將刷新人類對抗愛滋病的歷史。

論文提到，未經治療但能將的 HIV-1 複製長期控制在檢測閾值以下的這部分 HIV-1 患者通常被稱為"精英控制者"，這可能是最接近 HIV-1 感染自然治癒的可能方法。此前科學家的研究已經將上述現象與人類 HLA I 類基因位點的特定變異，以及高度功能的細胞免疫反應的存在聯繫起來。學界對精英控制者的研究長達數十年，而世界首例"自發痊癒"的愛滋病患者的研究被報導後，再次引發了醫學界對 HIV 自癒的高度關注。截至 2020 年，已有 4 例病例出現了 HIV DNA 消失的情況，因此被認為接近於 HIV "根治"。其中 3 例發表在了重要期刊，另外一例在 AIDS 2020 進行了會議報導，具體如下：

2009 年，ENJM 雜誌報導了首例 HIV 自癒病例，也被稱為"柏林病人"。2007 年，同時患有愛滋病和白血病的 Timothy Ray Brown 在德國柏林接受了骨髓幹細胞移植治療。這名骨髓捐贈者本身含有一種罕見的基因突變（CCR5），這種突變可使免疫細胞對 HIV 產生抵抗力。

一年後因為白血病復發，Timothy Ray Brown 再一次接受了來自同一個捐贈者的骨髓移植。骨髓移植後，Timothy Ray Brown 出現了純合體，並出現了強烈的移植物抗宿主排斥反應（GvHD）。而後，兩種疾病均從他體內消失，在第一次骨髓移植前一天至後 548 天，Timothy Ray Brown 停止了抗病毒治療，至今未復發。

十年後，全球出現了第二例 HIV 自癒病例。2019 年 3 月 5 日，《Nature》期刊發表了一篇以 "HIV-1 remission following CCR5 ∆32/∆32 haematopoietic stem-cell transplantation" 為題的論文，文章首次介紹了第二例接受幹細胞移植治療愛滋病的成功案例--也就是 "倫敦病人"。

該 HIV 患者因罹患霍奇金淋巴瘤接受了 CCR5delta32 骨髓移植後很快變成了供體純合型，並發生了輕度 GvHD。他在接受骨髓移植後 16 個月停止了抗病毒藥，在之後的 18 個月沒有出現病毒反彈。

其外周血病毒載量小於 1 拷貝/毫升（檢測極限以下），這反映了其病毒儲藏庫含量大小的金標準檢測方法（VOA 法）檢測不到該患者有任何完整的病毒儲藏庫成分。更為重要的是，該病人的 HIV 抗體滴度逐漸減少，最終發生了血清轉陰，這一現象也是在柏林病人之後第二次出現。

2020 年 Nature 雜誌再報導了一例 HIV 自癒病例，被稱為三藩市病人，這個病例是唯一一例未接受任何治療而自發治癒的病例，是一個精英控制者的極端情況。該病人 1992 年確診 HIV，但始終沒有服藥。該病人 1995-2019 年 24 年時間進行了 34 次病毒載量檢測，病毒載量始終低於檢測極限。

其基因組中雖然有整合的 HIV，但 1.5 billion PBMC 中沒有完整的 HIV 全長 DNA，14 million resting CD4 中沒有完整的 HIV 全長 DNA；用 qVOA 方法檢測的 340 million resting CD4 中沒有釋放出複製全能型 HIV。這個特殊病例作為一種精英控制者的極限情況，說明了通過宿主免疫和病毒相互作用，HIV 感染也可以出現一種自限性消除，即 HIV 也可以自發痊癒。

最後一例 "聖保羅病人" 在 AIDS 2020 被進行了會議報導，這個病例來自于巴西 2014 年開展的 SPARC-7 臨床試驗。該治癒試驗給予了 30 名受試者應用了 DTG + CCR5 抑制劑 Maraviroc + 一種儲藏庫啟動劑煙醯胺（NAM）。

其中一名 35 歲患者，2012 年 10 月確診 HIV 感染，2012 年 12 月開始 AZT/3TC+EFV 抗病毒治療。該患者 2015 年 9 月進入上述 SPARC-7 研究，2016 年 9 月研究結束，2019 年 3 月開始實驗性停藥 ATI。患者在試驗期間，發生了短暫 blip，證明儲藏庫可能被 NAM 釋放。

　　ATI 病毒載量不反彈是評價 HIV 治癒的金標準，該患者在 ATI 期間，其病毒載量均檢測不到。神奇的是，在 ATI 之前，NAM 治療之後，這個患者 HIV DNA 逐漸檢測不到。應用 VOA assay 不能釋放出 HIV 病毒，說明其儲藏庫逐漸消失。更神奇的是，在 ATI 階段患者的 HIV 抗體逐漸轉陰，而 CD8 細胞啟動減少。

Note

第二章 冠狀病毒回憶錄

2-1　冠狀病毒知多少

　　"冠狀病毒" 因其在電子顯微鏡下呈現的標誌性冠狀結構而得名，該結構為 S 糖蛋白在病毒包膜表面形成的輻射狀刺突。微觀結構顯示，冠狀病毒包含兩種主要的包膜蛋白：S 糖蛋白和 M 蛋白。前者是受體結合和細胞融合的主要抗原，後者參與出芽和包膜形成過程，並在病毒顆粒組裝中發揮關鍵作用。少數冠狀病毒具有第三種糖蛋白—血凝素酯酶。

　　在非典暴發前，沒有人知道冠狀病毒有如此高的傳染性。

　　人們早就知道了冠狀病毒的存在。作為一種能夠感染動物和人類呼吸道和消化道的病毒，長久以來，它並沒有得到人類足夠的重視。這份自大也情有可原--在具有正常免疫能力的健康人裡，冠狀病毒只會引起極輕微的症狀。

　　然而在 21 世紀的第一個十年，非典暴發。世界衛生組織（WHO）的數據顯示，截止到 2003 年 7 月，SARS 病毒在全球 27 個國家造成了 8096 例感染病例，774 人死亡。十年後，MERS 病毒引起的中東呼吸綜合征，又在 27 個國家帶來了 1728 例確診病例，帶走了 624 條生命。這個世紀剛剛邁入第三個十年，一種新型冠狀病毒又捲土重來。也是在這個過程中，人們也逐漸開始正視並研究冠狀病毒。

　　研究發現，冠狀病毒的高致病性依賴於其靈活的基因重組和快速的適應性突變。一方面，單鏈 RNA 在複製過程中使用的 RdRP（RNA 依賴性 RNA 聚合酶）具有 1,000,000 個突變/位點/複製的固有錯誤率，可導致連續點突變；另一方面，當兩種冠狀病毒共同感染同一宿主時，可從對方的基因組中獲得數百或數千城基對的基因組片段，以增加自身生態位元點或成為新病毒。這就導致了冠狀病毒在約二十年內迅速變異出三種極具流行潛力的新型人類冠狀病毒：SARS 病毒、MERS-CoV 和 2019-nCoV。

根據其基因組與結構的不同，冠狀病毒可以被分為 4 大類，其中 α 類與 β 類只會感染哺乳動物，γ 類與 δ 類則主要感染鳥類。全球第一例已知冠狀病毒為禽傳染性支氣管炎病毒，於 1937 年被分離出來，被確認為是引發雞群重度感染的病原體；第一例人冠狀病毒則於 1965 年從人類鼻腔中分離出來，體外擴增結果顯示，該病毒已在人類中存在至少 500-800 年，起源於蝙蝠。

長期以來，冠狀病毒作為重要的動物病原體，可引發哺乳動物和鳥類的呼吸道及腸道疾病和人類輕度、自限性上呼吸道感染，如普通感冒（15〜30%）或肺炎，也可引發人類胃腸炎等。已知冠狀病毒中，有 6 種可引發人類疾病，包括：HCoV-229E、HCoV-OC43、HCoV-NL63、HCoV-HKU1、SARS 病毒和 MERS-CoV。其中，前 4 種為局部流行性疾病，主要引起輕度自限性疾病，而後兩種可引發重症。

2002 年和 2012 年發現的 SARS 病毒和 MERS-CoV 均屬於 β-冠狀病毒，並由於其對人類的高威脅性被列入 WHO 高威脅清單。冠狀病毒引發的高患病率對人類健康構成持續威脅。2019 年底在中國武漢暴發的大規模呼吸系統疾病中分離得到的 2019-nCoV，成為第七個能夠引發人類疾病的離散冠狀病毒種屬，表徵為 β-冠狀病毒。

2-2　非典往事

談及 "非典型肺炎"，很多人可能會先想到當年的 "SARS"。其實一開始把 SARS 稱為 "非典型肺炎"，只是為了要區分跟典型肺炎的不同。後來

SARS 也被正名為"急性嚴重呼吸道症候群"，但由於許多人對 2003 年疫情暴發而留下的深刻印象，依舊把 2003 年的"SARS"稱為"非典"。

2-2-1　SARS 溯源

SARS 的病原體於 2003 年 3 月 24 日由中國香港以及美國疾病控制和預防中心首次報告，並得到細胞培養、顯微鏡檢查、微陣列資料、血清學檢測和 PCR 等多種證據支援。2003 年 4 月 17 日，WHO 正式宣佈該病原體為冠狀病毒家族新發現的成員，命名為"Urbani SARS-associated coronavirus"（簡稱 SARS 病毒）。測序結果表明，SARS 病毒與已知表徵過的冠狀病毒僅存在較遠的相關性，此前未在人類身上發現。

在病毒溯源的過程中，未發現健康人群中含有 SARS 病毒抗體，表明該病毒未曾在人群中傳播，很可能起源於動物，突變後導致人類感染。美國和荷蘭的研究人員通過構建猴感染模型系統，最終證明了 SARS 病毒為病原體。

早期研究表明，SARS 病毒與牛、鼠肝炎冠狀病毒有關，但測序結果未發現有牛、鼠來源。因此研究人員推斷，SARS 病毒是一種新的未知病原體，而不起源於已有病毒株。此後的相關研究推測，該病毒可能來源於冠狀病毒的祖先，在越過人類物種屏障導致 SARS 之前已自然感染野生動物，並由動物與人類病毒之間重組而產生。

2003 年 5 月，中國香港科學家報導稱在一種罕見的果子狸（一種樹棲貓）中發現了一種病毒，與引起 SARS 的病毒幾乎相同。中國香港大學的研究人員指出，這種冠狀病毒是從生活在巴基斯坦-印尼一帶的一種棕櫚果子狸的糞便中發現的。而 2002 年 11 月，最早出現的 SARS 病例中就有動物食品加工售賣經營者和廣東省參與準備野味宴會的廚師。中國香港大學的研究小組能夠從所有 25 只果子狸中培養出與 SARS 病毒幾乎相同的冠狀病毒，代表了 8 種不同的被檢測物種。

另一個研究小組在廣東省出售食用活體動物中檢測到了 SARS 病毒樣病毒。同時，有研究發現喜馬拉雅棕櫚果子狸（Paguma 幼蟲）和浣熊犬中也均有該病毒。測序結果顯示動物和人病毒之間存在系統發育差異，隨後的研究表明，SARS 病毒在果子狸中的傳播時間並不長，其它物種可能是天然宿主，如蝙蝠。

之後，相關人員對疫區進行了血清學分析。結果顯示，約 40%野生動物經銷商和 20%屠宰從業人員攜帶有 SARS 病毒抗體。研究人員推測，在 SARS 暴發前至少兩年，該地區已存在 SARS 樣冠狀病毒，且該類病毒起初在人群中並不具備感染性，可能經過進化適應後，變成 SARS 病毒。

至今我們也還不能肯定 SARS 的源頭，2013 年 11 月 1 日《科技日報》報導，中科院武漢病毒研究所石正麗研究團隊分離到一株與 SARS 病毒高度同源的 SARS 樣冠狀病毒（SARS-like CoV），進一步證實中華菊頭蝠是 SARS 病毒的源頭。研究成果線上發表于《自然》雜誌。這是目前相對權威的一種研究結論。

2-2-2　SARS 之傷

從病毒傳播角度，SARS 病毒可通過飛沫和直接接觸傳播。病毒在痰液中的濃度可達到約 1 億粒/ml，在室溫條件下可在受污染表面和物體上存活長達 6 天。

此外，呼吸道是 SARS 病毒的主要侵襲部位。SARS 病毒最常感染下呼吸道，引發嚴重的急性病毒性肺炎。WHO 對疑似 SARS 的病例定義包括高熱（＞38℃）或在過去 48 小時內有發熱史；胸部 X 射線檢查顯示肺炎的新浸潤；流感樣症狀（寒戰、咳嗽、不適、肌痛）或 SARS 病毒暴露史以及 SARS 的一項或多項陽性診斷檢測。但 SARS 最初的症狀和臨床表現很難與其它常見的呼吸道感染區分開來，老年人可能沒有發熱。

對屍檢樣本和實驗感染動物的分析表明，SARS 病毒感染會影響肺部區域，並可在 2 型肺細胞中被檢測到。研究指出，SARS 病毒在組織中常引起彌漫性肺泡損傷、支氣管上皮剝脫、纖毛缺失和鱗狀上皮化生。一些病例中也觀察到了巨細胞浸潤、噬血細胞增多症和腫大的肺泡上皮細胞。感染經過炎症期或滲出期（特徵為透明膜形成、肺細胞增生和水腫）、增生期和纖維化期。除了呼吸道感染外，胃腸道、中樞神經系統也出現了感染病例。

臨床特徵顯示，SARS 症狀的出現通常遵循三階段模式：（1）感染後的第 1 周，症狀通常包括發熱和肌痛。這些早期症狀可能與直接的病毒細胞病變效應有關，可通過 PCR 檢測到病毒載量的增加；（2）第 2 周檢測到血清轉化，隨後病毒載量降低；（3）20%的感染患者臨床特徵為病情惡化，病毒複製失控。該階段可能是過度免疫應答觸發免疫病理損傷的結果，而過度免疫應答可能是 SARS 引起肺損傷的最終原因。

在患者預後方面，2007 年報導的一項前瞻性研究首次提供了關於 SARS 倖存者長期預後的全面資訊。來自安大略省多倫多市的 117 名 SARS 倖存者在出院後的三個不同時間段（3、6 和 12 個月）接受了體檢、肺功能檢測、胸部 X 射線檢查和 6 分鐘步行試驗。

結果表明，大多數 SARS 倖存者在一年前已從疾病中完全恢復。但 SARS 倖存者在患病一年後的總體健康、生命力和社會功能均低於正常水準，許多患者反映無法恢復到 SARS 前的工作水準。在評估期間，心理健康醫療資源的使用率顯著高於正常水準。隨後對多倫多 22 名長期倖存者的研究確定，在發病後會出現持續長達 20 個月的症狀，包括肌肉骨骼疼痛、疲乏、抑鬱和睡眠障礙。

中國香港研究人員的一項長期隨訪還發現，在隨訪的第四年，233 名 SARS 倖存者有顯著的精神疾病和持續性疲乏；另外一項中國香港隨訪研究表明，醫務工作者多遭受長期損害。

除了國民健康，SARS 流行對經濟也產生了重要影響。據估計，全球 SARS 流行的經濟損失約為 300 億美元，東亞的年經濟增長率下降 1 個百分點，中國的總經濟影響為 253 億美元，僅北京旅遊部門的損失達 14 億美元。

2-3　MERS 狙擊

2012 年 6 月 13 日，沙烏地阿拉伯吉達的一名 60 歲男子因為發燒、咳嗽和氣短入院。入院時他已經發燒 7 天，11 天之後因為進展性呼吸和腎衰竭而死亡。經病原學檢查，人們發現了一種新型冠狀病毒。

之後通過追溯調查，發現最早在 2012 年 3 月，約旦就已經出現此病。至 2013 年 5 月，因所有案例都直接或間接和阿拉伯半島相關，世界衛生組織就把它正名為 "中東呼吸綜合症冠狀病毒" （Middle East Respiratory Syndrome Coronavirus，MERS-CoV）。

2-3-1　MERS 暴發

MERS 冠狀病毒被發現以後，各地報告了多起聚集病例。隨後數年持續在沙特傳播，直至 2014 年暴發，病例達 649 例，之後持續擴散。截至 2015 年 5 月 10 日，沙特確診 MERS 病例累計 976 例，其中死亡 376 例。中東地區總計 1090 例，確診病例占世界 MERS 總病例 95%以上，為世界主要疫區。

根據世界衛生組織報告，沙特地區直到 2016--2018 年 MERS 疫情才得到極大緩和。2016 年和 2017 年報告病例分別為 249 例和 234 例，呈現持續減少趨勢，較 2015 年（492 例）下降較大。2018 年報告 MERS 病例繼續減少，僅 145 例，疫情得到較大程度控制。

然而，2019 年初，MERS 疫情捲土重來，再次迎來暴發：1-4 月報告確診病例分別為 17 例、69 例、39 例、20 例，後半年病例增加放緩。沙特 2019 全年共計確診 MERS 病例 203 例，較 2018 年出現上升趨勢，且疫情呈現繼續擴散態勢。MERS 疫情在沙特至今都尚未結束，仍需密切關注。

從 MERS 首次暴發至今，累計 27 個國家報告了 MERS-CoV 的感染病例，包括義大利、荷蘭、法國、德國、義大利、突尼斯、馬來西亞、英國、美國、伊朗、埃及、黎巴嫩和土耳其等。初始病例也由限於中東地區和在英國確診的 2 例感染，到出現了群聚性感染（包括沙烏地阿拉伯的一次醫院感染），從而證實病毒在密切接觸期間可在人與人之間傳播。截至 2019 年 11 月，各國已向 WHO 通報 2494 例經實驗室檢測確認的人感染病例和 780 例相關死亡（病死率 37.1%）。

然而，統計學研究指出，已發表的流行病學資料僅反映有 MERS 臨床表現的患者數量，但無症狀疾病的發生率更高。對 2012 年 12 月至 2013 年 12 月期間被醫療專業人員接診和參與疾病研究個體的血清調查，估算沙烏地阿拉伯約 45000 人為 MERS-CoV 血清學檢測陽性。此外，對 2012 年 9 月至 2016 年前往受 MERS 影響國家的旅行者進行的一項研究，推測這些國家（沙烏地阿拉伯、阿拉伯聯合大公國、約旦和卡達）嚴重感染者達 3300 人，約為確診總數的 2.3 倍。

2015 年 5 月 20 日，韓國報告了首例確診病例，出現了沙烏地阿拉伯王國以外國家/地區最大規模的 MERS-CoV 疫情暴發。該首例確診患者曾前往中東四個國家，返回韓國時仍無症狀。截至 9 月 11 日，WHO 通告了韓國的 185 例實驗室確診病例和 36 例死亡病例，以及中國的 1 例病例。

2-3-2　SARS 還是 MERS

中東呼吸綜合征（Middle East Respiratory Syndrome，MERS）是由中東呼吸綜合征冠狀病毒（Middle East Respiratory Syndrome Coronavirus，MERS-CoV）感染後引發的，大多數 MERS 病毒感染病例發生在沙特。媒體經常把 MERS 稱為新 SARS，但事實上，雖然這兩種病毒同屬於冠狀病毒，但它們在基因上具有明確的差異，而且感染人體時使用不同的受體。相對而言，MERS 的傳染性較弱，但致命率比 SARS 高。

MERS-CoV 是一種 β 屬 C 亞群冠狀病毒，最早於 2012 年 9 月在沙特被發現，早期因與 SARS 臨床症狀相似得名 "類 SARS 病毒"，也成為第 6 種已知的人類冠狀病毒，可能與人、豬、貓、狗、鼠和雞的呼吸系統感染相關。

近些年的調查表明，MERS-CoV 冠狀病毒是從駱駝傳播到人的，只有幾種病毒株可從駱駝傳到人類身上。感染中東呼吸綜合征冠狀病毒的駱駝或許不會出現任何感染病徵，但是病毒會透過受感染動物的鼻及眼分泌、糞便，甚至奶及尿液傳播，亦可存在於受感染動物的生內臟及生肉之中，且這些病毒株在深層肺組織內繁殖得最快。但駱駝並非是中東呼吸綜合冠狀病毒的最終宿主或源頭宿主，只是病毒的中間傳播者（中間宿主）。有研究表明傳播中東呼吸綜合征冠狀病毒的宿主源頭來自蝙蝠，但冠狀病毒在動物中普遍存在。除蝙蝠之外，齧齒動物和野生鳥類也可能感染。

相對於 2003 年暴發的 SARS，中東呼吸綜合征是一種比較年輕的疾病。因為年輕，人們對其知之不多。從 2012 年 9 月在沙烏地阿拉伯發現第一例中東呼吸綜合征患者後，全球 20 多個國家報告的多數確診病例為男性，患者年齡介於 24 歲到 94 歲，平均年齡為 56 歲。而且大多數確診病例集中於中東國家。其他國家陸續報告的該病病例也與中東有直接或間接的關係，這些患者都有在中東國家旅遊、工作、經商等的經歷。

中東呼吸綜合症潛伏期為 2-14 天，主要臨床表現是發熱、咳嗽、呼吸急促和呼吸困難等急性重症呼吸道感染症狀，腹瀉、噁心嘔吐、腹痛等胃腸道表現也較為常見。部分病例會出現腎功能衰竭，小部分病例僅表現為輕微呼吸道症狀或無症狀。嚴重病例會出現肺功能衰竭和死亡。96%的患者伴隨既往基礎疾病，糖尿病、慢性腎臟病、慢性心臟病、高血壓是最常見的基礎疾病，確診後的病死率相對較高。

在 MERS 與 SARS 在臨床以及實驗室的相似之處表現為這兩種冠狀病毒都會引起急性呼吸窘迫綜合症。目前，MERS 依舊沒有特效藥，也無疫苗，因此只能進行支持治療。中東國家，尤其是沙烏地阿拉伯，持續呈報中東呼吸綜合症個案。在呈報的個案中，大部分病人均曾接觸駱駝、飲用駱駝奶，或曾接觸已確診中東呼吸綜合症的病人。因此，預防感染和防控措施對於防止 MERS 蔓延至關重要。

2-4　國際關注突發公共衛生事件

　　2020 年 1 月，武漢暴發了新型冠狀病毒感染的肺炎，簡稱新冠肺炎（Corona Virus Disease 2019，COVID-19），其病原體為新型冠狀病毒。自 2019 年 12 月中旬新冠肺炎初現，新冠肺炎疫情經歷了局部暴發、社區傳播和大範圍傳播三個階段。

　　海鮮市場暴露迎來了局部暴發階段，主要是在接觸海鮮市場的人群中形成了局部暴發，這一階段的病例大多與海鮮市場的暴露有關。

　　疫情擴散形成的社區傳播階段。病毒通過接觸海鮮市場的人群擴散到社區，形成社區傳播，在武漢市多個社區和家庭內發生人際傳播和聚集性傳播。

　　疫情蔓延形成的大範圍傳播階段。由於恰逢中國農曆春節，人員流動性很大，疫情迅速擴大和蔓延，從湖北省迅速擴大到中國其他地區。

　　1 月 30 日，WHO 宣佈本次疫情為"國際關注的突發公共衛生事件"（Public Health Emergency of International Concern）。

2-4-1　新冠傳播可能性

　　新型冠狀病毒屬於 β 冠狀病毒屬。進化分析顯示，新型冠狀病毒與來自中華菊頭蝠（中國馬蹄蝠的一種）的蝙蝠 SARS 樣冠狀病毒（bat severe acute respiratory syndrome-related coronaviruses）最為相似，核苷酸同源性達到 84%。與人類 SARS 病毒的核苷酸同源性達到 78%，與 MERS 病毒的同源性達到約 50%。

在傳播途徑方面，經呼吸道飛沫傳播和接觸傳播是主要的傳播途徑。多地已經從確診患者的糞便中檢測出新型冠狀病毒，確認該病毒存在糞、口傳播風險。氣溶膠傳播和母嬰傳播等途徑則有待研究證實。具體來講：

呼吸道飛沫傳播：呼吸道飛沫傳播是新型冠狀病毒傳播的主要方式。病毒通過患者咳嗽、打噴嚏、談話時產生的飛沫傳播，易感者吸入後導致感染。

間接接觸傳播：新型冠狀病毒也可通過與感染者間接接觸而傳播。間接接觸傳播是指含有病毒的飛沫沉積在物品表面，接觸污染手後，再接觸口腔、鼻腔、眼睛等黏膜，會導致感染。廣州、山東等地在檢測確診患者的居住環境時，在門把手、手機等物品表面檢測到了新型冠狀病毒。

糞-口傳播：糞-口傳播途徑尚待明確。近期，在武漢、深圳地區甚至美國的首例病例中都發現了確診患者的糞便中存在新型冠狀病毒。這說明病毒可以在消化道複製並且存在，也提示了存在糞-口傳播的可能，但還不能確定進食病毒污染的食物引起感染和傳播。

氣溶膠傳播：氣溶膠傳播是指飛沫在空氣懸浮過程中失去水分而剩下的蛋白質和病原體組成的核，飛沫核可以通過氣溶膠的形式漂浮至遠處，造成遠距離的傳播。目前，尚沒有證據顯示新型冠狀病毒通過氣溶膠傳播。WHO 也認為，還需要進一步的證據來評估氣溶膠傳播的可能性。

母嬰傳播：目前已經報導母親為確診新型冠狀病毒肺炎患者，新生兒出生 30 小時後咽拭子病毒核酸陽性的病例，提示新型冠狀病毒可能通過母嬰傳播引起新生兒感染。當然，這還需要更多的科學研究證實。

環境傳人是有關新型冠狀病毒傳播的一種最新途徑，這一新發現是由中國工程院院士鐘南山所提出。2020 年 12 月 19 日，鐘南山院士在公開場合提出，新冠病毒出現 "環境傳人" 的新課題。鐘南山院士表示，近段時間，國內一些地方出現了零星本土病例（中國的上海、成都、北京、大連等地），國內疫情防控面臨兩大風險：一是外部因素影響，即境外輸入；二是新冠病毒通過環境進行傳播。

　　而從中國最近所暴發的病例來看，主要是來自於兩方面：一方面是由於境外的新型冠狀病毒進入中國境內；另外一方面則是因為中國境外其他國家的冷鏈食品的輸入，這些外來的進口食品在其輸出國的包裝、倉儲、運輸過程中攜帶了新冠病毒而進入中國，並引發了病毒通過新的環境傳染給人的現象。

　　新型冠狀病毒肺炎作為一種新發傳染病，人群沒有免疫力，普遍易感。從全國患者的年齡分佈來看，各年齡段人群均對新型冠狀病毒沒有抵抗性，只要滿足傳播條件均可以感染。對全國 4021 例確診患者（診斷日期截至 1 月 26 日）的分析也表明各年齡段人群普遍易感，其中 30～65 歲患者占 71.45%，10 歲以下兒童患者占 0.35%。老年人和患有哮喘、糖尿病、心臟病等基礎疾病的人感染病毒的風險可能增加。而新型冠狀病毒肺炎患者、隱性感染者的密切接觸者則是新型冠狀病毒感染的高危人群。

　　但幸運的是，新型冠狀病毒肺炎患者多數表現為普通型和輕型，總體上其病死率低於 SARS 和 MERS。

2-4-2　新冠病毒生命力

　　病毒不同於細菌，病毒本身缺乏獨立的代謝機制，自身不能複製，只能在活細胞內利用宿主細胞的代謝系統，通過核酸複製和蛋白質合成，再進行裝配的方式得以繁殖。簡單來說，病毒複製還缺少一些工具。因此，在脫離宿主的細胞以後，病毒的生存時間是有限的。且離開宿主細胞以後，病毒的生存時間也會隨著環境條件的改變而改變。

　　2003 年科學家們就 SARS 病毒在外界環境物品中的生存和抵抗力做過研究，研究模擬了不同的環境物品和濕度。實驗結果證明，SARS 病毒不耐乾燥，在乾燥的條件下存活時間相對較短。若一直保持液體狀態，則能夠在較長時間內保持較強的感染性。

儘管在不同乾燥狀態下病毒的存活時間不同，但 SARS 病毒在外界環境中仍具有較強的生存能力。而與 SARS 同屬冠狀病毒，且測序同源性逼近 80% 的新冠病毒，也具有離體的可傳播性。

美國國家過敏和傳染病研究所在 2020 年 3 月 17 日出版的《新英格蘭醫學雜誌》上發佈了關於新冠離體所具有的傳染性的研究成果。研究人員通過模擬感染者在家庭或醫院環境中咳嗽、接觸物體所帶來的病毒沉積情況，評估了新冠病毒的穩定性。測試顯示，當新冠肺炎患者咳嗽或打噴嚏時，新冠病毒被飛沫帶出體外，病人深呼吸或者說話，能夠產生含有病毒的氣溶膠。

在長達 3 小時的實驗過程中，氣溶膠中都能檢測到存活的新冠病毒，但傳染性有所下降，每升空氣中的病毒濃度從 103.5 半數組織感染劑量（TCID50，引起 50%細胞感染的最低濃度）下降至 102.7 TCID50。半衰期為 66 分鐘，也就是說，每過 66 分鐘，有活性的病毒將減少一半。而在這 3 小時內，病毒仍有極大的傳染力。

在物體表面，研究人員檢測到病毒能穩定存活的時間要更久。在銅表面，4 小時後已檢測不到新冠病毒的感染性，在紙板上則為 24 小時。在不銹鋼和塑膠表面，新冠病毒的存活時間更是分別長達 48 小時和 72 小時。

雖然病毒能夠離體存活，但其實際傳染性大小，還要看病毒的濃度。在無生命的物體表面，病毒數量下降得比較快，而在封閉環境下，氣溶膠裡病毒的數量則下降得很慢。

病毒濃度越大導致感染的風險也越高，這也是室內通風以防疫的原理所在，增加空氣流通性能夠降低氣溶膠的病毒濃度，降低感染風險。

由於新冠病毒在光滑無孔的物體表面存活時間更長，與之對應的，能破壞其結構穩定性的因素會導致其滅活，如 56℃以上的高溫處理 30 分鐘、紫外線照射 1 小時等。相比之下，化學物質的影響更為直接，如用肥皂水洗手、0.5%雙氧水或 62~71％酒精消毒物品等，可以使病毒 1 分鐘內滅活。

2-4-3　新冠感染如何檢測？

要想正確診斷新型冠狀病毒感染，唯一的方法是通過專門的檢測方式來診斷。檢測試劑盒便是這個專門的檢測方式，試劑盒從原理上分為核酸檢測和抗體檢測。

核酸檢測的原理是即時定量 PCR（全稱聚合酶鏈式反應），PCR 能夠對微量的核酸進行快速的擴增。在獲得潛在病人的鼻咽拭子、痰液、肺泡換洗液等有可能包含病毒的部分後，找到裡面病毒的核酸來達到檢測的目的。但實際情況中樣本內還有正常的人體細胞，可能存在的其他細菌、病毒，對檢測結果進行干擾。於是通過 PCR 策略對需要的核酸片段進行特異性的擴增，當擴增出現大量樣本時，自然能夠準確判斷檢測結果。

PCR 在感染初期即可檢測，但也由於高標準和高需求的現實矛盾，自然而然導致了前期的檢測能力不足。而 RNA 病毒的特性使得病毒的特徵基因變異更為容易，這也一定程度導致了前期的簡易試劑盒中的假陰性現象。

抗體檢測的物件是人體內產生的對抗病毒的免疫球蛋白：當一種新病毒入侵人體時，免疫系統會馬上發動起來。首先趕到現場的是名為免疫球蛋白 M（IgM）的一類抗體分子。它們與病毒表面的蛋白質結合使其失活，並把它標記出來供巨噬細胞破壞。幾天後，系統會產生第二種抗體--免疫球蛋白 G（IgG）來繼續戰鬥。IgM 曇花一現，在血液中留存三到四周後消失。但 IgG 構成的免疫則要持久得多，可能持續多年乃至終生。

抗體檢測引發注意的信號有三種。IgM 單陽性表示該人在近日（也許是目前）被感染。IgM 和 IgG 同時陽性，表示使用者在過去一個月中的某個時刻被感染。IgG 單陽性意味著感染在一個多月前發生，因此使用者現在應該對感染免疫。陰性結果可能意味著沒被感染，儘管這也可能意味著處於感染太早的階段而尚未出現抗體，因為 IgM 通常在感染開始後 7 到 10 天才出現。

　　抗體檢測的試劑盒只需要取患者的血液，滴到試紙上，5-10 分鐘就可以得到較為準確的結果。但是原理上，抗體檢測需要人體先產生一定的免疫反應，在感染後 14-21 天左右才能成功檢測。核酸檢測則是直接判斷患者身上有沒有病毒，在感染後 1-2 天即可成功檢測。

　　無論是核酸檢測還是抗體檢測，只有對人群進行大規模的測試，才能夠獲取足夠的資料，從而做出正確的決策。

第三章　免疫圖騰

3-1　人體免疫知多少

　　免疫系統是身體的衛士，是機體執行免疫應答及免疫功能的重要系統，由免疫細胞、免疫器官、免疫物質組成。免疫系統具有識別和排除抗原性異物、與機體其他系統相互協調，共同維持機體內環境穩定和生理平衡的功能。免疫系統也是防衛病原體入侵最有效的武器，它能發現並清除異物、外來病原微生物等引起內環境波動的因素，並維持人體內環境的健康。

3-1-1　各司其職的免疫細胞

　　免疫細胞在體內的分佈與分工具有重要的戰略意義。從免疫細胞功能來看，分為固有免疫細胞和適應性免疫細胞。

固有免疫細胞

　　固有免疫細胞包括肥大細胞（血液細胞）、巨噬細胞、中性粒細胞、自然殺傷（NK）細胞、樹突狀細胞等。

　　肥大細胞是守衛機體門戶的"哨兵"細胞，主要分佈在皮膚、粘膜下組織和血管壁周圍等微生物進入機體所必經的通道。它們能識別微生物所特有的各種危險信號，之後釋放胞質顆粒中的炎症因數，召集各種免疫細胞至被侵組織部位，啟動炎症過程。

　　巨噬細胞與中性粒細胞統稱為吞噬細胞。巨噬細胞是分佈於全身各種組織之中的"常駐邊防部隊"。它們具有較強吞噬與殺傷能力，是微生物穿過體表後的第一道主要防線。

　　占外周血白細胞總數 2/3（60-70%）的中性粒細胞是不停地隨血液迴圈巡邏機體的“野戰”部隊，能夠在趨化介質（生化物質）的趨化下穿出血管壁，迅速抵達發生感染的組織部位，執行吞噬與消化微生物或其他微生物的功能。中性粒細胞的壽命僅有幾天，因此又被稱作免疫系統的“敢死隊”。

　　自然殺傷細胞是機體重要的免疫細胞，不僅與抗腫瘤、抗病毒感染和免疫調節有關，而且在某些情況下參與超敏反應和自身免疫性疾病的發生。自然殺傷細胞是一種不具有典型 T 、B 淋巴細胞表面標誌和特徵的淋巴細胞，主要來源於骨髓淋巴樣幹細胞，在骨髓內發育成熟。

　　樹突狀細胞通常少量分佈於與外界接觸的皮膚（黏膜）部位，主要為皮膚（在皮膚上的，稱為 Langerhans 細胞）和鼻腔、肺、胃與腸的內層。血液中也可發現樹突狀細胞的未成熟型式。當樹突狀細胞被活化時，會移至淋巴組織中與 T 細胞與 B 細胞互相作用，以刺激與控制適當的免疫反應。

　　人體內大部分樹突狀細胞處於非成熟狀態，表達低水準的共刺激因數和粘附因數。體外激發同種混合淋巴細胞增殖反應的能力較低，但未成熟樹突狀細胞具有極強的抗原吞噬能力，在攝取抗原（包括體外加工）或受到某些因素刺激時即分化為成熟樹突狀細胞，而成熟的樹突狀細胞表達高水準的共刺激因數和粘附因數。樹突狀細胞在成熟的過程中，由接觸抗原的外周組織遷移進入次級淋巴器官，與 T 細胞接觸並激發免疫應答。樹突狀細胞作為目前發現的功能最強的抗原提呈細胞，能夠誘導特異性的細胞毒性 T 淋巴細胞（cytotoxic T lymphocyte，CTL）生成。近年來研究表明，應用腫瘤相關抗原或抗原多肽體外衝擊致敏樹突狀細胞，回輸或免疫接種於載瘤宿主，可誘發特異性細胞毒性 T 淋巴細胞的抗腫瘤免疫反應。

適宜性免疫細胞

　　隨著動物由低等向高等的進化，動物體內的免疫系統也由簡單變得愈加複雜和有效。到了脊椎動物，出現了具有高度記憶性和記憶功能的適應性免疫系統。這裡的“適應性”是指免疫系統在接受了生存環境中的微生物或者其他外來物質的刺激之後，使其本身的狀態發生了變化，獲得了針對該種微生物或者抗原的免疫力，能夠更為有效地完成防禦的使命。

　　實際上適應性免疫系統是在固有免疫系統基礎上的一次飛躍，它使免疫系統增加了"現代化"的成分和功能。其主要特點之一是能夠區分不同微生物或者抗原之間的細微差異，似乎與現代戰爭的"精確打擊"有點相似，因此又被稱作特異性免疫系統。

　　T淋巴細胞和B淋巴細胞是免疫系統的"現代化"軍隊。人體內的淋巴細胞的總數與腦細胞或者肝細胞的數量相當。它們以淋巴結為駐紮"營地"，在血液與淋巴系統之間不斷迴圈。

　　T細胞和B細胞通過各自表達的T細胞受體(TCR)和B細胞受體(BCR)識別抗原，適應性免疫應答(反應)可以分為細胞免疫應答和體液免疫應答。

細胞免疫

　　細胞免疫應答是一個複雜的連續過程，大體上可以分為感應、反應和效應三個階段。具體來說，T細胞受到抗原刺激後，增殖、分化、轉化為致敏T細胞（也叫效應T細胞）。當相同抗原再次進入機體的細胞中時，致敏T細胞（效應T細胞）對抗原的直接殺傷作用及致敏T細胞所釋放的細胞因數的協同殺傷作用，即為細胞免疫。

　　細胞免疫作用機制包括兩個方面：第一，致敏T細胞的直接殺傷作用。當致敏T細胞與帶有相應抗原的靶細胞再次接觸時，兩者發生特異性結合，產生刺激作用，使靶細胞膜通透性發生改變，引起靶細胞內滲透壓改變，靶細胞腫脹、溶解以致死亡。致敏T細胞在殺傷靶細胞過程中，本身未受傷害，可重新攻擊其他靶細胞。參與這種作用的致敏T細胞，稱為殺傷T細胞。

　　第二，通過淋巴因數相互配合、協同殺傷靶細胞。如皮膚反應因數可使血管通透性增高，使吞噬細胞易於從血管內遊出；巨噬細胞趨化因數可招引相應的免疫細胞向抗原所在部位集中，以利於對抗原進行吞噬、殺傷、清除等。由於各種淋巴因數的協同作用，擴大了免疫效果，達到清除抗原異物的目的。

體液免疫

　　體液免疫應答也如細胞免疫應答一樣，同分為三個階段。

　　在感應階段，抗原進入機體後，除少數可以直接作用於淋巴細胞外，大多數抗原都要經過吞噬細胞的攝取和處理，經過處理的抗原，可將其內部隱蔽的抗原決定簇暴露出來。然後，吞噬細胞將抗原呈遞給 T 細胞，刺激 T 細胞產生淋巴因數，淋巴因數刺激 B 細胞進一步增殖分化成漿細胞和記憶細胞。少數抗原可以直接刺激 B 細胞。

　　反應階段裡，B 細胞接受抗原刺激後，開始進行一系列的增殖分化，形成效應 B 細胞。在這個過程中，有一小部分 B 細胞成為記憶細胞，該細胞可以在體內抗原消失數月乃至數十年以後，仍保持對抗原的記憶。當同一種抗原再次進入機體時，記憶細胞就會迅速增殖、分化，形成大量的效應 B 細胞，繼而產生更強的特異性免疫反應，及時將抗原清除。

　　在效應階段，抗原成為被作用的物件，效應 B 細胞產生的抗體可以與相應的抗原特異性結合，發揮免疫效應。例如，抗體與入侵的病菌結合，可以抑制病菌的繁殖或是對宿主細胞的黏附，從而防止感染和疾病的發生；抗體與病毒結合後，可以使病毒失去侵染和破壞宿主細胞的能力。在多數情況下，抗原抗體結合後會發生進一步的變化，如形成沉澱或細胞集團，進而被吞噬細胞吞噬消化等等。

3-1-2　先天性免疫和獲得性免疫

　　免疫系統分為先天性免疫和後天性（獲得性）免疫兩大類。先天性免疫是一出生就具有的，獲得性免疫則是在生存過程中逐漸獲得的。

　　先天性免疫也稱非特異性免疫，是機體與生俱來的維護健康的功能。這種免疫本能地對所有外來物質、病菌、異物等具有排異和吞噬作用，它包括體表屏障、血腦屏障、血胎屏障、細胞吞噬作用以及人體正常體液和組織中的抗菌物質。

非特異性免疫功能由三大防線構成。

第一道防線：機械阻擋，如皮膚、黏膜等，負責阻擋外界病原微生物進入機體。

第二道防線：吞噬細胞，它們存在於血液和各種組織中，作用是吞噬、消滅進入機體的細菌、病毒等病原微生物。

第三道防線：血液、組織液和各種分泌液中存在著的多種抗微生物物質。比如，唾液中的溶菌酶可以溶解進入口腔的細菌，人體細胞受到病毒感染後，可以產生干擾素，干擾素能夠殺死病毒。由此可見，非特異性免疫是特異性免疫的基礎，特異性免疫和非特異性免疫相輔相成，共同維護人體健康。

以細菌為例，如果某種細菌從呼吸道或消化道進入人體，首先呼吸道或消化道的黏膜進行阻擋；沒阻擋住，它進入到血液或組織中，吞噬細胞和它作鬥爭--吃掉它或破壞它；還沒把它消滅掉，它會進入淋巴結、脾臟，在這裡 T 細胞在它的刺激下會變成致敏 T 細胞，B 細胞在它的刺激下會產生抗體，繼續與它作鬥爭。以後如果這種細菌再次入侵，具有識別功能的致敏 T 細胞會產生得更多。B 細胞也會生成更多的抗體，使體內與這種細菌作鬥爭的力量更加強大。

而獲得性免疫是後天通過服疫苗、打預防針或接觸病原微生物患過某種疾病而獲得的某種特定的免疫力，也稱特異性免疫。即對某一種疾病具有免疫作用，比如患了肝炎後對肝炎有免疫力，是在肝炎病原體刺激下機體內產生了抗肝炎的抗體，故而對肝炎有免疫力。

特異性免疫的產生，還得從骨髓說起。

骨髓屬於免疫器官。骨髓內有一種很重要的細胞叫做骨髓造血幹細胞，具有多種分化潛能。幹細胞可以根據身體需要分化成紅細胞、白細胞、吞噬細胞等，其中有一部分會變成淋巴幹細胞。

淋巴幹細胞又兵分兩路：一路原地不動，就在骨髓變成 B 細胞，然後隨血液到達脾臟、淋巴結定居；另一路則隨血液到達胸腺，在胸腺分化成 T 細胞，也隨血液到達脾臟、淋巴結，和 B 細胞一起待命，準備發揮免疫功能。

外界病原微生物（抗原）侵入機體後，如果能夠 "過五關斬六將" 進入血液到達脾臟、淋巴結的話，T、B 細胞就該發揮作用了。

首先，T 細胞受到這種病原微生物的刺激會進入啟動狀態，變成致敏 T 細胞。致敏 T 細胞有兩個特點：一是對這種病原微生物有攻擊能力，能殺死這種病原微生物；二是對這種病原微生物有識別和記憶功能，下次再見到這種病原微生物時能認識它，並繼續攻擊它。

B 細胞在病原微生物的刺激下會產生一種物質，這種物質能夠與該病原微生物結合，使之失去活性，這種物質就是抗體。如果今後這種病原微生物再次侵入機體，致敏 T 細胞（啟動了 T 細胞）就會沖上前去與它們作鬥爭，抗體則會與它們結合，使其失去致病能力。

由此可見，機體的免疫系統只要見過某種病原微生物一次，就具備了對該病原微生物的免疫力。這也是為什麼人只要服用或注射了某種疫苗，或者得過這種傳染病就能對這種病原體有免疫力的原因。

3-2　跨越 157 年的免疫之變

新冠病毒暴發後，測體溫就成了許多人每日的例行公事。額溫槍一掃，就能顯示人們的體溫現況。但如果注意觀察，就會發現，量出的體溫多在 36℃ 出頭，並未到達 37℃。而在人們以往的既定常識裡，人體的標準體溫是在 37℃ 左右，這與過去的標準體溫產生了一定的偏差，人體基礎體溫的降低對人們意味著什麼？

在更多的研究之後，人體基礎體溫降低背後的動因也終於被揭開，這是一場社會之變，更是一場免疫之變。

3-2-1　回不去的 37℃

人體體溫指的是人體內部的溫度，例如腹腔、胸腔、直腸、口腔、大腦等的溫度，而非體表皮膚的溫度。體溫一直是臨床上用來判斷健康狀況的關鍵生命體征。人體無時無刻不在代謝產熱，運動產熱，並向環境中散熱，二者協調維持體溫的恒定。包括人在內的恒溫動物都有通過大腦體溫中樞調節溫度的能力，這個體溫中樞位於人腦部的下丘腦區域。

因此，人們人體的正常體溫是多少，並不由細胞代謝、肌肉運動等決定，而是事先被自然"設計"好的。

一個多世紀以來，37℃一直被當做人類健康的體溫標準。人們經常使用的家庭體溫計上，37℃處可以看見一個明顯的標記，意在提醒人們正常的體溫區間。

其實在一百多年前，人們還不清楚人體的平均體溫具體是多少，或者說一直不知道正常的標準體溫到底是多少。直到 1851 年，德國一位叫卡爾・翁德里希的內科醫生從萊比錫的 25000 名患者身上獲取了數百萬腋窩溫度，從而確立了人體正常體溫 37℃或 98.6℉的標準。

隨著醫學科技的發展，通過不斷地研究，人們才對體溫有了更多深入的瞭解。人們才逐漸知道，人的體溫並非恒定，而是在一天之中有所波動。研究顯示，一天中清晨 2～5 時體溫最低，下午 5～7 時體溫最高，其變動範圍約在 0.5℃-1℃之間。長期從事夜間工作者，則出現夜間體溫升高，日間體溫下降的情況。除此之外，體溫還受性別影響。女性平均體溫較男性平均體溫高 0.3℃，女性在月經前期和妊娠早期體溫輕度升高，而排卵期較低。年齡也是影響體溫的因素之一，新生兒體溫易受外界溫度的影響而發生變化，體溫可略高於成人。

但"人體正常體溫是 37℃"這個曾被視為科學定義的認知近年來卻不斷遭到質疑。2017 年，一項英國的研究採取了 3.5 萬名研究物件 25 萬次體溫記錄，發現平均體溫在 36.6℃左右。

2020 年 1 月 7 日，斯坦福大學醫學院教授朱莉•帕森內特（Julie Parsonnet）和她的團隊在科學期刊《ELIFE》發佈了一項研究成果，他們發現：自 19 世紀以來，成年人的平均體溫在持續下降，不到 200 年間下降了 0.4℃，從 37℃降到 36.6℃。

也有不少人認為，是由於測量設備的日益精準，測量方法的越發科學而導致了平均體溫的偏差。那麼，和 19 世紀相比，人類 "標準的基礎體溫" 是否真的有所變化？

在這項研究中，朱莉•帕森內特團隊分析了三個不同歷史時期的人體溫度資料集，包括：

美國南北戰爭退伍軍人的醫療記錄（1862 年-1930 年）；美國國家健康與營養檢查調查（1971 年-1975 年）；斯坦福大學轉化研究綜合資料庫環境研究組（2007 年-2017 年）。

這些資料集中了近 68 萬次體溫測量值，而這些人群跨越 157 年的測量時間和 197 個出生年份。

研究的對照分析表明，19 世紀男性的平均體溫比現代高 0.59℃，每 10 年大約降低 0.03℃；自 1890 年以來，女性的體溫也下降了 0.32℃，每 10 年約 0.029℃。朱莉.帕森內特教授還表示，這不太可能是測量資料的系統誤差，而是實實在在的生理差異。

3-2-2　體溫之變下的免疫之變

37℃終於成為了過去，那麼，體溫下降又是由什麼原因導致？目前的研究還無法給出肯定的答案。但研究人員對可能造成的因素作出了推測與分析。

朱莉•帕森內特教授認為，這可能和體內炎症反應有關。炎症反應能產生各種蛋白質和細胞因數，提高人體新陳代謝速度，使體溫上升。

　　例如，在 19 世紀中葉，2-3%的人口可能患有活動性肺結核。這一數據與朱莉・帕森內特團隊調查 1862 年-1930 年美國南北戰爭退伍軍人患活動性肺結核的資料吻合，調查顯示，在 23757 名受試者中有 737 例患活動性肺結核（3.1％），研究報告也證實了結核病或肺炎比正常人有更高的體溫（分別為 0.19℃和 0.03℃）。

　　2008 年，來自巴基斯坦的健康志願者們也進行了一項小型研究。巴基斯坦是一個慢性感染持續高風險的地區，而該國的溫度卻更接近一百多年前翁德里希醫生報告的數值（平均值、中位數和模式分別為 36.89℃、36.94℃和 37℃），這也補充證明了炎症對體溫增高具有作用這一結論。

　　在翁德里希醫生的時代，人類的預期壽命只有約 40 歲，未經治療的慢性感染（如結核，梅毒和牙周炎）困擾著大部分人。而過去 200 年來，由於醫療水準進步，衛生條件改善，食物可獲得性以及生活水準的提高，創傷引起的慢性感染減少，牙齒衛生狀態大幅提升，結核病和瘧疾感染減少。抗生素時代的到來，也有助於減輕慢性炎症反應。一項對 1971 年-1975 年美國國家健康與營養檢查調查參與者的研究表明，在 1999 年-2010 年間，異常 C 反應蛋白水準下降了 5%，而 C 反應蛋白是機體在受到感染或組織損傷時血漿中一些急劇上升的蛋白質（急性蛋白）。

　　此外，還可能與人們生活環境的變化有關，包括室內溫度、體內微生物的變化以及人們的食物等。由於人們在有意、無意之間總會攝入不同程度的轉基因食品，這些被改造的基因進入人們體內在一定程度上與人體的免疫細胞產生衝突，只是大部分人在大部分情況下沒有察覺身體的這種免疫衝突，但也有一些人免疫衝突比較明顯，最常見的就表現為過敏反應。總的來說，由於環境的改變、生活舒適度的提高、轉基因食品的攝入、運動的缺乏、藥物的導入等因素，成為了今天人體體溫變化的主要原因。

　　比如，環境溫度和基礎體溫差異過大，人體就要消耗更多能量，以維持正常體溫，這就在很大程度上激發了人體的代謝活力。其中最為明顯的就是人體的靜息代謝率，這是指人體在休息時維持身體所有機能所消耗的總熱量，也是典型的現代人類能量消耗的最大組成部分，約占久坐個體每日能量消耗的 65%。而在環境溫度波動的情況下保持恒定的體溫會消耗高達每日能量攝入 50-70%的能量。當環境溫度低於或高於人類能夠以最低的能量消耗維持正常溫度的環境溫度時，人體的靜息代謝率就會升高。

再比如，19 世紀，房屋供暖不穩定，也沒有製冷空調。到了 20 世紀 20 年代，供暖系統覆蓋了大部分人口。今天，舒適的室內溫度已經司空見慣。這也就意味著隨著科技的發展，人們人類居住舒適度的提高就會在一定程度上弱化身體的代謝活力。這些改變使人類更多的以最低能量消耗維持正常體溫，身體溫度的變化減少，從而導致了體溫的降低。

人類在過去 200 年中發生了生理變化，平均體溫比工業化前低 1.6%。這種生理上的變化又是否會給人類造成影響？

人們都十分清楚，體溫是和基礎代謝率掛鉤的。體溫每上升 1℃，基礎代謝會提高 13%，人體免疫能力將提高 500-600%，也就是 5-6 倍。約翰霍普金斯大學的醫學博士阿圖羅‧卡薩德法爾的研究也證實，在 27℃到 40℃ 之間，溫度每升高 1℃，就有 6%的真菌失去了感染宿主的能力。這也是為什麼有上萬種真菌可以感染爬行動物和兩棲動物等變溫動物，而能夠威脅人類和其他哺乳動物的卻只有區區數百種。人們所知道的百毒之王的蝙蝠，它能夠攜帶上百種對於人們人類而言可能會致命的病毒卻能安然無恙，最核心的原因就在於其 40℃體溫所造就的強大的免疫體系。

當人們的體溫下降到 37 度以下時，同樣就意味著人們人體的免疫系統對抗細菌、病毒的能力在下降。就正常而言，人們每天都會面對大量的細菌、病毒，就算外部有真菌、細菌或病毒不小心入侵人體，在體溫高的情況下，血流速度快，白細胞就能更加迅速地發現體內異常，把病原體扼殺在搖籃裡。反之，基礎代謝率低，體溫下降，血液流速放緩，白細胞的工作效率也隨之變低，白細胞工作效率的降低意味著患病概率的增加。

據研究估計，人們的身體中有 380 萬億多個病毒，這些病毒群體統稱為 "人體病毒組"。不過這些病毒並不是大家經常聽到的危險病毒，其中很多病毒能夠感染生活在人類體內的細菌，它們被稱為噬菌體，噬菌體會殺死細菌。它們會接管細菌中的分子機器並迫使它們產生更多的噬菌體，而不是產生更多的細菌。

大多數病毒耐冷不耐熱，在 0℃ 以下溫度也能很好地生存。相反，大多數病毒於 55℃-60℃下，幾分鐘至十幾分鐘即被滅活。病毒並不具備一個完整的細胞，只是由遺傳物質和一些蛋白質組成。自新型冠狀病毒暴發以來，專家所言通過酒精消毒就是因為酒精可以溶解病毒表面的蛋白膜，這樣裡面的基因鏈就失活了，沒辦法感染人類。紫外線消滅病毒則是利用紫外線的能量穿透病毒的蛋白膜，直接作用於病毒的遺傳物質。

體溫變化是 100 多年的漫長變化，即便體溫持續走低，也都是一種自我調整機制，一種人類適應自然環境的生理機制。然而，在西醫中被稱為體溫下降的事變，從中醫的角度來看，這卻是典型的現代人陽氣不足的表現。

人類在時代更替中借助於科技的飛速發展，過上了舒適的生活，卻也在不知不覺中付出了沉重的代價，即人類的免疫能力並沒有隨著生活舒適度的提高而提高，反而是隨著生活舒適度的提高及藥物的濫用而呈現下降趨勢。這微小的 0.5-1℃ 的下降變化，讓人類免疫系統的減弱足以削弱了人類對抗細菌、病毒的能力。

在《黃帝內經》素問上第一章　上古天真論中，岐伯對曰：上古之人，其知道者，法於陰陽，和於術數，食飲有節，起居有常，不妄作勞，故能形與神俱，而盡終其天年，度百歲乃去。岐伯認為，上古時代那些懂得養生之道的人，能夠在天地陰陽自然變化的道理中獲取方法並加以適應，調和養生的辦法，使生活飲食起居達到正確的標準。飲食有所節制，作息有所規律，既不妄事操勞，又避免過度放縱，所以就能夠形神俱旺，協調統一，活到天賦的自然年齡，超過百歲才離開人世。

體溫之變背後的免疫之變更提示著人們思考這個社會的變遷。在疫情之後，人們應該更多地思考目前的生活方式並付諸改變，比如多曬曬太陽、多泡腳、適度饑餓、調整食物結構（從中醫的角度來說，食物也分為陰性和陽性，多攝入陽性食物能有助於說明增加陽氣提升體溫），又或者多做有氧運動等，以此來修復、提升人們的陽氣，重新找回人類正在消失的這 0.5-1℃ 的體溫。

3-3　衰老中的免疫系統

　　人類的衰老是一個複雜的生理過程，是因時間推移和與環境的作用而引起的分子、細胞和機體結構與功能的隨機改變。衰老以進行性的生理功能和組織內環境穩定能力下降為特徵，會導致退化性疾病和死亡的發生率增加。

　　20 世紀 50 年代，Walford 進行了開創性生物老年學的研究，並於 1969 年在其撰寫的《衰老的免疫學理論》中指出，免疫功能的下降可能引起正常的衰老。Walford 首次提出的 "免疫衰老（immunosenescence）" 這一概念，開啟了學界對免疫衰老的研究。免疫系統的衰老既是機體衰老的必然結果，也是導致機體衰老的重要原因。

3-3-1　衰老中的固有免疫

　　免疫衰老進程中，機體的固有免疫系統和適應性免疫系統均會受到影響。而目前研究表明，衰老對適應性免疫系統的影響大於對先天性免疫系統的影響，可通過免疫細胞衰老相關標誌物表達的改變、細胞因數分泌量的變化、細胞亞群的變化和細胞功能缺陷來體現。同時，免疫監視功能受損會加速衰老細胞的積累，進一步加速衰老的進程。

　　從固有免疫系統的功能在免疫衰老中的變化來看，相當多的研究表明，固有免疫系統功能的改變從皮膚上皮層、胃腸道和呼吸道黏膜的屏障作用的降低開始，局部免疫球蛋白的比值也隨之降低。

皮膚作為人體固有免疫的第一道防線，其衰老的主要特徵是：由於毛髮的數量和覆蓋率的減少，防護功能 "屏障" 的結構被破壞。隨著皮脂腺數量的減少，皮膚的彈性降低，這就嚴重損害了皮膚的免疫防禦能力。

在固有免疫系統中，中性粒細胞可產生過氧化氫、氯化物以及過氧化物酶組成髓過氧化物酶（myelo per oxidase，MPO）殺菌系統，同時借助於補體片段或抗體的協同作用，對病原體具有強大的吞噬和殺傷作用。

雖然在老年群體中，中性粒細胞的數量並未減少，但是 CD16Fcγ 受體的表達減少。隨之而來的後果是，由 Fc 受體產生的超氧化物的吞噬作用受到影響。這表明，Fc 受體應激效應的下降嚴重影響了老年人中性粒細胞的免疫功能。

此外，對於起監視作用的自然殺傷（NK）細胞來說，儘管老年群體的自然殺傷細胞數增加，但是從每個細胞產生細胞因數和趨化因數的水準衡量，其自然殺傷細胞毒性下降，抗體依賴的細胞毒性不變。

衰老的自然殺傷細胞殺傷力降低，T-bet 和 Eomes 的表達也明顯下降。在 IL-2 的刺激下，衰老的自然殺傷細胞分泌的 IFN-γ 和 IFN-α 不足，但分泌的 IL-1、IL-4、IL-6、IL-8、IL-10 和 TNF-α 較多。有研究表明，自然殺傷細胞毒性變化與老年人鋅平衡失調有關，補鋅後自然殺傷細胞的功能可以明顯改善。

3-3-2 衰老中的適應性免疫

適應性免疫應答的 3 個階段中，起關鍵作用的便是具有特異性識別功能的淋巴 T 細胞和 B 細胞。其中，T 細胞尤其容易受到衰老過程的影響。

T 細胞產生於胸腺，可根據與其相結合的受體分為 CD4+ 和 CD8+ 兩種形態。這兩種細胞亞型比例在衰老過程中呈現一定的變化趨勢：CD8+ 細胞數量在衰老過程中呈增加趨勢。CD4+ 和 CD8+T 細胞表達產生的 CD45RA 和 CD45RO 是相互排斥的，第一個表型可以識別原始 T 細胞，而第二個表型可以啟動 T 細胞。

研究顯示，原始淋巴細胞的減少可能是胸腺退化和慢性抗原刺激的結果，這一結果也揭示了老年人抵抗新感染的能力下降的原因。此外，在衰老過程中，原始 T 細胞顯示多種變化特徵：端粒縮短、IL-2 產生減少以及分化為效應細胞的能力減弱。

約 30%的老年人中，隨著效應物 "記憶" 細胞的擴展和進行疫苗接種，T 細胞 CD8+、CD45ＲO+、CD25+克隆擴增。原始 T 細胞數量和功能的喪失得到補償，能夠產生 IL-2，並具有保護性體液免疫能力。

T 細胞的進一步改變涉及到對氧化應激的損害反應，這導致誘導細胞死亡的易感性和鈣流動力學增加。當前的研究指出，衰老過程中，miR181（microRNA 前體）的減少，使得 T 細胞對抗原識別的能力減弱。

調節型 T 細胞（Regulatorycells，Tregs）是一種具有識別功能的轉錄因數，由於 CD25andFOXP3 高度表達而產生的子型。老年病人體內 CD4+、FOXP3+、淋巴細胞的數量增加，這些細胞的累積在啟動慢性感染防禦機制中具有重要作用。同時，改變 T17/Treg 的比值，會引起機體對炎症或自身免疫性疾病的炎症反應。

B 淋巴細胞產生於骨髓，成熟於脾臟。B 細胞負責抗體的分泌，在體液免疫中發揮重要的作用。衰老過程中，骨髓產生 B 細胞數量及受體多樣性明顯降低，產生抗體數目減少。這將降低機體對感染和疫苗接種的反應性，並增加自身反應性抗體的產生。

有研究顯示，在同樣抗原強度刺激下，所動員的 B 細胞數僅及正常成年動物的 1/10～1/50。例如，接種流感疫苗後 60～74 歲組的血清陽性保護率為 41%～58%，75 歲以上的陽性保護率下降到 29%～46%。而年齡相關的 B 細胞系列細胞組成的變化是老年人疫苗接種和感染時抗體反應差的主要原因。

此外，老年人的記憶 B 細胞增多，可能與老年人的炎性衰老（inflammaging）和慢性炎症性疾患增多有關。同時，衰老伴隨著在免疫反應中傾向於 Th2 細胞的產生，分泌過多的 Th2 型細胞因數，可能增強 B 細胞介導的自身免疫性疾病。

3-3-3 衰老的免疫功能障礙可逆嗎？

　　儘管衰老會導致嚴重的免疫功能障礙，從而降低疫苗的反應性。但很長一段時間裡，研究人員都認為這是免疫系統不可逆的缺陷。2020 年，由美國辛辛那提大學醫學院附屬辛辛那提兒童醫院帶領的研究團隊在《科學》子刊的研究論文推翻了這一結論。

　　研究發現，老年人的免疫系統沒有變弱，而是被一組免疫細胞的活性抑制。研究人員將其稱為產生白介素 10 的濾泡輔助 T 細胞（Tfh 10），這種抑制作用是可逆的。資料顯示，解除這種抑制可引發老年人對疫苗接種作出強烈反應，而這種抑制是由人們免疫系統內的一組關鍵細胞驅動的。研究人員稱它們為 "Tfh10" 細胞，代表產生白細胞介素 10（IL-10）的濾泡輔助 T 細胞。

　　正如前述，衰老此前被認為會導致不可逆免疫功能障礙，同時衰老還有持續的低度免疫啟動（所謂的 "發炎"）特徵，並伴隨著高水準的 IL-6。然而新研究發現，除了 IL-6 增加外，老年個體的血清 IL-10（一種有效的抗炎介質）也有所增加，而 IL-10 會限制機體對病原體的保護性反應。

　　在研究中，研究人員進行了數十種不同的試驗，試圖查明 IL-10 不良水準的由來，最終將過量的 IL-10 產生追溯到他們稱為 Tfh 10 的細胞類型。而後的小鼠模型，證實了接種疫苗時對 IL-10 的簡單阻斷可以恢復抗體反應，使其幾乎達到幼小動物的水準。

　　當然，該研究反映了先進的計算和實驗室工作的結合，其中許多已在涉及小鼠模型和人類細胞的實驗中得到證實，但仍需要進行更多的研究來證明 Tfh 10 細胞可以在人體內安全管理。

3-4　健康動因下的睡眠和免疫

　　睡眠對人體的重要性眾所周知，其中，最常被提及也是最重要的一點就是睡眠對免疫力的影響。一般來說，一個好的睡眠狀態會增強免疫力，可以抵禦各種疾病和病原體的侵襲。而長期失眠則會造成免疫力下降，人體就容易受到病毒、細菌的侵襲，繼而產生各種各樣的疾病。

　　事實上，睡眠是一個相當複雜的生理和心理變化過程。與覺醒相比，睡眠時許多生理功能都發生了變化，包括免疫。這種周而復始的變化，才使得睡眠和免疫長期地相互影響，決定著機體的日常工作。

3-4-1　睡眠並不簡單

　　人的一生中有一大部分時間都在睡眠中度過，睡眠是大腦和身體喚醒的自然迴圈狀態。其特徵在於：改變意識，降低對刺激的響應度和對自願運動的抑制。單一檢測無法檢測睡眠，一般需要多個生理行為表徵來衡量，包括腦電圖（EEG）的客觀改變，肌電圖變化（EMG）或呼吸速率。

　　睡眠分為眼球快速運動（REM）睡眠（也叫做快速眼動睡眠或快動眼睡眠，具體表現為眼球快速運動並且發生夢境）以及與眼球快速運動睡眠恰好相反並且持續較長時間的非眼球快速運動（NREM）睡眠。研究表明，眼球快速運動睡眠對大腦起著某種修復功能，包括存在於大腦內的一系列免疫相關組織細胞。

　　此外，非眼球快速運動睡眠包含了深度睡眠（SWS），也稱慢波睡眠。其特徵在於同步腦電圖與慢波的存在，有時也會有增量波活動。深度睡眠經常被視為休息的時間，深度睡眠時人們多數不會做夢。

失眠則表現為難以開始或維持睡眠，早醒、中斷或非恢復性睡眠以及相關的白天功能障礙。必須存在至少每週 3 個晚上，並持續 3 個月或更長時間的症狀才被稱為失眠。公開資料顯示，國人平均睡眠時常約為 6.92 小時，擁有深睡眠的比例不足 1/3。失眠群體比例高達 36.1%，高於全球資料 27%。

賓夕法尼亞大學的研究人員就曾通過兩種果蠅實驗方法有力地證明了睡眠與免疫系統有著密切的關係。一是用黏質沙雷氏菌和銅綠假單胞菌對果蠅進行感染，確認實驗組成功被感染後，對實驗組進行睡眠剝奪。結果顯示，實驗組與未被睡眠剝奪的對照組均出現不同程度的急性睡眠反應。因睡眠剝奪組在感染後睡眠時間較長，較對照組存活率反而更高。

二是利用基因手段來操控睡眠。研究人員使用藥物 RU486 對離子通道表達進行誘導，通過改變果蠅大腦蘑菇體神經元的活動，從而調節睡眠模式。結果顯示，因誘導而導致睡眠時間延長的果蠅存活率更高。睡眠多的果蠅身體可以更快、更有效地清除細菌。這也證明了增加睡眠能夠提高果蠅的免疫能力、抗感染力，同時提高了感染後的恢復率和生存率。

3-4-2　睡眠如何調節免疫？

早在 50 年前，研究人員就開始認為睡眠與免疫系統有著直接的相關性，但在當時沒有有效的手段來證明。而現代醫學的發展，讓睡眠與免疫系統的密切關係得以明晰。

首先，是對自然殺傷細胞（自然殺傷細胞）的影響。自然殺傷細胞（natural killer cell，NK）是機體重要的免疫細胞，不僅與抗腫瘤、抗病毒感染和免疫調節有關，而且在某些情況下參與超敏反應和自身免疫性疾病的發生，能夠識別靶細胞、殺傷介質。

大量研究證明，睡眠剝奪使白細胞的吞噬能力和自然殺傷細胞的殺傷力降低，而且這種降低與睡眠剝奪時間成正比，恢復睡眠後可以逐漸恢復。有研究人員通過對人體睡眠剝奪，發現長時間失眠致使自然殺傷細胞活性降低。這就有力地證明睡眠剝奪與自然殺傷細胞的活性存在著一定的相關性。

同時在臨床試驗中，也發現健康男性青年被睡眠剝奪 24h、48h 後，自然殺傷細胞較原來分別降低 31% 和 37%，恢復正常睡眠後回到原活性水準。由此可見，自然殺傷細胞活性的變化與睡眠剝奪時間呈正相關，恢復睡眠後可逐漸回到正常，這種變化提示著免疫系統與睡眠是相關的。

其次，關於睡眠對淋巴細胞的影響研究表明，睡眠剝奪對 T 淋巴細胞亞群數量無顯著影響，但使淋巴細胞亞群的功能降低。這種降低與睡眠剝奪時間成正比，恢復睡眠後它們的功能可以逐漸恢復，說明這種免疫變化與睡眠有關。

通過對人體睡眠剝奪，研究者發現外周血淋巴細胞對有絲分裂原刺激的增殖反應降低，多行核粒細胞的吞噬功能降低，即機體的細胞免疫功能降低。睡眠剝奪可抑制刀豆蛋白（ConA）、脂多糖（LPS）誘導的脾細胞增殖反應。ConA 誘導的脾細胞增殖反映 T 細胞功能，LPS 誘導的脾細胞增殖反映 B 細胞的功能。這也意味著，睡眠剝奪還能夠導致 T 細胞和 B 細胞功能降低，細胞免疫和體液免疫功能下降。

其三，睡眠對細胞因數有重要影響。睡眠剝奪作用於人腦功能，造成神經功能障礙。這種改變造成肌體的應激反應，將會啟動丘腦-垂體-腎上腺軸，會使糖皮質類固醇激素分泌增加。這種激素對人體免疫功能產生強烈的抑制作用，使人體免疫功能下降，而且此激素會導致下丘腦釋放促腎上腺皮質釋放因數，活化自然殺傷細胞，增強 IL-1、IL-2 和 IL-6 等細胞因數的產生。IL-6、TNF-α 是系統炎症的標誌，會導致糖尿病、心血管疾病等。

研究表明，13 個健康的青年男子連續 5 天每晚只睡 4 小時，這使淋巴細胞活化，也增加了促炎性細胞因數 IL-1β、IL-6 和 IL-17。這些促炎性細胞因數在 2 天的恢復睡眠期仍然興奮，並伴有心率加快和血清 C 反應蛋白（CRP）增加；CRP 在肝臟中合成，受控於促炎性細胞因數 IL-6、干擾素-α（INF-α）和 IL-1。因此，長期的睡眠剝奪不僅增加 IL-17 和 CRP 產物，而且會伴隨心率加快症狀的出現，這些都是導致心血管疾病的危險因素。

最後，是睡眠對免疫球蛋白及補體的影響。研究表明，睡眠剝奪 48h 後免疫球蛋白 IgG、IgM 升高，而 IgA 下降。睡眠剝奪 56h 後血清免疫球蛋白 IgA、IgM 均無變化，而 IgG 和補體 C3 下降，血清補體 CH50 也明顯下降，GH 缺乏可導致胸腺脾臟萎縮，淋巴細胞數目減少。

3-4-3　免疫如何調控睡眠？

除了睡眠對免疫的影響，免疫也在調控著睡眠，正是睡眠和免疫長期的互相作用，才能維持機體的正常運行。免疫通過在外周產生的促炎信號與中樞神經系統（CNS）的相互作用，來改變中樞神經系統活動及調節睡眠的過程。

首先，是細胞因數對睡眠的調控。如 IL-1 和病原體相關分子模式（PAMPs）；如脂多糖，作用於迷走神經，迷走神經投射到多個參與睡眠調節的大腦區域；包括孤束核、延髓腹外側核、下丘腦室旁核和視上核以及杏仁核。據報導，迷走神經切斷術可以阻斷全身細胞因數對睡眠的誘導作用，也可以阻斷系統細胞因數誘導的腦內細胞因數 mRNAs 的表達。

其次，中樞神經系統很多部位有表達 Toll 樣受體（Tol-like Receptor，TLRs）的巨噬細胞。當這些巨噬細胞被 PAMPs 啟動時，會產生諸如 IL-1 之類的炎性細胞因數，這種細胞因數可以擴散進入大腦。此外，內皮細胞表達 IL-1 受體，這種受體由迴圈的 IL-1 啟動，導致局部前列腺素 e2 的產生，觸發腦內的免疫啟動。

其三，血腦屏障（BBB）在中樞神經系統中主動傳遞多種免疫調節分子，這一過程是由中樞神經系統主動協調的，與無管制滲漏的血腦屏障被動擴散或功能障礙不同。此外，由於感染和年齡的增長，BBB 的功能也發生了改變，這可能有助於 IL-1、IL-6 和 TNF 的主動轉運。在這些情況下，睡眠模式的改變進一步增加了炎症介質在血腦屏障的運輸。

最後，當免疫細胞（通常為單核細胞）活化時，它們可以與大腦的脈管系統及其他脈管系統相連。外周炎症信號刺激小膠質細胞產生 CCL2（MCP1），進一步吸引單核細胞到大腦。由細胞因數刺激的星形膠質細胞也可以產生 CCL2 以吸引免疫細胞到大腦。

3-5　錯亂的免疫系統

通常來說，一個健康的免疫系統有三個基本標準：殺手 T 細胞和製造抗體的 B 細胞得到平衡；輔助型 T 細胞和調控型 T 細胞得到平衡，能啟動或關閉免疫系統；免疫系統有能力辨別外來入侵者（如病毒或細菌）與身體本來的一部分（如有益細菌細胞和組織）。

當免疫系統的三大健康標準統統出錯時，就會出現自體免疫問題。身體開始製造過多的殺手 T 細胞或抗體（依自體免疫疾病不同而異）停不下來，以致免疫反應無法終止。

3-5-1　自體免疫疾病

自體免疫性疾病，也稱自體免疫問題，是一種人體內自己的免疫系統攻擊自己身體正常細胞的疾病，就是正常的免疫能力下降，而異常的免疫能力卻突顯的一種問題。

所謂異常的免疫能力，就是認友為敵，把自己身體裡本來不是病毒或細菌的東西，當成病毒或細菌來攻擊，希望將之驅出體外。人體內免疫系統的抗體原本是針對外來的抗原或體內不正常的細胞（如腫瘤細胞）進行攻擊與清除，是保護身體的一種生理機制。但在一些情形下，免疫系統可能會產生出對抗自己身體內正常細胞（甚至細胞內的各種正常組成部分）的抗體，造成不正常的過度發炎反應或是組織傷害，進而影響身體健康造成疾病。

對於患有自體免疫疾病的人而言，非常重要的是，本該攻擊外來入侵者的免疫細胞，卻轉而攻擊自體組織。"自體免疫"涵蓋至少一百種以上的疾病，並非特定單一疾病，所以容易讓人分不清楚。

自體免疫疾病不像各種癌症病名，常帶有"癌"字以及惡性腫瘤發現的位置，例如乳癌是乳房的腫瘤，結腸癌是結腸的腫瘤，皮膚癌是皮膚的腫瘤。由於病名多數不含有"自體免疫"，也令不同的自體免疫疾病聽起來像是完全不同類型的疾病，比如橋本氏甲狀腺炎、類風濕性關節炎、全身性紅斑性狼瘡、修格蘭氏症候群、多發性硬化症等。

另外，自體免疫疾病病名並未指出疾病發生的身體部位，這點也容易讓人產生混淆。有些自體免疫疾病是全身性的，即自體攻擊遍佈全身的所有組織，例如紅斑性狼瘡。另一些自體免疫疾病則好發於特定器官，僅攻擊特定部位或器官，例如橋本氏症僅有甲狀腺受累。但無論是前者或後者，它們的病名都不是問題發生部位的清楚指標。橋本氏症和葛瑞夫茲氏病發生在甲狀腺，多發性硬化症發生在大腦與脊髓，白斑症發生在皮膚，惡性貧血則發生於血球。雖然發病的部位不同，但人們現在已經知道，這些疾病背後的問題非常相似。

事實上，近年來的研究已把重心從這些疾病影響的特定器官，轉移到引發這些疾病的潛在機制上。"自體免疫疾病的起因相似"則是學界治療與逆轉這些疾病的關鍵。一百多種不同的自體免疫疾病有著相似的特徵。它們都是嚴重的慢性疾病，都在免疫系統中有潛在的問題。

另一個共通點是炎症，指身體內部包括大腦出現發炎與腫脹的情形。發炎可以引發相當廣泛的症狀，包括疲勞、浮腫、肌肉或關節疼痛，腹部不適如腹瀉、難以專心或腦霧（大腦思維很難清晰的狀態）等現象。

3-5-2　免疫錯亂的誘發因數

通過使用功能醫學的方法，並將重點放在免疫功能失調的主因，研究人員發現了許多這類疾病的潛在誘發因素（導致不健康免疫反應的因數）。研究發現，許多自體免疫疾病是由相似的因數誘發，例如麩質、壓力、有益細菌、毒物等。

麩質

現代農業技術中包含基因改造的部分，這意味著穀類的種子如玉米、黃豆、小麥在實驗室經過改造，可以長得更大或更有效率地抵抗病害。改變穀物基因的結果，讓它們出現本來沒有的蛋白質。而動物研究發現，這些蛋白質非常難消化，容易導致胃灼熱、胃食道逆流、進食後脹氣等。

此外，也有證據顯示，這些蛋白質會引發造成自體免疫問題的腸道免疫反應。自體免疫意味著免疫系統的細胞受損，轉而攻擊自己的細胞。其中，麩質是小麥、大麥、卡姆麥（Kamut）、斯佩爾特小麥（Spelt）中所含的蛋白質，而基因改造使得人們所吃穀物中的麩質變得更強、更濃縮。

食物中麩質的濃度變高，與過去數十年來食物過敏患者的比例升高有關。這是因為麩質是人們飲食中相對較新的成分。人類的祖先在狩獵採集時代，吃的是動物、堅果、種子、莓果，而非穀物。接著人類轉為農耕社會（僅約十個世代之前），食物依時節更動，一般交替食用當季可取得的食物。這麼做的好處是可以不停變換飲食，而一直食用相同的食物則容易增加過敏反應的風險。

此外，麩質的問題難以消化，大量大顆粒的麩質進入血液中，讓免疫系統提高警戒，把麩質當成外來物而產生抗體加以攻擊。不幸的是，抗體攻擊麩質時，卻也錯誤地攻擊了身體的組織。這種現象稱為分子擬態，也是一般認為麩質造成自體免疫疾病的原因。分子擬態不僅針對麩質，免疫系統如自體組織誤認為外來物時，也會發生這種狀況。

慢性壓力與荷爾蒙失調

有些人情緒上並未感到太大壓力，但卻不按時用餐、睡眠不足或過度運動。這些行為會對身體造成負擔，促進腎上腺分泌壓力荷爾蒙皮質醇。另外，有些人可能僅照顧身體，心中卻焦慮、擔心、不安、沮喪，或有嚴重而持續的情緒創傷，這些也會引發相同的皮質醇反應。腎上腺是位於腎臟上方分泌所有壓力荷爾蒙的小腺體。當然，並非所有的壓力荷爾蒙都是壞事。例如，在緊急情況下，腎上腺會分泌皮質醇和腎上腺素，提供你快速移動、尋求協助的能量。在重要的演說之前，壓力荷爾蒙也能讓人產生能量，幫助專注及思考。

然而，慢性壓力意味著皮質醇指數持續上升，如此一來免疫系統就會遭到損壞，難以復原。慢性壓力也會導致腎上腺疲勞，使腎上腺疲乏到無法產生讓身體正常運作的荷爾蒙，包括腎上腺素、脫氫異雄固酮（DHEA）、睪固酮。腎上腺疲勞會導致原因不明的疲倦、一夜好眠後隔天早上依舊起不來、心中有沉重的負擔感、想吃偏甜或偏鹹的食物、低血壓、低血糖、易怒等。

腎上腺疲勞，又稱為腎上腺衰竭、上腺過勞，腎上腺疲勞與發炎及自體免疫疾病有關，因此瞭解並適當管理生活壓力非常重要。壓力也對消化道的有益細菌多寡有負面影響，也可能造成自體免疫疾病。而總是感覺疲勞、經常生病、出現關節炎、月經不規則、更年期障礙、減重困難，就有可能是壓力荷爾蒙出了問題。

腸道中的有益細菌失衡

身體的免疫細胞，尤其是殺手 T 細胞和 B 細胞是自體免疫問題的關鍵。如果這些細胞無法正常運作，身體就會開始不停攻擊自體組織。為了協助這些細胞運作得更好，理解它們的發育過程是很重要的。

人成年後由骨髓製造免疫細胞，然後轉移到胸腺（胸骨下的一個小器官）、淋巴結，以及腸道黏膜表層下方的腸道相關淋巴組織中。胎兒在母親子宮內時，胸腺非常活躍，出生後胸腺仍是免疫細胞的主要區域。隨著年齡增長，胸腺雖仍協助免疫細胞的成熟與發育，但活躍度會降低。而腸道黏膜要有充足的有益細菌（菌叢）。這些有益細菌扮演著幫助免疫細胞正常成熟的重要角色，因為它們會與腸道相關淋巴組織的細胞產生交互作用。如果有益細菌繁殖不夠多，免疫系統功能就容易失常。

影響有益細菌的多寡除了壓力因素，便是人們生活中充斥著的所謂五A：制酸劑（antacids）、抗生素（antibiotics）、酒精（alcohol）、止痛藥（Advil）、動物性食品（animalfoods）。這些物質會伴隨著感染與其他藥物改變腸道內微生物的生態，破壞腸道障壁，使食物滲入腸道黏膜下方的腸道相關淋巴組織，進入血液中。發生這種情況時，免疫系統就可能會把血液中的食物顆粒視為外來入侵物質，產生抗體來攻擊食物。

有益細菌的另一項重要作用，是幫助腸道內的殺手 T 細胞發育，並學習分辨外來物質（例如感染或細菌）與人體自體組織之間的差異。這就是為什麼維持益菌和腸道黏膜的最佳健康狀態、修復腸道，是保持免疫系統健康的根本之道。事實上，健康的腸道不僅有助於預防自體免疫疾病，更可治療免疫缺陷的症狀、治癒免疫系統。

毒物

毒物是指任何外來的、對身體產生有害反應的環境化學物質、重金屬或其他複合物，黴菌也包含在內，因為黴菌經常會產生危險的毒物。暴露於環境毒物下可能損害免疫系統與體內的其他細胞，並導致自體免疫疾病。事實上，在現代社會裡，人們受毒害的嚴重程度前所未有。美國疾病管制中心《第四次人體環境化學品暴露全國報告》檢測了二十二種化學物質，發現多數美國人的血液和尿液中都含以上全部的化學物質。這點並不意外，因為人們常經由食物、殺蟲劑、地下水、工業廢料與工業化學物質接觸到毒物。

針對自體免疫疾病，學界特別關心任何可能改變去氧核糖核酸（DNA）、同樣攜帶遺傳訊息的核糖核酸（RNA）、細胞蛋白質化學結構的毒物。因為這些毒物會改變人體的組織結構，使身體把自體組織當作外來物加以攻擊。

自體免疫疾病相關研究最多的毒物是汞（疾病管制中心報告的二十二種毒物中，排行第六），汞暴露來自於填補蛀牙的銀粉汞齊。汞也是燃燒煤炭或木材，以及焚化含汞物質的產物。空氣中的汞已經進入土壤、河川以及海洋，存在於人們食用的許多魚類中，例如旗魚、鮪魚、銀花鱸魚、國王鯖魚等（食物鏈愈上層汞濃度愈高，吃小型魚的大型魚類通常汞含量最高）。

研究已證實汞與橋本氏甲狀腺炎、葛瑞夫茲氏病、紅斑性狼瘡、多發性硬化症有關。汞會讓免疫系統把身體組織視為外來物，直接對組織造成傷害的毒物之一。

另一個有關毒物的問題在於，體內毒物過多時，人體的主要解毒器官肝臟會因為要把毒物排出而過於疲勞。由於肝臟有很多解毒途徑，亦即負責排毒的酵素系統。每一種酵素系統都需要特定的營養素，如果毒物太多、營養素不足，肝臟就會耗損，造成毒物累積。肝臟也負責輔助處理身體自然製造的荷爾蒙。肝臟若因體內毒物濃度過高而疲勞，就難以處理身體自然製造的荷爾蒙與化學物質。其中，雌激素是經由肝臟代謝，肝臟特定的酵素系統需要正常運作，才能正常處理與代謝雌激素。但如果肝臟有壓力，雌激素就會不斷累積，使身體製造更多有毒性的雌激素，造成 DNA 受損並引發免疫反應。事實上，有毒的雌激素被認為是紅斑性狼瘡和風濕性關節炎的重要誘發因素。

3-6　腫瘤和免疫的互相糾纏

人類與癌症的鬥爭史非常漫長，但時至今日，癌症依然是一類讓人們感到畏懼的疾病。傳統的癌症治療主要是手術、放療和化療，但隨著醫學科學的進步，免疫治療、靶向治療、介入、射頻等治療方式不斷湧現，為癌症患者提供了新的治療途徑。其中，腫瘤的免疫治療作為一種創新治療方式已成為腫瘤治療研究領域的一大熱點。

3-6-1　腫瘤的免疫逃離

正是因為免疫系統 24 小時晝夜不停地工作，人們的健康才能被有效保護。當有外物（細菌、病毒、真菌、寄生蟲）入侵時，免疫系統立即可以調配不同功能的免疫細胞，來對付入侵外物。當人體出現異常細胞（如癌變細胞），免疫系統則可以起到監視的作用，能夠及時發現並清除體內的異常細胞，從而避免腫瘤的發生。

正常情況下，人體內的免疫 T 細胞是可以監測並清除腫瘤細胞的。然而，腫瘤細胞卻可以通過偽裝自己而逃避免疫系統的監測。科學發現，在很多種類的癌細胞表面，都會有一類蛋白叫做 PD-L1，當腫瘤細胞表面的 PD-L1 與免疫 T 細胞表面的 PD-1 結合後，T 細胞將減少增殖或失去活性，從而失去了識別和打擊腫瘤細胞的能力，腫瘤細胞得以躲過免疫系統的攻擊。

而像 PD-L1 這種可以抑制免疫細胞功能的關鍵靶點則被稱之為免疫檢查點，通過抑制這些靶點，從而重新啟動啟動免疫功能的藥物就是被熟知的免疫檢查點抑制劑了。

目前所發現的常見的免疫檢查點有 PD-1、PD-L1 和 CTLA-4。PD-1 是一種主要表達於活化的 CD4+T 細胞、CD8+T 細胞、B 細胞、自然殺傷細胞 單核細胞和樹突狀細胞等免疫細胞中的跨膜蛋白，主要功能是促進 T 細胞的成熟。正常情況下，PD-1 通過調節外周組織中 T 細胞的分化方向進而調控機體對外來或自身抗原的免疫應答反應，防止免疫過激的發生。

PD-L1 則是一個對免疫系統起負作用的蛋白。主要表達於抗原遞呈細胞、B 細胞、T 細胞、上皮細胞、肌細胞、內皮細胞和腫瘤細胞中，並參與腫瘤相關的免疫應答反應。PD-L1 在人的正常組織中表達量很低，但在肺癌、結直腸癌、卵巢癌等癌症中表達量非常高。因為其主要在腫瘤細胞中表達，所以將 PD-L1 抗體用於殺死腫瘤細胞的免疫治療方法目前被廣泛地研究。

CTLA-4 是 T 細胞上的一種跨膜受體，CTLA-4 與 B7 分子結合後誘導 T 細胞無反應性，參與免疫反應的負調節。1996 年，JamesP.Allison 課題組證明使用 CTLA-4 抗體可以增強免疫功能，從而抑制腫瘤的發生發展。

　　與免疫檢查點相對應的就是可以阻斷其發揮免疫抑制作用，從而活化重啟免疫系統的免疫檢查點抑制劑，包括 Nivolumab、Pembrolizumab 和 Ipilimumab 等。

　　Nivolumab 是一種完全人源化的單克隆抗體，通過阻斷 PD-1 與其配體 PD-L1 或 PD-L2 的結合，逆轉腫瘤免疫逃逸的狀態，恢復 T 細胞殺傷腫瘤的活性，達到抑制腫瘤生長的目的。Nivolumab 是最早進入 I 期臨床試驗的抗 PD-1 的抗體藥物，目前應用較為廣泛，在多種惡性腫瘤的治療中也已顯示出較好的治療效果。

　　Pembrolizumab 是美國 FDA 批准用於治療晚期黑色素瘤的藥物之一，是一種抑制 PD-1 的人源化單克隆抗體，與 PD-1 有著高親和力，幾乎去除了免疫原性和毒副作用。

　　Ipilimumab 則是一種抗 CTLA-4 的全人源單克隆抗體，首先被用於黑色素瘤治療。由於其具有較好的療效，已於 2011 年 3 月被 FDA 批准用於治療晚期黑色素瘤。但由於單獨使用 Ipilimuma 的療效有限，現在多使用 Ipilimumab 聯合其他治療方案。

　　簡單來說，免疫檢查點抑制劑的作用，就是通過不同途徑抑制它們的結合，而達到重新啟動 T 細胞的功能，讓它恢復正常的識別腫瘤的功能，來控制腫瘤的進展。因此，免疫檢查點抑制劑扮演了一個剎車系統的角色，可以減緩這些細胞器的活動。

3-6-2　腫瘤的免疫調控

　　實際上，腫瘤與免疫的相互作用和影響是個龐大而複雜的機制，而腫瘤對免疫的破壞能力不局限於腫瘤微環境本身，還會對全身的免疫系統造成廣泛和可變的破壞。

　　從腫瘤微環境對免疫細胞的調控來說，包括腫瘤微環境下淋巴系來源免疫細胞和髓系來源免疫細胞的調控。

在淋巴系來源免疫細胞中，CD8+T 細胞和自然殺傷細胞能有效殺傷腫瘤細胞。但在腫瘤微環境中，這兩種細胞的功能皆受到不同程度的抑制。腫瘤浸潤的 CD8+T 細胞常因分化障礙、細胞衰竭等原因出現 T 細胞耐受，無法識別並殺傷腫瘤細胞。自然殺傷細胞主要的抑制性受體包括 PD-1 和 NKG2A 等。此外，研究發現，自然殺傷細胞也存在其他免疫檢查點，例如自然殺傷細胞中高表達 IL-1R8 能抑制自然殺傷細胞的成熟，而腫瘤細胞可通過產生前列腺素）來抑制自然殺傷細胞的活性。

髓系來源免疫細胞主要包括腫瘤相關巨噬細胞和髓系來源的抑制性細胞，它們是腫瘤微環境中發揮免疫抑制作用的重要部分，主要通過促進腫瘤細胞的生長增殖，抑制 T 細胞的功能，從而發揮促腫瘤作用。

此外，免疫細胞除了彼此之間的相互作用，還能調控間充質細胞和內皮細胞，構建腫瘤微環境的細胞調控網路。一方面，免疫細胞通過作用于內皮細胞，參與腫瘤血管的生成與調控，尤其是髓系來源的免疫細胞。例如，腫瘤相關巨噬細胞通過分泌多種細胞因數促進腫瘤微環境中血管的生長與維持，從而促進腫瘤的發展與轉移。

另一方面，以髓系來源為主的免疫細胞通過分泌大量的細胞因數招募並啟動腫瘤微環境中的間充質細胞。例如，腫瘤相關巨噬細胞通過分泌 EGF 和血小板衍生生長因數-β 來調控間充質細胞的分化方向，還能分泌 TGF-β 啟動成纖維細胞，刺激其產生大量的膠原纖維，分泌 TGF-β 的 Tregs 細胞也在間充質細胞的調控中發揮重要作用。

從腫瘤的進展對全身免疫系統的影響來看，加州大學三藩市分校的研究團隊，曾在《自然·醫學》發佈腫瘤的全身性免疫壓制研究結果。

研究人員利用質譜流式細胞技術，對 8 種癌症模式小鼠腫瘤中免疫細胞亞群做了動態且系統地分析。發現腫瘤微環境的免疫成分在不同腫瘤模型之間差異顯著。總的來看，腫瘤相關巨噬細胞在各種腫瘤中占比都非常大，但具體到各個腫瘤之間占比差異較大。

　　例如，MC38 結直腸癌和 SB28 膠質母細胞瘤模型中，適應性免疫細胞相對較少；LMP 胰腺癌和遺傳誘導的 Braf/Pten 黑色素瘤模型均有廣泛的嗜酸性粒細胞浸潤；B16 黑色素瘤和 3 種乳腺癌模型（4T1、AT3 以及自體 MMTV-PyMT）表現出局部免疫細胞相對豐度較低，但多樣性較高的特點。這也意味著，不同的腫瘤之間免疫狀況差異非常大。

　　此外，研究發現，無論腫瘤有沒有發生轉移，這種全身性的免疫改變都存在，而且在 MMTV-PyMT 乳腺癌模型中還與原發腫瘤大小緊密相關。總體而言，腫瘤對全身性免疫的重塑，78.4%可以用腫瘤的大小解釋，剩下的部分與肺和淋巴結轉移均相關。

　　具體到脾臟來看，乳腺癌對脾臟免疫的重塑導致中性粒細胞、嗜酸性粒細胞和單核細胞的頻率增加，B 細胞和 T 細胞減少。此外，研究人員還發現，這種全身性的免疫壓制，可以通過手術切除腫瘤實現逆轉。

Note

第四章　免疫與抗"疫"

4-1　群體免疫，從入門到入土

疫情期間，人們見證了不同國家的不同抗疫策略。從義大利封鎖全境，到法國宣佈學校停課，中國的嚴格管控等，都是一種社交隔離的壓制策略，而英國卻提出了群體免疫的策略，即讓 60%的人感染上死亡率 2%的新冠肺炎，以建立某種群體免疫力，讓更多的人對這種疾病產生免疫力，從而減少傳播。

為此，英國首相甚至警告公眾說要做好失去所愛之人的準備。一層石激起千層浪，《柳葉刀》主編甚至怒批英國政府防疫未遵循科學，忽略中意兩國重要證據，稱 "政府是在和公眾賭輪盤"。那麼，群體免疫到底是什麼？

4-1-1　走進群體免疫

群體免疫（herd immunity 或 community immunity）又叫做社區免疫，也就是當足夠多的人對導致疾病的病原體產生免疫後，其他沒有免疫力的個體也會因此受到保護而不被傳染。群體免疫理論表明，當群體中有大量個體對某一傳染病免疫或易感個體很少時，那些在個體之間傳播的傳染病的感染鏈便會被中斷。

要產生群體免疫，人們必須在感染後產生免疫。許多病原體都是這樣：被感染的人康復後就不會再感染這種疾病，因為他們的免疫系統產生了能戰勝這種疾病的抗體。

群體免疫門檻的計算取決於病毒基本傳染數 R0，即一個病人平均傳染的人數。科學家估計，新冠病毒的 R0 值介於 2 和 2.5 之間，這意味著在沒有防控措施的情況下，每一位元感染者平均要傳染約兩個人。

　　要想知道群體免疫如何奏效，那麼就要想新冠肺炎病例在易感人群中這樣增長：1、2、4、8、16 等等。但是如果有一半的人產生免疫，那麼就有一半的人不發生感染，從而將傳播速度有效降低一半。在這之後，根據科學媒介中心的說法，疫情的傳播方式就會變成：1、1、1、1……一旦傳染率低於 1，疫情就會被消滅。

　　這也解釋了英國所行策略背後的邏輯，即通過放開疫情的防控，讓大量人口感染後自癒獲得免疫力，然後集中醫療力量救治人群中的危重症患者。也就是說不在防“感染”上花成本，而盡在防“死亡”上花成本。在控制疫情的同時不會因為嚴格的管控措施犧牲社會活力和經濟發展，儘量減小抗擊疫情的代價。

　　但是這樣的一種“群體免疫”方式看似理論上可行，實際上是否真的能夠成功，仍然存在很多不確定的因素。

　　群體免疫力通常是由於已經接種疫苗而獲得，比如天花疫苗的成果研製和接種，使人類或者全體免疫，最終消滅了這種傳染病；或者來自于人群已經普遍接觸或者感染過這種病毒。兒童在出生後接種的一系列疫苗（包括卡介苗、乙肝、白百合、流腦等等），以及成年人每年接種的流感疫苗，都是遵循減少易感人群比例以抑制傳染病大規模擴散的邏輯。

　　但遺憾的是，在疫情暴發後的很長一段時間裡，新冠病毒都沒有疫苗成功來實現強大的群體免疫。正確滅活的疫苗致死率和產生不良反應的概率都低至幾乎可不計，但是一個健康人因為新冠肺炎死亡的概率估計值目前在 1-2%，而有其他疾病和年齡較大的病人則會高得多。英國當局一開始採取群體免疫策略來應對新冠，意味著總人口中 60%*1%=0.6%會因此過早去世。英國政府的做法滑向人道主義的危機，也使英國的抗疫政策在一開始飽受世界爭議。

　　群體免疫的策略，實際上不僅僅是一個科學的問題，可能會涉及一些人性和倫理的問題，也可能存在巨大的隱患。在現代社會科技文明發展下，人們希望更多人能夠獲得更好生存的權利，而不是以個體的微弱力量去面對自然法則的“優勝劣汰”。當人們面對一個有一定比例死亡病例的傳染性疾病，在可能實現科學防控的情況下，選擇群體免疫這種看似公平的策略，可能存在倫理的風險。

義大利麻醉學和重症監護學會發佈的 "臨床倫理學" 建議，也提出了醫療人員應該將 "更長的預期壽命" 作為評估中優先考慮的因素，而不一定需要按照 "先到先得" 原則來處理。但這個措施只有在所有相關方都已經做出一切努力來增加可用資源（在本次疫情中為 ICU 資源）後才應該被執行，是在當醫療資源嚴重缺乏時最後的方案。

此外，英國的群體免疫策略是建立在大部分人被病毒隱匿性感染後無症狀或僅有輕微症狀，從而在人群中獲得普遍免疫的基礎上推行的。但這種策略對個體而言是存在風險的，部分輕症患者會在無預警的情況下，驟然進展至危重狀態，且危重患者救治極其困難。實際情況下，從武漢前期經驗和義大利、伊朗的疫情發展中，最大的風險是不加管控的疫情。一旦迅速蔓延，重症患者增多，若是醫院應對不充分，有可能會導致醫療資源的擠兌。

4-1-2　R0 的社會屬性

群體免疫的實現與一個參數息息相關，即 R0。R0 是流行病學家為了追蹤疾病傳染性的一種方式，是病原體傳染性強弱的一個指標，指在沒有外力介入，同時所有人都沒有免疫力的情況下，一個感染到某種傳染病的人，會把疾病傳染給其他多少個人的平均數。

R0 的估計數值與傳染病的傳播有直接聯繫。當 R0 大於 1 的時候，傳染病會迅速傳播開，變得流行，如果不防控，指數就會增長；R0 等於 1 的時候，傳染病是地方性的、可控的、與人群長期存在；而只有 R0 小於 1 的時候，傳染病才會因為無法傳播開而逐漸消失。

2020 年 1 月 29 日《新英格蘭醫學雜誌》發表的一篇論文，分析了武漢市最早確診新冠肺炎的 425 名患者。通過對五組人際傳播病例的分析，估計人際傳播（從第一人傳至第二人）的時間的中位數為 7.5±3.4 天，估計 R0 值為 2.2，即一名患者可以傳染 2.2 名患者。

　　同年二月初，medRxiv 上傳了迄今為止規模最大的新冠病毒的臨床回顧研究，研究包含並分析了截至 1 月 26 日的 8866 個病例，4021 個確診病例，4845 名疑似患者，通過研究得出了 R0 約為 3.77 的結論。

　　而在 2020 年 4 月 7 日，美國疾病管制局期刊《新興傳染病》的一篇報告中，研究人員通過兩種建模方法（到達模型和病例計數模型），再次更新了 R0 值，以假設連續間隔為 6－9 天，新冠肺炎 R0 中位數為 5.7（95％CI 3.8－8.9）。也就是說，一名新冠患者可以傳染 5.7 名患者，是之前認為的 2-3 倍。

　　事實上，RD 變化也反映了 R0 的應用和估算難度，它同時包含了對人類行為和病原體生物學特性的估計。R0 會隨著抗疫政策、人群隔離行為等環境因素，在傳染病流行的進程中發生變化。最容易影響的參數就是人與人的接觸頻率，會根據人口密度，社會組織類型、防疫政策等因素產生巨大變化。這也就是 R0 的社會屬性。

　　R0 的準確計算是對流行病規模的預測和防疫措施的制定十分關鍵的一環。R0 算低就意味著造成了更高難度的控制，R0 算高就容易導致防疫措施過硬，從而對經濟造成不必要的損失。

　　疫情期間，普林斯頓大學和佐治亞理工大學的研究人員對 "無症狀感染的傳播速度對於預測基本傳染數 R0 的干擾" 進行了分析，並將分析結果發佈在了 medRxiv 上。研究人員用世代間隔（一個個體被感染到這個個體感染給他人的時間）來表述不同群體的傳播速度。通過建模，研究人員發現如果無症狀傳播的世代間隔長於有症狀傳播的世代間隔，那麼 R0 就會被低估。如果輕症患者沒有被確診和記錄，這樣也能以同樣的方式影響傳播模式，對 R0 的預測則會產生更大的系統誤差。

　　從已有經驗看，COVID-19 傳染性較強，且可以無症狀傳染，這就增加了病原體的傳播時長和人與人每次接觸傳染的概率。而應對不同人群對 R0 可能造成誤差的情況，積極的措施是對人群進行大規模的檢測，從而獲得足夠多的資料，以做出正確的決策。

　　由於 R0 的社會屬性導致 R0 並不是一個精確的固定值，而是隨著環境因素不斷發生變化。當 R0 指數隨著研究不斷更新，面對疫情，人們能做的也只是調整防疫措施進一步對抗病毒帶來的風險。

4-1-3　群體免疫終成泡影

　　人們已經知道，群體免疫的計算完全依賴對於 R0 的估算，而由於 R0 估算受不同模型和社會環境的影響，R0 的計算值差別也會很大。除了病原體本身的傳染性外，還要考慮不同國家和地區的抗疫措施和人群隔離情況的因素。這些措施同樣會影響到 R0 的估值，進而影響到群體免疫數字的估算。

　　群體免疫的實現，同樣需要全社會的密切配合。以麻疹為例。一篇被廣泛引用的討論群體免疫的論文給出了幾種重要傳染病的 R0 和群體免疫估計。麻疹傳染性強，R0 值很大，至少需要人群中 90%以上的注射疫苗才能夠達到群體免疫。

Infection	Serial interval (range)	R_0*	H* (%)
Diphtheria†	2–≥30 days	6–7	85
Influenza‡	1–10 days	?	?
Malaria§	≥20 days	5–100	80–99
Measles‖	7–16 days	12–18	83–94
Mumps	8–32 days	4–7	75–86
Pertussis¶	5–35 days	12–17	92–94
Polio#	2–45 days	5–7	80–86
Rubella	7–28 days	6–7	83–85
Smallpox	9–45 days	5–7	80–85
Tetanus	NA*	NA	NA
Tuberculosis**	Months–years	?	?

· 来源：Fine, Paul EM. "Herd immunity: history, theory, practice." Epidemiologic reviews 15.2 (1993): 265-302.

通常來說，傳染病消失所需的綜合疫苗功效和群體免疫的閾值計算為 1－1/ R0。在 R0 = 2.2 時，此閾值僅為 55％。這也就解釋了英國當局在 3 月份提出的群體免疫策略，即通過放開疫情的防控，讓大量人口感染後自癒獲得免疫力，然後集中醫療力量救治人群中的危重症患者。

而當 R0 等於 5.7 時，該閾值上升到 82％，這意味著必須通過疫苗接種或事先感染超過 82％的人口實現免疫後，才能得以實現群體免疫而停止傳播。而在 3 月疫情期間，疫情嚴重的義大利、西班牙目前實際感染人數也只在 10-20％。

再說瑞典，它是 2020 年 3 月最接近實行群體免疫策略的國家。瑞典總人口 1000 萬左右，比杭州市總人口略少。杭州市累計確診 169 例，0 死亡，而瑞典累計確診 9141 例，累計死亡 793 例。這樣的結果還是建立在瑞典不檢測輕症患者和瑞典疫情曲線仍在爬坡中的基礎之上。因此，連美國人的總統也說 "瑞典在實行群體免疫，瑞典的情況非常非常糟糕。"

儘管各國專業人員已在大力研發新冠疫苗，但在很長一段時間裡新冠病毒並沒有成功的疫苗來實現強大的群體免疫。正確滅活的疫苗致死率和產生不良反應的概率都低至幾乎不計。但是一個健康人因為新冠肺炎死亡的概率估計值目前在 1-2％，而有其他疾病和年齡較大的病人則會高得多，若繼續堅持群體免疫的策略，則意味著總人口中 82%*1%=0.82%會因此而過早去世，R0 的變化也使群體免疫終成泡影。

4 月 10 日，在中國工程院院士鐘南山與韓國防疫專家線上交流中韓防控經驗中，針對新冠肺炎的防控，鐘南山表示，現在應該考慮迅速發展疫苗。疫苗是人為的，接種免疫的辦法不能靠大多數人得了這個病以後產生群體免疫，這個方法行不通，付出的代價和犧牲太大，所以要進行人為干預。

4-2 一支疫苗的誕生

疫苗的作用機理就是免疫原理。

疫苗是一種經過改造的病毒或病毒的部件，當人體經過口服或注射等途徑接種疫苗後，會發生免疫繼而產生保護抗體和免疫記憶。這相當於一場軍事演習，不讓人感染病毒，就能讓人產生對病毒的免疫力。當人體未來遭遇真正的病毒攻擊時，經過演習的免疫系統就可以快速做出反應，免受病毒的侵害。

人類歷史上第一次徹底征服一種傳染病--天花，就是依靠疫苗。16 世紀，中國發明人痘接種法；18 世紀，英國發明牛痘接種；20 世紀，現代天花疫苗誕生。1977 年，全球最後一名天花患者治癒，天花這一危害人類數千年的烈性傳染病被徹底根除。

疫苗是人類抵抗病毒入侵的保護盾，麻疹、脊髓灰質炎、乙肝等曾肆虐全球的傳染病，都是通過疫苗得到了有效控制。傳統疫苗包括滅活疫苗、減毒活疫苗和用天然微生物的某些成分製成的亞單位疫苗。新型疫苗主要指基因工程技術研製的疫苗，如基因工程載體疫苗、核酸疫苗、基因缺失活疫苗等等。

4-2-1 疫苗誕生需要經歷什麼

疫苗生產的第一步是產生抗原，它是疫苗最主要的有效成分。通常可用作抗原的生物活性物質有滅活病毒或細菌、活病毒或細菌通過實驗室多次傳代得到的減毒株、病毒或菌體提純物、有效蛋白成分、類毒素、細菌多糖、合成多肽以及近年來發展 DNA 疫苗所用的核酸等。

　　產生抗原後，需要經過臨床前研究。毒株、細胞篩選是保證疫苗安全、有效、持續供應的基礎保障。以病毒疫苗為例，實驗室階段需進行毒株的篩選、必要的毒株減毒、毒株對培育細胞基質適應及傳代過程中的穩定性研究，並探索工藝品質穩定性，建立動物模型等。根據每個疫苗情況選擇小鼠、豚鼠、兔或猴等進行動物試驗。在初步提示工藝可控、品質穩定及安全有效的前提下，可以向國家藥品監督管理部門申請進行臨床試驗。

　　臨床試驗則一般分為一、二、三期三個研究階段。

　　一期臨床試驗 初步考察人體安全性，一般受試者為幾十至百例。二期臨床試驗 主要進行疫苗的劑量探索研究，以及初步的有效性評價並考察進一步擴大人群後的安全性。一般受試者為幾百到上千例。三期臨床試驗 採用隨機、盲法、安慰劑對照（或對照苗）設計，全面評價疫苗的有效性和安全性，一般受試者為數千到幾萬例不等。三期臨床試驗是疫苗上市獲得註冊批准的基礎。

　　全部臨床試驗可耗時數年，有的甚至長達 10 年以上。每期臨床試驗都設有嚴密的安全性監測、嚴格的終止標準，每個疫苗都可能因為達不到預設目的或預期要求在臨床期間被叫停，甚至被終止。

　　疫苗上市 完成疫苗臨床試驗並拿到生產批件後，企業方可在 GMP 車間生產疫苗。疫苗上市後還要進行上市後擴大人群的 IV 期臨床研究和觀察，對疫苗在更大規模人群的安全性和有效性進行持久的評價。

4-2-2　新冠疫苗研究，五條路線並行

　　新冠病毒作為一種新病毒，疫苗研發必然面對許多不確定因素，而多種技術路線並進才是多保險方案。那麼，新冠疫苗研發有哪些技術路線，它們各自的優缺點是什麼？

　　事實上，疫情發生之初，科研攻關組就將疫苗的研發作為主攻方向之一。為了更大限度地提升疫苗研發的成功率，在梳理分析不同的技術基礎和

可能性之後，科研攻關組佈局了病毒的滅活疫苗、腺病毒載體疫苗、核酸疫苗、重組蛋白疫苗、減毒流感病毒載體疫苗這樣五條技術路線。

滅活疫苗是最傳統的經典技術路線：即在體外培養新冠病毒，然後將其滅活，使之沒有毒性。但這些病毒的“屍體”仍能刺激人體產生抗體，使免疫細胞記住病毒的模樣。

滅活疫苗製備方法簡單快速，安全性比較高，它是應對急性疾病傳播通常採用的手段。目前國內外已上市的疫苗絕大多數是滅活疫苗，比如乙肝疫苗、脊灰滅活疫苗、乙腦滅活疫苗、百白破疫苗等。採用滅活技術研發新冠病毒疫苗，是最保守、最成熟的技術路線，其優勢在於後期生產和工藝方面能夠確保產品品質穩定性。

但是，滅活疫苗也面臨接種劑量大、免疫期短、免疫途徑單一等局限，而它最可怕的缺點是有時候會造成抗體依賴增強效應（ADE），使病毒感染加重，這是一種會導致疫苗研發失敗的嚴重不良反應。

腺病毒載體疫苗是用經過改造後無害的腺病毒作為載體，裝入新冠病毒的 S 蛋白基因，製成腺病毒載體疫苗，刺激人體產生抗體。腺病毒載體疫苗安全、高效、引發的不良反應少。然而，重組病毒載體疫苗研發需要考慮如何克服“預存免疫”。以進入臨床試驗的“重組新冠疫苗”為例，該疫苗以 5 型腺病毒作載體，但絕大多數人成長過程中曾感染過 5 型腺病毒，體內可能存在能中和腺病毒載體的抗體，從而可能攻擊載體、降低疫苗效果。也就是說，疫苗的安全性高，但有效性可能不足。

核酸疫苗包括了 mRNA 疫苗和 DNA 疫苗，該疫苗可以將編碼 S 蛋白的基因 mRNA 或者 DNA 直接注入人體，利用人體細胞在人體內合成 S 蛋白，刺激人體產生抗體。通俗地說，相當於把一份記錄詳細的病毒檔案交給人體的免疫系統。

具體來說，DNA 疫苗將帶有抗原基因的 DNA 片段注入宿主細胞，轉錄出 mRNA，然後翻譯成抗原蛋白，誘導免疫應答。mRNA 疫苗則通過體外合成病毒的相關序列 mRNA，將 mRNA 傳遞到人體細胞內，直接翻譯蛋白，誘導免疫應答。

核酸疫苗（包括 DNA、mRNA）最大的優勢在於，無需經過毒株篩選、分離、培養、傳代等過程，可以直接利用公佈的病毒基因序列即可開始製備疫苗。並且，它成本低，可在短時間內大量擴增，因此可以大量節省臨床前研究的時間。

核酸疫苗研發的限制問題是誘導的免疫原性一般，需要佐劑增強免疫原性，同時不容易實現擴大生產。另外，DNA 疫苗因為將帶有抗原基因的 DNA 片段注入宿主細胞，過長時間的 DNA 留存可能存在安全隱患。

此外，mRNA 疫苗比 DNA 疫苗更具優勢。mRNA 疫苗保持了 DNA 疫苗能夠表達胞內抗原的優點，同時克服了其免疫原性低、有可能產生抗載體的非特異性免疫的缺點，且沒有整合到宿主 DNA 的風險。但 mRNA 疫苗的應用需要解決其穩定性差，容易被降解的問題。mRNA 疫苗因其具有作為胞內抗原和生產週期短的特點，在癌症疫苗（治療型）、流感、HIV 等高變異性的病毒疫苗領域具有不可替代的優勢。

目前，全球 mRNA 疫苗的開發主要集中在 BioNTech、CureVacAG 和 Moderna 三家公司，它們在預防性疫苗以及腫瘤疫苗的研究上均取得了不錯的臨床進展（見下表）。其中，Moderna 在 5 個臨床 1 期項目中均證明了 mRNA 疫苗的安全性，但因最快只進展到了臨床 1 期，全面的有效性結論尚待驗證。

重組蛋白疫苗，也稱基因工程重組亞單位疫苗。它是通過基因工程方法，大量生產新冠病毒最有可能作為抗原的 S 蛋白，把它注射到人體，刺激人體產生抗體。相當於不生產完整病毒，而是單獨生產很多新冠病毒的關鍵部件"鑰匙"，將其交給人體的免疫系統認識。

重組蛋白疫苗安全、高效、可規模化生產。重組蛋白疫苗比較成功的基因工程亞單位疫苗是乙型肝炎表面抗原疫苗。當然，重組蛋白疫苗需要找到一個好的表達系統，這很困難。它的抗原性受到所選用表達系統的影響，因此在製備疫苗時就需對表達系統進行謹慎選擇。

　　減毒流感病毒載體疫苗是用已批准上市的減毒流感病毒疫苗作為載體，攜帶新冠病毒的 S 蛋白，共同刺激人體產生針對兩種病毒的抗體。簡單地說，這種疫苗就是低毒性流感病毒戴上新冠病毒 S 蛋白 "帽子" 後形成的融合病毒，可以一石二鳥，既能防流感又能防新冠。在新冠肺炎與流感流行重疊時，其臨床意義非常大。由於減毒流感病毒容易感染鼻腔，所以這種疫苗僅通過滴鼻的方式就可以完成疫苗接種。

　　減毒流感病毒載體疫苗能夠一苗防兩病，且接種次數少，接種方式簡單。病毒減毒活疫苗是非常重要的一類疫苗，人們平時常見的減毒活疫苗有：乙型腦炎減毒活疫苗、甲型肝炎減毒活疫苗、麻疹減毒活疫苗、風疹減毒活疫苗、水痘減毒活疫苗、口服輪狀病毒減毒活疫苗等。但是，減毒流感病毒載體疫苗研發過程將十分漫長。

4-3　疫苗開發道阻且長

　　新冠疫情引發了科學界前所未有的努力，從瞭解新冠病毒病理生理學的生物學基礎，到對新冠病毒的臨床研究和治療策略探索，因此疫苗被大眾寄予希望且廣受國際關注。

　　包括中國的科研攻關組佈局了病毒的滅活疫苗、腺病毒載體疫苗、核酸疫苗、重組蛋白疫苗、減毒流感病毒載體疫苗這樣五條技術路線。但疫苗的開發中卻面臨諸多困難，道阻且長。

4-3-1　新冠疫苗的免疫持久性質疑

2020 年六月，medRxiv 上一項尚經過同行評審的研究顯示，康復患者的抗體在感染後的數月內出現了顯著下降，這也引發了學界的關注和廣泛討論。

具體來說，從 3 月到 6 月，英國倫敦國王學院的研究人員對來自伊和聖托馬斯國民保健信託基金會的 96 名病人和醫護人員進行了反復測試，測試其體內是否存在新冠肺炎的抗體。經過聚合酶鏈反應測試或陽性抗體測試，受試者均被證實曾感染新冠肺炎。

研究人員發現，抵抗新冠病毒的抗體水準會在病人出現症狀的三周左右達到峰值，隨後快速下降。儘管 60%的受試者在感染新冠肺炎期間產生過“強有力”的抗體反應，但在為期三個月的測試期的最後，只有 17%受試者體內的抗體仍具有相同的效應。對於新冠肺炎病情較為嚴重的患者來說，其體內的抗體水準更高，持續時間更長。而對於病情較輕的病人來說，在三個月測試期的末尾，其體內幾乎檢測不到任何抗體。

諾丁漢大學免疫學榮譽教授、顧問免疫學家赫伯·休厄爾表示，國王學院的研究似乎表明，新冠病毒抗體比 MERS 等其他冠狀病毒的抗體消失得更快，後者的免疫反應至少持續了幾年。

休厄爾認為：“如果疫苗的免疫應答像自然免疫應答一樣減退，那就意味著人們必須反復接種。”事實上，接種疫苗後抗體含量有所下降是正常現象，如果人體隨後能在再次接觸病毒時更快地產生抗體，那疫苗仍是有效的。重要的是，人體對疫苗的反應並不總是與對感染的反應一致。

對抗體水準可能下降的擔憂，或將促使學界更仔細地從免疫系統的另一個關鍵部分 T 細胞激發的反應來審查疫苗。

7 月 15 日，美國冠狀病毒研究的鼻祖之一斯坦利·帕爾曼在《免疫學》雜誌上綜述了人體對於各種冠狀病毒的免疫應答，這對新型冠狀病毒感染後及疫苗接種後的免疫反應提供了重要參考。文章指出，人體在感染

SARS/MERS-CoV 後，具有很持久的 T 細胞記憶，而重症患者才具有超過 2 年的抗體應答。相比之下，輕症患者及感染普通感冒冠狀病毒的患者抗體反應很微弱且持續時間短。

此外，7 月 16 日，新加坡國立大學醫學院在 Nature 發表的文章中最關鍵的一篇新型冠狀病毒 T 細胞免疫的文章，也為冠狀病毒傳播提供了一定啟示。

這篇文章指出 T 細胞的記憶可存在數十年，這項研究首先評估了 36 名康復期新冠肺炎患者的特異性 T 細胞應答。研究發現，CD4 和 CD8 T 細胞可識別結構蛋白核衣殼蛋白的表位抗原肽。更為重要的是，該研究在 23 名康復 17 年的 SARS 患者中發現這些患者依然具有對新冠肺炎病毒核衣殼蛋白的長效記憶 T 細胞，而這些 T 細胞與新冠肺炎病毒核衣殼蛋白具有高度交叉反應性。

這表明，在對待新冠肺炎的免疫持久性問題時，人們也需要更多的謹慎和研究。

4-3-2　ADE--新冠疫苗可能遇到的 "路障"

除了學界對抗體水準可能下降的擔憂，儘管目前有多達 183 個新冠疫苗開發項目，但是曾經挫敗 SARS 疫苗開發的抗體依賴增強（ADE）效應意味著，成功並無保證。

現代醫學已知，病毒感染從黏附於細胞表面開始的，而黏附是通過病毒表面蛋白與靶細胞上特異性受體和配體分子的相互作用來完成的。針對病毒表面蛋白的特異性抗體常常可以阻抑這一步驟，將病毒 "中和"，使其失去感染細胞的能力。然而，在有些情況下，抗體在病毒感染過程中卻發揮相反的作用：它們協助病毒進入靶細胞，提高感染率，這一現象就是抗體依賴性增強作用。

簡單來說就是，正常情況下一個人感染病毒痊癒以後，人體免疫系統產生的抗體將阻止未來的二次感染以實現免疫。而在某些情況下，例如病毒變異，這個時候由於人體的免疫系統誤以為病毒已經被 "阻抑"，使得人體免疫系統對病毒完全不設防，由此導致病人在感染變異後的病毒後，會比沒有抗體的人症狀反而更嚴重，並且更易感染。

上述情況，就被稱為抗體依賴增強（ADE）效應。

事實上，在登革病毒，在 SARS-CoV、貓冠狀病毒（貓傳腹）等冠狀病毒，以及 HIV、麻疹病毒、黃熱病毒、呼吸道合胞病毒、西尼祿病毒、柯薩奇病毒等一些其他病毒的感染中，都有過觀察到 ADE 效應的報告，ADE 的存在是 HIV 疫苗研發的幾大主要阻礙之一。

對於有 ADE 效應的病毒，接種疫苗後產生的抗體，就有可能反而增強野毒的感染。而如果受種者本身攜帶無症狀感染狀態，接種疫苗也可能造成症狀被啟動，使受種者發病。除此之外，ADE 還可導致胎盤細胞被病毒感染，促進病毒的母嬰垂直傳播。

ADE 的作用機制主要有兩種：一種是病毒-抗體複合物通過抗體 Fc 段與膜表面有 FcR 的細胞結合，介導病毒進入這些細胞，從而增強了病毒的感染性的過程；另一種是病毒-抗體複合物與補體結合，再通過補體受體進入細胞。

由於 SARS-CoV 的 ADE 效應的研究較多，考慮到 COVID-19 和 SARS 具有病原體相似、靶細胞和受體相同的特徵，COVID-19 具有 ADE 效應的可能性不得不使科學家們慎重對待。而 ADE 效應的存在，可能導致 COVID-19 疫苗研發面臨更多挑戰。

此外，斯坦福大學 7 月 13 日在 Nature 綜述了疫苗和抗體的 ADE 效應。該綜述認為抗體依賴性疾病增強（ADE）的可能性是普遍的，所以更需要關注疫苗和抗體治療的發展，因為抗體保護的基礎機制在理論上有可能擴大病毒感染免疫病理學觀察與 ADE 相關的疾病風險。

研究指出，目前對 ADE 的認識普遍缺乏，且沒有能夠鑒定和診斷 ADE 的實驗方法和標記物。由於種屬差異，動物模型也不能準確預測疫苗和抗體在人體中的 ADE 反應。因此，人們無法預測 ADE 是否會發生，由此人們在進行疫苗接種和抗體治療之前必須要先找到預防 ADE 發生和治療 ADE 的方法。

4-3-3　新冠病毒變異再增變數

除了對於新冠疫苗免疫持久性的質疑和抗體依賴增強效應對疫苗開發產生的潛在影響，新冠病毒的變異更是給不穩定的疫情再增變數。

2020 年 6 月，一項發表在期刊《細胞》雜誌上的研究表明，通過基因序列的共用資訊顯示，某種變異版本的病毒正在傳播。

研究人員將新的突變稱為“D614G”。研究人員表明，它幾乎完全取代了此前在歐洲和美國傳播的第一個被稱為“D614”版本的病毒。事實上，D614G 指的是一種氨基酸的變異。在最早出現的新冠病毒刺突蛋白裡，佔據 614 號位置的是一個天冬氨酸（D）。而變異之後，這個位置變成了甘氨酸（G）。

追溯變異的歷史，科學家們發現在 3 月之前，這種變異體還遠沒有成為全球主流，僅占全球所測序列的 10%。在歐洲不斷擴大自己的影響後，整個 3 月，這個數字猛增到了 67%。在論文的資料截止點，比例已高達 78%。這種變異病毒並沒有在全球同時暴發，而是遵循著歐洲-北美洲/大洋洲-亞洲的順序。

此外，研究小組不僅檢查了更多的基因序列，而且還在實驗室培養皿中對人、動物和細胞進行了實驗。結果顯示突變後的病毒更常見，而且比此前的版本傳播速度更快、更具傳染性，但並不使病情變得更嚴重。

針對這次研究指出新冠肺炎病毒出現變異，世衛組織衛生緊急專案技術主管瑪利亞·範·科霍夫稱，實際上在 2 月份就已經發現 D614G 變異，因此，這不是新的變異。與此同時，世衛組織官員表示，研究顯示 29% 的新冠病毒樣本都出現了該變異。而帶有該變異的病毒，已經在多個地區，如英國、荷蘭、德國以及美洲等傳播。

儘管目前並沒有證據顯示這次的變異會導致更嚴重的疫情，但這也給本就不確定的疫苗研製帶來了新的難度。而疫情的失控在病毒變異的基礎上更增加了新的不確定，病毒會不會在此次突變的基礎上再出現另一次突變，病毒的再一次突變又將對研究帶來怎樣的影響？

4-4　新冠肺炎的奪命幫兇

　　眾所周知，新冠肺炎屬於"自限性疾病"。同十七年前的 SARS 病毒一樣，並沒有定向殺滅病毒的藥，本質上依靠人體的免疫系統得以自癒。當然，通過現代醫學的藥物可以干擾病毒的繁殖，阻止病毒的擴散，自癒和治癒的結合提高了新冠痊癒的可能。

　　但事實上，在自癒和治癒的聯動下，依舊造成了巨大的生命損失，原因何在？

4-4-1　奪命幫兇竟來自免疫系統

　　新冠肺炎的奪命幫兇正來自人類的免疫系統。

　　已知的人類冠狀病毒（hCoV）可以分為低致病性冠狀病毒和高致病性冠狀病毒。低致病性冠狀病毒感染上呼吸道，引起輕微的、類似感冒的呼吸系統疾病。相比之下，高致病性冠狀病毒，如嚴重急性呼吸系統綜合征（SARS病毒）和中東呼吸系統綜合症（MERS-CoV），主要感染下呼吸道並導致致命的肺炎。

　　致病性引起的重症肺炎通常與快速病毒複製相關，大量炎性細胞浸潤和促炎細胞因數/趨化因數反應升高，從而導致急性肺損傷和急性呼吸窘迫綜合征（ARDS）。

　　初期是快速的病毒複製，會出現發燒、乾咳和其他症狀。中期出現發燒症狀並伴隨血氧下降，之後會出現肺炎症狀，病毒的滴度在這個時期的末尾會下降。後期 20%的患者會出現急性呼吸窘迫綜合症，從而造成病人死亡。

　　越來越多的科學家相信，後期病毒持續減少，是因為患者自身免疫過激而造成的。患者的細胞因數風暴強大到甚至讓咽喉拭子或者鼻咽拭子核酸檢測結果成為陰性，於是患者的肺部就進入到無需病毒的自毀程式。免疫細胞的用力過猛，最終成了病毒的奪命幫兇。

4-4-2　為什麼會形成細胞因數風暴？

　　要知道為什麼會形成細胞因數風暴，首先要瞭解什麼是細胞因數。

　　細胞因數主要包括干擾素（IFN）、白細胞介素（LL）、趨化因數（chemokines）和腫瘤壞死因數（TNF）等。這些細胞因數由某些免疫細胞分泌，它們的作用有些是促進炎症的，有些是抑制炎症的，正常人體維持一種平衡狀態。促炎因數可以啟動和招募其它免疫細胞，免疫細胞可以分泌更多細胞因數，啟動和招募更多的免疫細胞，如此形成了一個正回饋迴圈。

　　當免疫系統因感染、藥物、自身免疫性疾病等因素過度啟動時，可能會分泌大量促炎因數導致正回饋迴圈，突破某個閾值而失控過度放大，最終形成細胞因數風暴。於是免疫細胞突破染病的身體部分，開始攻擊健康組織，吞噬紅、白細胞，破壞肝臟。

　　血管壁擴張，放行更多免疫細胞進入周邊組織；滲透過於嚴重時，肺部積液，血壓下降；身體各個部位出現血栓，進一步限制血液流通；器官得不到足夠的供血，患者可能休克，從而導致永久性器官損傷甚至死亡。

　　阿拉巴馬大學兒科風濕病學家和免疫學家、《細胞因數風暴綜合症》作者克倫（Randy Cron）表明，遭遇風暴的大多數患者會發燒，大約一半會出現神經系統症狀，比如頭痛、痙攣甚至昏迷。

　　新冠患者遭遇細胞因數風暴先期跡象先在中國武漢被發現，武漢醫生對 29 名病人的分析發現，重症感染中，細胞因數 IL-2R 和 IL-6 指標更高。

廣東醫生對 11 起病例的研究也發現，IL-6 是與細胞因數風暴類似症狀的先兆。另外一個醫療小組分析了武漢 150 起病例，發現喪生患者細胞因數風暴的一系列分子指標-包括 IL-6、C 反應蛋白和鐵蛋白比倖存患者要高。

細胞因數風暴又是如何在新冠患者身上發生的？

根據研究，新冠病毒感染人體後，可以通過血管緊張素轉化酶 2（ACE2）進入細胞，因此高表達 ACE2 又直接接觸外界的肺組織成為了新型冠狀病毒的主要入侵物件。

肺部免疫細胞過度活化，產生大量炎症因數，通過正回饋迴圈的機制形成炎症風暴。大量的免疫細胞和組織液聚集在肺部，會阻塞肺泡與毛細血管間的氣體交換，導致急性呼吸窘迫綜合征。

一旦形成細胞因數風暴，免疫系統在殺死病毒的同時，也會殺死大量肺的正常細胞，嚴重破壞肺的換氣功能。這在肺部 CT 上表現為大片白色，即"白肺"，患者會呼吸衰竭，直至缺氧死亡。

同時，ACE2 在人體中還高表達于血管內皮細胞、心臟、腎臟、肝臟、消化道等組織器官，所有表達 ACE2 的組織器官都可能是新型冠狀病毒與免疫細胞的戰場，最終導致多器官衰竭，危及生命。因此，發現新冠病毒感染誘發炎症風暴的關鍵細胞因數，阻斷其信號傳導，將大大降低炎症反應對病人肺組織和多器官的損傷。

4-4-3　先下手為強，後病毒遭殃

當人們知道細胞因數風暴正在開始或者已經開始，人們就必須拿出能夠對抗細胞因數風暴的辦法，先下手為強才能使病毒遭殃。

激素療法通常是對抗風暴的首選。皮質激素能夠進入細胞，與細胞內激素受體結合，結合體進入細胞核，通過促進或抑制有關基因轉錄。相比於其他藥物的阻斷炎症，皮質激素則具有全方位抗炎抗風暴作用。而細胞因數風暴，本身就是全面出擊。

　　但是，皮質激素也有其局限，長期使用皮質激素，會產生許多副作用。所以需要長期使用激素的疾病，如類風關，紅斑狼瘡，往往要用其它藥物代替。對於新冠病毒，阿拉巴馬大學兒科風濕病學家和免疫學家克倫表示，目前還不清楚激素療法是有效還是有害。

　　此外，還有其他一些藥物可以有針對性地干預特定的細胞因數。如果說激素是原子彈，那麼，其他藥物更像是鎖定目標後發射的導彈。目的是保護“友軍”--良好的免疫反應不遭破壞。

　　比如阿那白滯素 Anakinra，這是一款 IL-1 受體拮抗劑，美國食品藥品監督管理局（FDA）已批准用於治療風濕性關節炎和兒童多系統炎症性疾病。

　　來自中國的初期證據也顯示，托株單抗（Tocilizumab）可能對治療新冠病有幫助。這種藥物可以阻擊 IL-6 受體，防止細胞接收 IL-6 發出的訊息。托珠單抗通常用來治療關節炎、或者幫助接受免疫療法的癌症患者緩解細胞因數風暴。

　　二月初，中國安徽兩家醫院的醫生對 21 名重症、危重症患者試用托珠單抗。幾天內，患者發熱等症狀顯著減輕，大多數患者 C 反應蛋白下降，19 人在兩周後出院。此外，美國、中國、義大利、丹麥等許多國家的研究人員都在繼續研究，試驗將細胞因數阻斷劑用於新冠病治療。

Note

第五章 "新冠"戰爭

5-1 肺炎過去，肺再難回

疫情暴發期間，很多人曾希望 2020 年能夠重啟。即便不能重啟，多少人也希望能夠在疫情結束之後，回歸原本正常的生活。在疫情持續的幾個月裡，有些人因為這場疫情死亡，但更多人被認為 "痊癒" 而出院。

但這些人，真的痊癒了嗎？事實上，他們經歷過這場戰鬥，都是帶著或大或小的後遺症回到了日常生活中。如果一定要用一句話來表達 "被治癒" 人群，那就是："肺炎終將過去，肺卻再難如初"。

5-1-1 典型肺炎和非典型肺炎

在醫學上粗略來分，肺炎大約分成兩種，一種是典型肺炎，一種是非典型肺炎。根據《高醫醫訊》（中國臺灣的醫學期刊）的描述，典型肺炎主要是指 "細菌性肺炎"，像是最常見的肺炎鏈球菌；非典型肺炎則是特殊病原引發，像是黴漿菌、披衣菌、退伍軍人菌、立克次體、濾過性病毒、SARS 以及這次的新冠肺炎 "COVID-19" 等。

比較特別的是，典型肺炎的症狀會來得又快、又急，而且症狀明顯、嚴重，臨床表現為發高燒、畏寒、咳嗽、痰液多而黏稠、頭痛、胸痛。可能會有鐵銹色的痰，呼吸時會有呼嚕呼嚕的聲音，甚至會導致呼吸困難。如肺炎鏈球菌的感染，通常在 48 小時內就可能會併發重症，讓很多人措手不及。

但非典型肺炎的症狀比較不明顯，只是胸口悶痛、骨頭或肌肉酸痛、乾咳沒有痰，或是不咳嗽也不發燒。所以，很多患者容易錯過黃金的治療時間，造成肺部留下後遺症。尤其是超過 65 歲以上的老年人，因為免疫功能退化，得了肺炎的後症狀又更不明顯，常常看起來只是 "容易疲勞" 而已。

正常來說，病毒性肺炎很少發生，因為人體對於很多病毒都有抗體，通常只會產生一些輕微症狀。但是，人們所熟悉的 SARS 和 COVID-19 是新病毒，人體無法及時產生抗體，所以產生的症狀特別多、特別快。這種新出現的病毒，其在進化演變過程中突破了人體原有的免疫系統，並且在人體身上獲得了很好的生存與發展機會，這也正是人們今天所看到的全球大流行的原因。

SARS 容易刺激肺部、免疫系統，引起肺部積水，同時讓免疫系統攻擊肺部引起不可逆的肺纖維化。新冠肺炎則使下呼吸道痰液變多，在臨床的解剖上看到大量黏液塞滿肺部的狀況，有小範圍的肺纖維化。

肺炎雖然很常見，但細菌造成的肺炎，不太容易留下後遺症，而病毒感染造成的肺炎，卻容易留有肺部的後遺症。

因為病毒感染容易造成間質性肺炎，即間質性肺病（Interstitial lung Disease，簡稱 ILD），是以彌漫性肺實質、肺泡炎和間質纖維化為病理基本改變，以活動性呼吸困難、X 線胸片示彌漫陰影、限制性通氣障礙、彌散功能（DLCO）降低和低氧血症為臨床表現的不同類疾病群構成的臨床病理實體的總稱。簡單來說，就是更深層的肺部發炎，甚至造成 "肺部浸潤" 的狀況，等於肺部受到重傷。而肺部受傷之後，在癒合的過程中，肺部的表面就像皮膚結痂一樣，會產生硬皮，就演變成 "肺纖維化"，肺功能就會受到影響。

5-1-2　肺部浸潤和肺纖維化

肺炎跟其他呼吸道感染不一樣，可能會造成 "肺部浸潤"。其實肺炎跟其他呼吸道感染不一樣、又最可怕的，就是會出現 "肺部浸潤" 的狀況。

肺是由很多肺泡組合而成，這些肺泡負責交換氧氣，讓氧氣進入血液中。但如果病菌刺激肺部、讓肺部發炎，一顆一顆的肺泡囊裡面就會充滿膿血跟水，氧氣就沒有空間進來了，這種狀況就稱為 "肺部浸潤"（infiltration）。

通俗的理解，所謂肺浸潤通常代表的是肺部局部發炎，免疫系統為了運送免疫細胞過來，就造成肺組織的水腫，並沿著淋巴往外擴散。出現肺部浸潤的狀況，通常表示免疫系統暫時無法消滅病原體，反而堵塞了肺部的正常運作，患者會開始覺得缺氧、頭暈、頭痛、胸悶胸痛；如果肺部浸潤的狀況越來越嚴重，才會蔓延到其他的呼吸道，引起咳嗽、有痰、發燒。

肺部浸潤持續的時間越長，肺部受到的傷害越大，而且浸潤的範圍還會不斷擴散，侵犯到整個肺部組織。如果可以早期治療，肺部的傷害或許還可以恢復。但如果肺部細胞已經開始結痂，就會形成不可逆的 "肺纖維化"。肺纖維化的壞死細胞，還會去影響到正常的細胞，所以會不斷延續下去。

肺部 "纖維化"，在 2003 年 SARS 大流行時，就是很多感染者的夢魘。因為它不只不可逆，還會讓患者在日常生活中極易喘、容易咳嗽或易感疲累。

那麼，到底什麼是肺纖維化？

很多人一定聽過 "肝硬化"，代表肝臟變得硬硬的、不再柔軟，也失去了原本的功能。肺纖維化也是這樣，它俗稱 "菜瓜布肺"，是指肺部從柔軟的絲瓜，變得像幹掉的菜瓜布一樣，又粗又硬、沒有彈性，所以沒辦法使空氣被吸入肺部、運送到全身。病人不只呼吸會變得很困難，身體也會缺氧。

根據中國臺灣胸腔暨重症加護醫學會專家陶啟偉的研究表示，通常國外在診斷肺纖維化之後，餘命大約是 2～5 年。但中國臺灣在診斷肺纖維化之後，平均只能存活 0.9 年，5 年存活率甚至比乳癌、大腸癌還要低，屬於死亡率非常高的疾病。

當肺部因為疾病或是其他的因素而 "受損"，它就會啟動 "纖維母細胞" 來修復受傷的地方。肺部一旦被修復，就像人們皮膚上結痂一樣，原本柔軟的細胞會變得很硬、很厚，肺泡就沒辦法正常讓氧氣吸入身體，也無法正常排出二氧化碳，肺部功能就減少了。

這些壞死、變硬的細胞，是沒辦法恢復的，同時好的細胞也因為被混雜、干擾而受到影響。所以一旦肺部纖維化，接下來就是肺功能受到影響而不斷的退化、最後因為呼吸衰竭而死。

就像是農藥百枯草一樣，為什麼會讓人那麼快死亡，就是因為它會造成"非常快速的肺纖維化"。通常只要一小瓶蓋的份量，就會讓肺部整個纖維化，直接進入呼吸衰竭。

5-1-3　肺炎引起的肺纖維化

"肺炎"本身就容易引起肺纖維化，因為是肺部的嚴重發炎、受損。一般常見的 A 型流感或 B 型流感引發的肺炎，不太會真的造成肺部這麼嚴重的損傷，但 SARS 或是 2019 的新冠肺炎則不同，它主要針對於肺部並且是一種不可逆的損傷，這才是讓人害怕的地方。

有研究分析了 60 餘例新冠肺炎患者入院時和出院前的 CT 影像，按照《新型冠狀病毒感染的肺炎診療方案（試行第七版）》標準，普通型新冠肺炎患者炎症後纖維化發生率高達 70%，重症肺炎患者出院時炎症後纖維化為 100%；80%的患者出院時仍有活動後氣短。

急性期時，新冠肺炎多表現為多葉多段的磨玻璃影和斑片實變影，部分病變類似於機化性肺炎（organizing pneumonia，OP）樣改變；重症患者可見彌漫的磨玻璃影，屍體肺小標本病理和屍檢病理均提示彌漫性肺泡損傷（diffuse alveolar damage，DAD）。痊癒期可見網格影和牽拉性支氣管擴張，即肺纖維化改變，部分患者表現為普通型間質性肺炎樣改變；部分患者可見沿支氣管血管束分佈的斑片實變影，胸膜不受累，即非特異性間質性肺炎樣改變）。若累及葉段多，則對肺功能影響大，是對患者進一步康復的挑戰。

此外，根據中國香港瑪嘉烈醫院針對 12 名患者的觀察研究發現，有 2～3 人沒辦法恢復到"像以前那樣"，他們走路稍微加快就會氣喘，有些病人的肺功能可能少了約 20%～30%。瑪嘉烈醫院對 9 名受感染患者進行的肺部掃描結果顯示，他們的肺部就跟"毛玻璃"一樣霧霧的、很粗糙，明顯有器官受損的狀況。

　　新冠肺炎是一個全新的疾病，儘管疫情得到了控制，但人們對其疾病行為還知之甚少，尤其對於其炎症後肺纖維化的病理生理轉歸更是缺乏經驗。新冠肺炎的炎症後纖維化可否自癒，還是會持續進展、肺功能持續下降，這些問題只能通過出院後的隨訪來回答。

　　目前能借鑒的經驗，是嚴重急性呼吸綜合征（SARS）患者在出院後一年時仍存在一定的炎症後肺纖維化和肺功能損失，人們仍需未雨綢繆，對新冠肺炎痊癒者加強隨訪，必要時對炎症後肺纖維化儘早干預，也需要開展前瞻性的藥物研究。距 2003 年的 SARS 疫情已經過去了 17 年，學者們對肺纖維化的發病機制已經有了更為深入的認識，不同原因導致的肺纖維化的藥物治療也已經有了循證醫學證據，抗纖維化藥物已經在國內獲批上市並用於治療。凡事預則立，能否使新冠肺炎後纖維化的患者從現有的抗肺纖維化藥物中獲益，正是人們需要探索的問題。

　　此外，在一個輔助性的治療角度上，可以通過鍛煉肌肉的耐力，分擔肺部的辛苦，讓肺部不要因為過度使用而勞累，從而造成症狀惡化。有時候喘、咳、累不見得已經是肺功能下降的徵兆，也可能是因為肌肉太弱、沒辦法輕鬆地使用，所以肺部就要花更多力氣去給肌肉供氧氣。所以，適度地做一些鍛煉肌肉的活動，也可以幫助維持肺部功能。

　　但好在新冠肺炎案例大部分都是輕症，出院基本上已經恢復。人們相信，等時間過去，一切會越來越好。對於治癒的患者而言，也不必過於擔心，在未來的日子裡可以多進行游泳運動來幫助自己修復肺功能，因為游泳時的水壓可以幫助提升肺功能。

5-2 誰才是病毒始祖

　　自大流行開始以來，新冠病毒的來源問題一直是最大的難題之一。雖然幾乎可以肯定蝙蝠是源頭，但是病毒是如何傳播給人類的仍缺乏明確的答案。

5-2-1 病毒傳播藍圖

　　復旦大學張永振等在《細胞》雜誌上發表的研究報告，概述了新型冠狀病毒的病毒基因組研究起源，這與此前有關於病毒基因組起源的文章互補，為病毒傳播繪製了一個比較完整的藍圖，即從趨同進化到跨種傳播再經歷了隱匿傳播引起了全球範圍的大流行。

　　通常來說，無症狀傳播和發病前傳播的特性使新冠病毒的傳染性極強。由於華南海鮮市場的動物樣本已無法取樣，現在也無法獲知最早的感染者（0 號病人），因此無法明確新冠病毒最終形成是由於動物跨種直接傳播引起的，還是隱性人傳人引起的。

　　全球範圍內報導的第一例新冠患者是 2019 年 12 月 26 日在武漢中心醫院收治入院的病人，復旦大學張永振等 1 月 5 日獲得了該病人的病毒基因組序列，並將序列上傳到了 GenBank。由於病毒序列資訊，研究人員進一步將其序列與其他病毒比對，結果發現這一病毒屬於 SARS 病毒家族，與 SARS 病毒本身有 78%同源性。

　　而與新冠病毒相似度最高的病毒是在雲南發現的 RaTG13，序列同源性高達 96%。但新冠病毒與 RaTG13 序列最顯著的差異是 S 蛋白的 S1 和 S2 亞基交界處的多域基 Furin 蛋白酶切割位點（殘基 PRRA）。新冠病毒與 RaTG13 序列另一個不同是在 RBD 結合 ACE2 的 6 個關鍵氨基酸中，只有 1 個相同。

而有關綜述中，另一個重要資訊是，在 S1/S2 切割位點有另一個十分特殊的 PAA 氨基酸序列，這一 PAA 序列見於 2019 年從雲南的蝙蝠樣品中發現的另一株冠狀病毒 RmYN02，但 RmYN02 僅與新冠病毒有 72%序列同源性。

新冠病毒起源於蝙蝠目前有大量證據支持，但是從蝙蝠到人的傳播鏈卻還不清晰。比如 RaTG13 和 RmYN02 都在雲南發現，距離武漢有 1500 公里，而從 RaTG13 進化到新冠病毒需要 25-65 年，這使得科學家猜想中間宿主所扮演的角色。SARS 病毒和 MERS-CoV 從蝙蝠到人，分別由果子狸和駱駝充當了中間宿主，而一篇華南農業大學的論文證明了穿山甲冠狀病毒的 RBD 與新冠病毒具有 97%氨基酸序列同源性。這一發現完善了新冠病毒跨種傳播鏈的假說，也啟發了科學家可能在野生哺乳動物中有大量和多樣的冠狀病毒尚未被發現。

除了跨種傳播，另一種具有大可能性的傳播是新冠病毒在 2019 年 11 到 12 月已經完成跨種傳播給人，並在早期可能在人與人之間形成了隱秘傳播。這一理論可能可以解釋為何武漢流行的主要為 "L 型"。

但病毒突變形成 Furin 蛋白酶切割位元點是病毒在動物中間宿主中形成，還是在人中隱秘傳播中突變形成，研究卻無明確答案。這同樣也提示應該持續監測病毒突變，尤其在現在大範圍傳播的情況下，應該持續關注引起表現型變化的病毒突變。

回溯追蹤 2019 年 12 月之前醫院患者的樣本或許可以獲得隱秘傳播的資訊。但是新冠疫情也警示了動物病毒跨種傳播的危害之大、可傳播範圍之廣，在疫情之後如何頒布相應政策措施以杜絕野生動物的販售也是人們需要關注的另一個問題。

5-2-2　病毒變異 ABC

《美國國家科學院院刊》在 2020 年 4 月刊登了一篇由英國劍橋大學遺傳學家福斯特博士（Dr. Peter Forster）及其研究團隊的報告。報告指出病毒已經分成了 3 類的變異，現在在美洲、亞洲以及歐洲流行的新冠，已經是不同的變異種。

　　這項研究中，團隊從全球共用流感資料倡議組織（GISAID）的資料庫中，分析了最早的 160 名確診者的病毒基因體。經過定序後，他們畫出了病毒的 "基因族譜"，發現新型冠狀病毒出現 3 類變異。研究團隊將這 3 者，以 A、B 及 C 類別區分，並且指出這 3 類病毒分別在世界不同地區廣泛傳播，其中 A 為始祖病毒。

　　研究發現 A 最早出現於武漢，跟蝙蝠身上發現的毒株最接近，因此被推測是最早的一株病毒。但之後主要分佈在北美和澳大利亞，武漢居住的美國感染者，身上的病株也是 A 型。

　　從基因定序族譜來看，B 型病毒是從 A 型病毒變異而來，主要分佈在武漢並蔓延至整個東亞；但 B 突變緩慢，B 在突變之前始終沒有能夠傳播到東亞以外地區，直到 B 發生了突變才逐漸在亞洲以外傳播。因此，東亞以外的環境及宿主免疫因素可能使 B 病毒本身難以傳播，研究人員管這叫 "始祖效應"，這一效應在 HIV 上也可見。

　　C 型病毒則是從 B 行病毒演化而來，主要分佈在歐洲、美國加州、巴西、新加坡及中國大陸以外的中國香港和中國臺灣。有趣的是，武漢並沒有 C 型病毒。更為重要的是，研究發現最早進入義大利的病毒是 1 月 27 日從德國輸入的，同時早期在義大利流行的病毒來源於新加坡。

　　其實，《美國國家科學院院刊》發佈的關於病毒起源的研究報告，並不是第一份新型冠狀病毒演化和遷移的研究報告。早在 2020 年的三月初，北京大學生命科學學院就在 NSR 發表了關於新冠病毒具有兩個亞型 L 和 S 的研究報告，引起了廣泛轉載和媒體報導。

　　研究共選取了 103 個病毒基因組序列，研究認為新冠病毒可能來源於病毒的自然選擇的趨同進化、突變和重組。在進一步分析了 103 個病毒基因組的突變後，研究將這些突變的病毒分類成為了 S 亞型和 L 亞型，且 S 亞型實際上是 L 亞型的祖先。

　　值得思考的是，武漢的 27 個病毒序列中，26 個為 L 亞型，只有 1 個為 S 亞型。相比之下，武漢以外的 73 個病毒序列中（33 個國內，40 個國外），45 個為 L 型，28 個為 S 型。

5-2-3 病毒起源追溯

疫情在全球範圍內流行的同時，關於病毒起源的爭論也愈演愈烈。實際上，想要追溯一個病毒起源的科學方法（不是政治或輿論宣傳方法）只有一種，就是通過病毒測序進行遺傳進化樹分析。

對於很多歷史上的病毒傳染病，比如 1918 西班牙流感，人們現在之所以能夠追溯其起源，是因為 2005 年美國 CDC Julie Gerberding 等人從阿拉斯加的患者遺骸中測序出了病毒序列。而牛津大學 Philippe Lemey 通過測序最早的非洲患者樣本中的 HIV 病毒，將 HIV 跨種傳播追溯到了 1920 年剛果共和國首都金夏沙。

目前關於新型冠狀病毒的任何病毒起源研究，其病毒序列都是來源於 Genbank 和 GISAID 兩個公共資料庫，這兩個資料庫中第一個病毒序列就是第一個被報導的新冠肺炎病人所感染病毒的序列。

這名患者在 2019 年 12 月 26 日於武漢市中心醫院就診。2020 年 1 月 5 日，復旦大學張永振等從這名患者身體中分離出病毒的序列並上傳至 Genbank。因此這一序列成為了目前所有病毒序列的起源。所以，無論如何進行遺傳進化樹分析，這個序列必然是所有病毒來源的起點。這也就是為什麼在關於病毒起源的兩個研究中，A 和 S 分別是祖先病毒都最早在武漢發現，而隨著時間推移卻在武漢很少見。

正如蘇珊· 桑塔格在《疾病的隱喻》中所說，任何一種病因不明、醫治無效的重疾，都充斥著意義，沒有比賦予疾病某種意義更具有懲罰性的了。關於新冠病毒的起源論爭的道德高地並不是基於立場的撇清，而應該是首發地無罪。

5-3　疫情下的人口學事件

縱觀人類歷史，戰爭、饑荒和瘟疫會導致人類死亡率激增。而這些災難過後，又會引起出生率的暴漲。例如，一個世紀前的西班牙大流感造成 2500-4000 萬人死亡。而後，世界人口在 "出生潮" 期間迅速恢復。

毫無疑問，COVID-19 大流行在全球範圍內造成了大量的人員死亡，並且死亡人數仍不斷增加。那麼，被波及的生育率在疫情期間又經歷了什麼變化？在全球生育率普遍下降的大背景下，後疫情時代的人口結構又會朝哪個方向發展？

5-3-1　封鎖期間的生育風險

首先，從疫情對生育計畫的影響來看，新冠肺炎疫情的社交隔離給全世界帶來了巨大的經濟損失，與失業潮同時到來的是物價的增長。人們的收入以及消費意願普遍下降，未來的不確定性更讓養育子女的成本大幅增加。這樣的背景迫使大部分家庭推遲任何長期投資--比如孩子。

2020 年 8 月，澳大利亞墨爾本大學人口與全球衛生學院的研究人員在預印本平臺 medRxiv 上發表題為 The impact of COVID-19 on the reproductive health of people living in Australia：findings from an online survey 的研究論文。

在此項研究中，研究人員共獲得了 518 名年齡 50 歲以下的女性的問卷，並使用描述性統計分析了她們的懷孕意向和避孕方法。研究通過定性分析表明，新冠肺炎大流行影響了許多人的懷孕計畫，不少參與問卷調查的人不得不推遲生育，甚至決定不生育。

其次，新冠肺炎大流行對孕婦的死亡風險顯然更高。孕婦作為社會更為脆弱的群體常常得到更多的照顧，但新冠肺炎作為一場飛來橫禍卻並不區分群體而肆虐生命。

同年 6 月，美國疾病控制和預防中心（CDC）發佈的資料表明，在 91412 名感染冠狀病毒的育齡婦女中，有 8207 名孕婦最後住進了重症監護病房（ICU），這概率相較於那些未懷孕的同齡人要高出 50%。此外，孕婦需要呼吸機的可能性也增加了 70%，而她們死亡風險並沒有因此減少。

同時，瑞典公共衛生機構的一項研究統計分析了 2020 年 3 月 19 日至 4 月 20 日期間，瑞典患有新冠肺炎的孕婦和產後婦女在 ICU 接受治療的資料包告。研究結果表明，與同年齡的非孕婦比較，孕婦和產後婦女進入 ICU 的比例更高--近乎是前者的 6 倍。

研究人員表示，"病毒感染在孕婦中可能更嚴重，其部分原因是孕婦的免疫系統會減弱以避免對胎兒產生免疫反應"，而為了保護嬰兒的健康，母親不得不犧牲自己的免疫防禦。

此外，根據威爾·康奈爾醫學院的研究，產婦面臨的危險並不會隨著分娩而結束。研究人員在 3 月底到 4 月份對紐約 3 家醫院的 675 名孕婦進行了為期 4 周的隨訪，在 70 名感染了 SARS 病毒-2 的孕婦中，有 9 人（約 13%）在分娩後至少出現了 3 種併發症中的一種：發燒、低血氧和再入院。與之相對，在 605 名未感染的婦女中，僅有 27 人（4.5%）存在上述問題。

最後，是孕婦所面臨的垂直傳播風險。垂直傳播，也稱母嬰傳播或圍生期傳播，指在圍生期病原體通過胎盤、產道或哺乳由親代傳播給傳給子代的方式。事實上，關於母嬰傳播的可能性至今未既未被證實也未被排除。

《JAMA》曾發佈的一項對中國武漢兒童醫院 33 名確診新冠肺炎孕婦所生嬰兒的跟蹤研究中，研究人員發現，經鼻咽拭子和肛拭子新冠病毒核酸檢測，其中有 3 例（9%）出現早髮型感染。

同樣發表在《JAMA》上的另一項研究也表明，垂直傳播的可能性是存在的--線索來自 IgM 抗體。

人體感染病毒後，免疫系統會產生大量的免疫球蛋白，其中 IgM 抗體是機體產生的第一類抗體，約在 5~7 天產生，維持時間短、消失快，血檢陽性可判斷早期感染。IgG 抗體在 10~15 天產生，可在血液迴圈中保持較長時間的存在，血檢陽性則可作為已感染或曾感染的指標。對於母嬰來說，這兩種抗體的區別在於，IgG 抗體是唯一一種可以穿過胎盤為胎兒提供被動免疫力的種型，可以保護嬰兒在出生後免受細菌和病毒的侵害，而 IgM 抗體由於分子結構較大，通常不會通過胎盤進入胎兒體內。

武漢大學中南醫院的研究人員對 2020 年 2 月 16 日-3 月 6 日期間收治的 6 個病例進行了分析。報告顯示，醫院在產婦分娩期間進行了嚴格的感染預防，6 名新冠肺炎產婦所生嬰兒，咽拭子和血樣 RT-PCR 檢測結果均為陰性，且尚無新冠肺炎症狀，但血清中都檢測到了抗體，炎性細胞因數 IL-6 均顯著升高。其中 2 名新生兒 IgG 和 IgM 抗體都高於正常水準，3 名新生兒 IgG 抗體升高但 IgM 抗體濃度正常。

此外，《自然-通訊》發表的一篇來自法國研究團隊的病例報告顯示，一名確診感染新冠病毒的新生兒是在母體子宮中被感染的，其母親在孕晚期感染了新冠病毒。這名男嬰出生于 3 月，在出生後 24 小時開始出現嚴重症狀，包括嚴重的身體僵硬，極度煩躁等神經系統症狀。這似乎給母嬰傳播提供了新一項證據，但是，母嬰傳播的可能性並未被排除。顯然，這也將對生育率造成影響。

後疫情時代會否引發"出生潮"？

疫情在封鎖期間對生育率的影響顯然易見。那麼，在全球生育率持續走低的大勢之下，後疫情時代是否還能遵循以往的規律再次引發"出生潮"？

對於上述的問題，一個可能的參考正是 1918 年的西班牙大流感。西班牙大流感於 1918 年至 1919 年期間導致美國出生率下降了 13%，具體原因包括育齡成年人發病率和死亡率高（青壯年死亡率更高）、產婦死亡率和死產率較高以及疫情期間人們減少了社會交往。值得注意的是，1920 年之後的"出生潮"卻不僅僅與西班牙大流感相關--也有文獻認為這與第一次世界大戰的結束密切相關。

西班牙大流感後帶來的"出生潮"使人口得到了快速增長，但新冠肺炎大流行與其相比依舊有諸多不同之處，這些區別可能使新冠肺炎與西班牙大流感的生育率走向相反的方向。近日，義大利博科尼大學的研究人員在 Science 上發表題為 *The COVID-19 pandemic and human fertility* 的文章，研究人員在這篇文章中也表示，新冠肺炎大流行或將不再帶來"出生潮"，甚至會導致世界生育率進一步下降。

首先，與西班牙大流感相比，這場全球性流感奪走了 5000 萬條生命，而死亡率最高的則是年輕人。與其相比，新冠肺炎感染者大多是老年人，老年人由於免疫低下，除了易感染，也更容易加重病情。根據馬爾薩斯的人口理論，青壯年的死亡更容易促進社會生育率的增長，而老齡人口的死亡對生育率的影響較小。

其次，新冠肺炎大流行發生在全球生育率持續走低的大背景下。在過去半個多世紀裡，生育率下降發生在世界各個角落，在時間和空間上不斷蔓延和深化。20 世紀中葉，世界總和生育率為 4.96，2015 年降至 2.52，降幅高達 49.22％。

20 世紀 90 年代，世界生育率出現新的變化，歐洲部分國家婦女總和生育率相繼下降至 1.3 以下，開創了極低生育率時代，進入 21 世紀後亞洲部分國家和地區（如日本、韓國、新加坡和中國中國臺灣）也先後進入該行列。

而由於人口學機制（低生育率、人口老齡化等）導致的長期且難以逆轉（除非存在規模足夠大的國際淨遷入）的負增長，其影響也將更為深遠和複雜。這也意味著，低生育率背景下發生的新冠肺炎不僅不會帶來出生潮，甚至會進一步降低全球生育率。

但這並不是絕對的。事實上，由於經濟水準和社會環境的多重因素，新冠肺炎大流行會對不同的國家產生不同的影響。

對於高收入國家，女性受教育程度的提高一直是近幾十年來生育率持續下降的最強大推動力之一。在這些國家，學齡前兒童進入托兒所、幼稚園已成為常態，從而讓父母雙方更好地投入到工作中。

　　然而，新冠肺炎疫情卻使得學校長期停課，導致父母必須付出更多的時間照看孩子，這造成了更大的時間負擔，使得原本希望生育二胎的夫婦不得不延遲生育。此外，鑒於高收入國家產婦年齡較高，輔助生殖技術對許多想要生育孩子的夫婦至關重要，而新冠疫情無疑影響了相關生育機構的營業。

　　更重要的是，新冠肺炎疫情對高收入國家經濟造成更大危害。由於養育子女的成本重大，失業或收入減少必然會降低生育率。這與 2008 年經濟危機之後的生育率變化趨勢相類似--經濟衰退越嚴重，生育率下降越多。

　　而在低收入國家中，隨著經濟復蘇，生育率是否會再次開始上升，從而扭轉近幾十年來生育率下降的趨勢也受到學界的關注。人口統計學對高生育率有兩個主要的經濟解釋：貧困增加了家庭中無薪童工帶來的利益，同時降低了教育投資的終身價值；高生育率為父母提供了一種養老保障。

　　然而，過去幾十年，社會經濟發展和農村向城市遷移的增加，將農村人口的比例降至不到一半。這些結構上的變化改變了生育成本，同時現代避孕工具的普及，都對生育產生負面影響。

　　當然，新冠肺炎疫情迫使計劃生育中心暫時關閉或減少活動，婦女無法獲取避孕措施導致意外懷孕的增加，這可能會在短期內造成中低收入國家生育率的上升，這一現象在近期西非埃博拉危機中也有出現。

5-4 "新冠" 還有後遺症？

　　新冠疫情帶來了巨大的人道主義代價，儘管在龐大的感染人口中絕大多數人能夠得到治癒。然而，在康復者群體中，卻開始出現令人心驚的 "後遺症"。除了肺部的肺纖維化及其他，新冠的後遺症從聽覺到大腦，波及到了人體各個部位的器官。

5-4-1 新冠傷肺還傷腦

　　在 2020 年 4 月份就有美媒稱，新冠病毒似乎導致 30 幾歲和 40 幾歲本來病情並不嚴重的成年人突然中風。根據當時美媒資訊，醫生的報告顯示：過去兩周內，年輕患者突然中風的病例增加了 6 倍。其中大多數沒有既往病史，感染新冠病毒後要麼僅有輕症（要麼無症，2 例），而醫生團隊在此前 12 個月期間，每 2 周平均接治 0.73 個年齡在 50 歲以下的大血管中風患者。

　　《柳葉刀》對英國 125 名新冠重症患者進行深入研究後發現，新冠最常見的腦部併發症是中風。在 125 名患者中有 77 人中風，他們的年齡多數超過 60 歲。中風患者多數屬缺血性中風，即由腦部血塊所導致的中風。

　　除中風外，醫生們在 4 月份對 125 例新冠肺炎病例進行了跟蹤調查，專家們觀察到了最初感染可能導致的神經和精神併發症。

　　當涉及到精神狀況時，39 名患者出現了精神錯亂或行為改變的跡象。7 人出現腦炎或腦部炎症。23 名患者被診斷為精神病、神經認知癡呆樣綜合征和情緒障礙。研究人員認為這些精神病診斷都是新的，但他們不能保證有些患者在新冠肺炎住院前沒有被診斷出來。在 37 名出現精神狀態改變的患者中，有 18 名患者年齡小於 60 歲，19 名患者年齡較大。

最後，譫妄被認為是另一項對大腦損傷的新冠後遺症。美國精神病學會（APA）定義譫妄為一種急性腦功能的意識和認知障礙，又稱 ICU 精神病、ICU 綜合征、急性精神錯亂狀態、急性腦衰竭等。譫妄是 ICU 危重患者的常見病症，80%的 ICU 患者都有過這樣的症狀。

簡單來說，譫妄患者的精神狀態會突然變化，或突然陷入困惑，持續時間由數小時至數天。譫妄是短期疾病，突發且一旦發作反應劇烈。所以常會發生生病之前精神狀況良好的人，在重病送入 ICU 後，突然就 "精神失常" 起來的情況。

ICU 譫妄症之所以在新冠患者中尤其常見，主要是因為他們有著共同的生存環境：大腦缺氧和使用鎮靜劑。進入 ICU 的重症新冠肺炎患者，本身存在低氧的症狀，因此需要長時間的使用呼吸機。也就意味著他們需要更長的時間、劑量更大的鎮靜劑，這完美契合了 ICU 譫妄症的發生條件。

有來自醫院機構研究的早期資料表明，所有年齡段的新冠住院患者中，有三分之一表現出譫妄的跡象。其中，三分之二的重症患者都明確患有譫妄症。相當高的比例引起了醫護人員的擔憂，由於患有譫妄症，患者變得動彈不得或身體虛弱，進而需要更長的住院時間。譫妄還會導致更多併發症，有時甚至會發展為認知障礙，包括癡呆等長期治療的疾病。

還有研究發現，很多康復的患者出現非常嚴重的中樞神經後遺症。

華中科技大學對新冠肺炎住院患者的神經系統研究顯示，214 名患者中，超過三成的病患出現神經系統症狀。這些症狀具體表現為三類：中樞神經系統症狀如頭痛、頭暈、意識障礙、急性腦血管疾病、癲癇等；周圍神經系統症狀如味覺減退、嗅覺減退、食欲減退、神經痛等；骨骼肌損傷。

根據日本 NHK 的報導，日本山梨縣一位 24 歲的獨居男子，感染新冠病毒後出現高燒症狀，同時伴有頭痛及四肢乏力。送醫搶救後被確診，同時伴有腦膜炎，腦髓液的 PCR 檢測呈陽性。專家表示，此次腦膜炎是由新冠肺炎引發的可能性非常大。男子醒來後，意外發現自己丟失了近 1、2 年的記憶。

主治醫生森口武史表示，這是一起新冠肺炎病毒侵入中樞神經的重要例子。而至於患者為什麼會喪失記憶，專家認為這是因為患者大腦內負責記憶的部分受損，從而導致喪失記憶等後遺症。根據病理組織的觀察結果，許多感染者的大腦部分都發生了病理改變：腦組織充血、水腫，部分神經元變性。

5-4-2 聽覺神經病

英國曼徹斯特大學的一個團隊對 121 名冠狀康復者出院八周後進行了調查，並匯總了調查結果。

這 121 名康復者中 4/5 是輕症患者，他們大多數可以完全康復。但是在一些症狀嚴重的患者中，有些人在康復後似乎患上了"後遺症"。在接受調查的 121 位患者中，有 16 位（13.2％）抱怨聽力下降。其中 8 人報告感覺聽力已惡化，另外 8 人發展為耳鳴，其特徵是在沒有外部來源的情況下聽到了鈴聲，嘶嘶聲或嗡嗡聲。

研究人員表示，現代醫學已經知道麻疹，腮腺炎和腦膜炎等病毒會導致聽力喪失，那麼冠狀病毒也可能會破壞向大腦和從大腦傳送資訊的神經。他補充說，新冠病毒可能會引起聽覺系統部分如中耳或耳蝸的問題。

這意味著，"聽覺神經病"可能會是其中一種後遺症，這種聽力障礙，是指耳蝸功能正常，但沿聽覺神經向大腦的傳輸受到損害。這種障礙使受影響的人很難加入背景雜音很大的對話中，例如在繁忙嘈雜的地方可能會更加聽不到別人說話。

5-4-3　男性功能受損

2020 年 3 月，來自于南京醫科大學附屬蘇州醫院泌尿外科研究人員在預印本平臺 medRxiv（未經同行評審）上傳了一篇論文，題目為 "在 2019-nCoV 感染後，腎臟和睾丸中的 ACE2 表達可能導致腎臟和睾丸受損"。論文中提示，新型冠狀病毒感染以肺臟和免疫系統損害為主，但理論上新冠感染還可能造成睾丸損傷。

根據這篇發表在 medRxiv 上的論文，研究團隊研究了三份既有的臨床資料，分別包含 6 名、41 名和 99 名患者。第一個樣本是一起家庭聚集性感染，其他兩項資料集則顯示，新冠病毒感染者中有 3%至 10%出現了腎功能異常，表現為肌酐或尿素氮升高。此外，7%的患者出現了急性腎損傷。

新型冠狀病毒通過刺突糖蛋白（S 蛋白）與宿主細胞血管緊張素轉化酶 2（ACE2）結合從而入侵細胞，引起組織損傷。除肺以外，人體很多其他器官也表達 ACE2，如睾丸、小腸、腎臟、心臟和甲狀腺等。其中，睾丸表達大量的 ACE2，主要集中在睾丸精原細胞、支持細胞和間質細胞，這幾種細胞均與男性生殖功能密切相關。

生曲細精管又叫生精小管，是精子生成的場所，內有各級生精細胞和支持細胞，曲細精管之間含有間質細胞。精原細胞是形成精子的前體細胞；支持細胞對於維持精子發育的微環境至關重要，成年人的支持細胞不再分裂，數量恒定；間質細胞則是合成和分泌雄激素的主要細胞，雄激素可促進精子發生和男性生殖器官發育，以及維持男性第二性征和性功能。

所以從理論上推測，新冠感染可能造成睾丸損傷，影響精子生成和雄激素合成。精子生成受阻會影響男性生育能力，嚴重者可能導致男性不育；雄激素不足會影響男性第二性征和性功能，降低生活品質。

論文最後的結論表示，其研究證實了 ACE2 在腎臟和睾丸組織中具有較高的表達，有助於瞭解新冠肺炎患者的腎功能異常和腎損害機制。研究結果同樣表明，患者可能會發生睪丸炎，因此有必要對男性新冠肺炎患者，尤其是年輕男性患者進行生殖功能的評估和隨訪。

因此，對於有感染病史的男性，尤其是有生育需求的男性，最好在康復後進行精液品質和激素水準等生育力相關檢查，以便及時發現問題儘早處理。

5-4-4 肝腎心臟

據加拿大腎臟專家透露，加拿大 8%-12%的新冠病患，出現了嚴重腎損傷；美國耶魯大學醫學院腎臟專科醫師表示，美國有 20%-40%重症監護的新冠患者，因腎衰竭而需洗腎。

之前就有研究指出，新冠感染者普遍存在腎臟損害的情況。一篇《Caution on Kidney Dysfunctions of 2019-nCoV Patients》的論文，研究了 59 名來源於武漢、黃石和重慶的 59 例感染患者病例。結果發現，63％的患者表現出腎功能不全的症狀，CT 掃描顯示 100％的患者腎臟影像學異常。

研究人員表示，感染者的肝腎受損可能是由於肺部功能障礙導致。呼吸功能出現障礙時，氧氣交換受阻，其它臟器會處於乏氧狀態，而對氧特別敏感的腎臟往往會發生嚴重的功能性損傷。

此外，一位來自倫敦東部的 48 歲的患者透露，新冠肺炎給她留下了嚴重的心臟損傷，而卑詩大學醫藥學教授 James Russell 博士和其他幾名研究人員發現，以 8000 名新冠肺炎患者為樣本的調查中，過半的重症患者出現了心臟損傷，甚至引發死亡。

5-5　疫情給人們心理留下了什麼？

　　北野武說，"災難並不是死了兩萬人或八萬人這樣一件事，而是死了一個人這件事，發生了兩萬次。"儘管新冠肺炎大流行影響了世界很大一部分人口，但人們對疫情給心理健康帶來的潛在影響卻知之甚少。關於疫情大流行的新聞從不間斷，每個人每天都在經歷著不同程度的心理變化。

5-5-1　疫情創傷後應激障礙

　　《柳葉刀》子刊於 2020 年 6 月發表了第一個系統回顧和薈萃分析，研究了 3550 多名 SARS、MERS 和新冠肺炎住院患者冠狀病毒感染的精神症狀後果。研究結果顯示，如果新冠病毒感染的病程與 2002 年的 SARS 和 2012 年 MERS 的冠狀病毒流行過程相似，那麼大多數因嚴重新冠肺炎感染入院治療的患者在不經歷心理疾病的情況下即可康復。但是，SARS 和 MERS 倖存者可能在出院後的幾個月和幾年中依然面臨精神疾病的風險，如抑鬱、焦慮、疲勞和創傷後應激障礙（PTSD）。

　　研究人員分析，在 SARS 和 MERS 倖存者中，創傷後應激障礙的患病率在急性期後的平均 34 個月為 33%（4 項研究中共計有 121/402 例），急性期後平均 23 個月時抑鬱障礙的患病率（5 項研究中的 77/517 例），急性期後平均 1 年時焦慮障礙的患病率（3 項研究中的 42/284 例）約為 15%。

　　事實上，早在 2006 年 04 期的《中國行為醫學》中，就有研究人員對 SARS 患者、一線醫務人員和疫區公眾進行創傷後應激障礙調查研究。結果發現，其創傷後應激障礙症狀檢出率分別是 55.1%、26%、31%，SARS 患者創傷後應激障礙症狀的檢出率最高。

　　儘管疫情曾經的恐慌和無措會漸漸平息，疫情終將被控制。但除了身體健康，人們的心理健康也尤為重要，因此疫情過後的創傷後應激障礙更應值得人們警惕。

　　疫情造成的長遠的心理影響，背後是龐大的神經活動機制。神經解剖學研究認為，與精神應激相關的腦結構有：前額葉、杏仁核、海馬、扣帶回、後腦區、背縫核等。有研究者指出，這些變化常常是精神應激相關疾病尤其是創傷後應激障礙的病理基礎。研究精神應激生物學致病機制時，前額葉、杏仁核、海馬這些腦區尤為值得關注。

　　一般情況下，創傷後應激障礙患者出現的臨床障礙以記憶損害為主，這預示著創傷後應激障礙的腦活動區域與記憶的腦區活動有關。神經解剖學的研究者們指出，在精神應激狀態下中樞神經系統可能會發生結構可塑性的變化。這些變化與應激損害的大小和持續時間長短有關係，也與個體的易感素質有關。簡言之，強烈的心理應激可能導致大腦相應區域結構可塑性的變化。

　　創傷後應激障礙的動物模型研究也表明，創傷後應激障礙中長時程留存的恐懼性記憶、高喚醒等症狀與大腦杏仁核、內側前額葉皮層和海馬三個腦區密切相關。

　　其中，內側前額葉皮層與杏仁核的去抑制及海馬向杏仁核傳遞的威脅性環境資訊有關，其變化可能促進創傷後應激障礙症狀的出現。杏仁核活動增強是條件性恐懼記憶獲得、保持和表達的關鍵神經基礎。此外，創傷後應激障礙也可能與前額背外側皮質、眶額皮質、前扣帶皮質的功能抑制以及後扣帶皮質過度啟動有關。

　　事實上，創傷心理與不同腦區功能活動失衡、病理性認知和負性情緒有關。創傷心理體驗能被重新喚起，但不同於常規的回憶，而會以強烈的情感體驗、軀體感覺或深刻的視覺表像等形式重現，如噩夢或閃回，而且似乎是永久的和無法被未來經驗所修正或替代的。

　　由於創傷後應激障礙患者的記憶的碎片多為感覺性的、無意識的、與情境有關的粗感覺，人們可以推測，創傷後應激障礙患者的反復出現闖入性的重現創傷體驗，可能是皮層（可能是海馬）對情緒性記憶的遺忘無法受到其他皮層（杏仁核和前額葉）的有效抑制和調控的表現。

　　創傷心理本質上也許是人們對負性的情緒性事件痛苦體驗的記憶，而與創傷有關的“痛苦”記憶的抑制失敗或不能控制這些記憶的啟動強度可能是創傷後應激反應與創傷後應激障礙的重要心理學機制。

5-5-2　那些被疫情傷害的人們

　　目前醫學上認為創傷後應激障礙的臨床表現主要在於：復發性症狀：閃回（反復重新體驗創傷並伴有心臟劇烈跳動或出汗）、噩夢、可怕的念頭；逃避症狀：遠離讓人想起創傷經歷的地點、事件或物品，逃避與創傷事件相關的念頭或感覺；促醒和反應症狀：很容易受驚，很容易緊張或焦躁不安，入睡困難和/或怒氣暴發；認知和情緒症狀：很難回憶起創傷性事件的關鍵特徵，對自己或這個世界有負面想法，扭曲的感受（如內疚或自責），對喜愛的活動喪失興趣。

　　此外，有時患者會出現非常嚴重的症狀，然後在數周後消退，這被稱為急性應激障礙（ASD）。如果症狀的持續時間超過一個月，對人行使機能的能力造成嚴重影響，那麼患者出現的可能就是創傷後應激障礙。創傷後應激障礙通常伴隨抑鬱、藥物濫用或者一種或多種焦慮症。

　　在疫情中很多因素會決定一個人是否出現創傷後應激障礙。其中一部分是使人容易出現創傷後應激障礙的“風險因素”，另外一部分是有助於減少出現創傷後應激障礙的“恢復因素”。這些因素有的出現在疫情之前，有的也可能出現在疫情之中及之後。

　　中國香港的研究者曾採用生活事件自評量表和醫院焦慮抑鬱量表，追蹤研究了 131 名 SARS 倖存者的心理健康影響因素。研究發現，情緒支持

（有可以傾訴的家人或朋友）能夠增加倖存者的心理韌性，而醫護人員、有既往心理諮詢史的人、或身邊還有其他人也被感染，這三類人是出現心理症狀的高危人群。另一項在疫情結束 30 個月之後的研究表明，女性群體和在疫情之前已患有其他慢性病的群體，這兩類人群較易長期受創傷後應激障礙困惱。

2020 年 3 月 12 日的《護士進修雜誌》期刊，對新型冠狀病毒一線護理人員創傷後應激障礙進行了調查分析。結果顯示，一線護理人員的創傷後應激障礙水準是 40.85±15.81 分，遠高於常人。

其他風險因素還包括：兒童期創傷、經歷疫情後獲得的社會支援微乎其微、經濟壓力等。由此可見，對普通人來說，及時尋求朋友和家人的支持、尋找支持性的社會團體都是有助於他們早日恢復的正確舉措。

瘟，疫也；疫，民皆疾也。大規模的傳染性流行病從來不止是一個醫學事件，對抗疫情既是一場生理戰，也是一場心理戰。

人們經歷了後疫情的恐慌褪去，經濟重建，生活重新步入正軌，社交平臺熱搜也再次從疫情屠榜到泛娛樂的歌舞昇平。但難以否認，疫情給太多人心裡都留下了難以磨滅的傷害。有些傷痛或許會隨著時間流逝逐漸被淡忘，但有的或許不能。

疫情彰顯了國家的進步，政府正在變得積極且富有效率，媒體和資訊變得前所未有的開放和透明。作為一個世界第二的經濟大國，為了控制疫情，國家一聲令下，所有企業全體停工，14 億人禁足家中。但疫情過後，人們要面對的或許更多。或許是經濟下行帶來的危機，或許是疫情過後留下的創傷後應激障礙。

根據《柳葉刀》發佈的一篇對於創傷後應激障礙的傳代研究報告，調查以期確認父母經歷難民生活出現的創傷後應激障礙是否與兒童的精神疾病狀況有關。研究選取了符合條件的 51,793 人；其中 1307 名（2.5%）兒童有精神疾病的接觸史，7486 名（14.5%）難民兒童暴露于父母的創傷後應激障礙。而從分析結果來看，父母創傷後應激障礙會顯著增加子女精神疾病的風險。

　　這也意味著，創傷後應激障礙不是單純的個人事件，人們需要面對個體的創傷後應激障礙的治癒與恢復。從社會的層面，人們則要有更多的關心和安慰。人們要永遠記住 6000 名醫護精英從中國四面八方飛向武漢，記住前線的醫生不遺餘力地搶救患者，記住後方各地基層工作人員風裡雨裡堅守崗位，記住普通百姓用自己的方式說明中國渡過難關。同時，也應記住疫情裡無限的哀傷，記住每一個具體的人。這或許是另一種創傷後應激障礙的社會療法。

第六章 那些被疫情催生的科技

6-1 "雷神山" 背後的科技揭秘

　　疫情期間誕生了無數多個中國速度：口罩的生產在 9 天內，日產能從 4300 多萬隻升至 1.1 億隻；應急科研攻關專案以前所未有的速度開發試劑盒，在短時間內 7 個專案進入獲得批准進入臨床；所有馳援湖北的醫療隊從接到指令到組建完成，平均不超過 2 小時，從成員集結到抵達武漢，平均不超過 24 小時。

　　疫情讓人們見證了人民之同心，人性之同理，無數多個中國速度裡，火神山雷神山醫院更是拔地而起，分別用 10 天和 13 天的建設速度震驚了世界。除了無數多人民的請纓與辛勞付出，其背後的技術更是意義重大，那就是數位孿生。

　　實際上，在過去幾年，數字孿生的熱度已不斷攀升，頻繁出現在各大峰會論壇的演講主題之中，備受行業內外的關注。那麼，這個聽起來神秘又玄乎的數字孿生究竟是什麼？它與雷神山醫院的建設有什麼聯繫？它又會給人們的生活帶來什麼樣的改變？

6-1-1 數字孿生的前世今生

　　數位孿生，顧名思義，就是 "數字雙胞胎"。根據國際統一的定義，數位孿生是充分利用物理模型、感測器更新、運行歷史等資料，集成多學科、多物理量、多尺度、多概率的模擬過程，在虛擬空間中完成映射，從而反映相對應的實體裝備的全生命週期過程。

　　簡單來說，數位孿生就是在一個設備或系統的基礎上，創造一個數位版的 "克隆體"。這個 "數位克隆體" 被創建在資訊化平臺上，是虛擬的。與電腦的設計圖紙又不同，相比於設計圖紙，數位孿生體最大的特點在於，它是對實體物件的動態模擬。也就是說，數字孿生體是會 "動" 的。

數位孿生體 "動" 的依據，來自實體物件的物理設計模型、感測器回饋的資料，以及運行的歷史資料。實體物件的即時狀態，還有外界環境條件，都會複現到 "孿生體" 身上。

數字孿生這一概念於 2002 年誕生在美國，由密西根大學教授邁克爾‧格裡夫斯提出。邁克爾‧格裡夫斯教授在產品全生命週期管理課程上提出了 "與物理產品等價的虛擬數位化表達" 的概念：一個或一組特定裝置的數位複製品，能夠抽象表達真實裝置並可以此為基礎進行真實條件或模擬條件下的測試。該概念源於對裝置的資訊和資料進行更清晰地表達的期望，希望能夠將所有的資訊放在一起進行更高層次的分析。

而將這種理念付諸實踐的甚至是早於理念提出的美國國家航天局（NASA）的阿波羅項目。在該專案中，NASA 需要製造兩個完全一樣的空間飛行器，留在地球上的飛行器被稱為 "孿生體"，用來反映（或做鏡像）正在執行任務的空間飛行器的狀態。

在飛行準備期間，被稱為 "孿生體" 的空間飛行器被廣泛應用於訓練。在任務執行期間，利用該 "變生體" 在地球上的精確仿太空模型中進行模擬試驗，並盡可能精確地反映和預測正在執行任務的空間飛行器的狀態，從而輔助太空軌道上的太空人在緊急情況下做出最正確的決策。從這個角度人們也可以看出， "孿生體" 實際上是通過模擬即時反映物件的真實運行情況的樣機或模型。

6-1-2　揭秘 "雷神山" 背後

講到這裡，依舊會有人覺得數字孿生離人們的生活還是太遙遠了，其實不然。最近在紐約，微軟首席執行官薩蒂亞‧納德拉描述了這些數字孿生的好處，他將此稱為最大的科技趨勢之一。

英國零售商瑪莎百貨越來越多地使用店內感測器來創建其零售空間的數位攣生，通過使用這些資料模型來優化其商店的物理佈局，監控其凍肉冷藏庫的溫度，並密切關注結帳處的排隊情況。

而疫情中聞名世界的雷神山醫院便是利用了數位攣生技術進行建造。

中南建築設計院（CSADI）臨危受命，設計了武漢第二座 "小湯山醫院" --雷神山醫院，中南建築設計院的建築資訊建模（BIM）團隊為雷神山醫院創造了一個數位化的 "攣生兄弟"。採用 BIM 技術建立雷神山醫院的數位攣生模型，根據專案需求，利用 BIM 技術指導和驗證設計，為設計建造提供了強有力的支撐。

數字攣生是一種超越現實的概念，可以被視為一個或多個重要的、彼此依賴的裝備系統的數位映射系統。

工業互聯網是絕對的第一大場景，比如機器安裝、產線安裝，建立一個生產環境的虛擬版本，整個環境都是要用數位化的方式來描述。這迎合的是工業互聯網的產業數位化大背景。

在該技術之下，工程師不僅能看到產品外部變化，更使內部零件動態的觀察成為可能。例如，通過數位 3D 模型，人們可以看到汽車在運行過程中發動機內部的每一個零部件、線路、各種接頭的每一次變化，從而可以對產品進行預防性維護，這也就可以避免類似波音 737MAX8 客機墜機帶來生命損毀的悲劇。

目前主流的西門子、GE、施耐德等廠商早已在使用這套技術來優化工業流程。

　　一直以來，有個"工業領域 1%的革命"說法：生產效率提升 1%，成本減少 300 億。這可以通過 GE 公司的 245000 美元的故事說起。

　　在 GE 的工廠裡，發電廠的汽輪機推力軸承改變了位置，使汽輪機的軸向位移從-0.29 mm 變為-0.445mm。這個移動量等於單個睫毛的寬度，並且仍在安全的指令引數範圍內。但是，汽輪機要承受極端的溫度、壓力和作用力，即使微小的變化也可能造成巨大的損失。

　　但是在沒有干預的情況下，止推軸承將繼續移動，軸向位移繼續移動。等到工廠控制中心響起警報並發現偏差時，損壞已經造成：渦輪機必須離線、零件將需要更換、電力生產資料將丟失。而電力生產商的總成本是 245000 美元。

　　位於巴黎的 GE 數位工業管理服務中心的工程師使用汽輪機的"數位孿生系統"觀察到了偏差，並進行了提前預測，確保巨大損失無從發生。

　　截至 2018 年，GE 已經擁有 120 萬個數位孿生體，可以處理 300000 種不同類型的設備資產。此外，據 Gartner 稱，"到 2021 年，一半的大型工業公司將使用數字孿生，從而使這些組織的有效性提高 10%。"

6-1-3　新生產要素的變革即將來到

　　隨著工業互聯網的應用推進，數字孿生被賦予了新的生命力。工業互聯網延伸了數字孿生的價值鏈條和生命週期，凸顯出數位孿生基於模型、資料、服務方面的優勢和能力，打通了數位孿生應用和反覆運算優化的現實路徑，正成為數位孿生的孵化床。

　　但對於一項技術而言，城市場景更加宏大，從工業走向城市場景也是必然趨勢。據預測，到 2022 年，85％的物聯網平臺將使用某種數位孿生技術進行監控，少數城市將率先利用數位孿生技術進行智慧城市的管理。

　　在國內從業人員看來，數位孿生主要在地理資訊這個行業發生催化作用，比如用無人機群為城市提供基於圖像掃描的城市數位模型，街道、社區、娛樂、商業等各功能模組都將擁有數位模型。

　　這個在當前部分城市已經實現，深圳市從 2018 年 12 月開始就啟動了全市的虛擬城市環境資料獲取工作，總共分一期和二期兩個階段，一期是從 2018 年 12 月開始，二期是從 2019 年 4 月份開始，預計將在今年年底完成相關工作。

　　這種模式下，數位化將進入電力線、變電站、污水系統、供水和排水系統、城市應急系統、Wi-Fi 網路、高速公路、交通控制系統等所有看見或看不見的地方，而城市管理將更加輕鬆可控。

　　數字孿生代表了繼搜索和社交媒體之後的互聯網 "第三波浪潮"，是未來實體產業的基石，是一項產品全生命週期管理的顛覆性技術。不論是製造業、建築業，還是航空航太領域，都會因數位孿生技術而發生革命性的變化。毫無疑問，數位孿生技術是一場現代工業的新生產要素的革命。

6-2　健康碼真的健康嗎？

　　2020 年 2 月 11 日，杭州市率先推出健康碼模式，實施市民和擬進入杭州人員的 "綠碼、紅碼、黃碼" 三色動態管理，並與 "釘釘" 企業復工申請平臺打通。大量返崗復工人員在支付寶內申領健康碼，上線首日訪問量達到 1000 萬。

　　隨後，健康碼實現全國推廣，在充分總結先行地方經驗基礎上，全國一體化政務服務平臺充分發揮支付寶、阿里雲的技術優勢，加快研發全國一體化政務服務平臺疫情防控健康碼系統。

　　最後，多市完成健康碼升級，實現與電子健康卡、電子社保卡的打通使用，即憑碼看病。那麼，防疫健康碼的實質到底是什麼？升級的背後是健康碼的革新，還是健康碼的另為所用？或許，一個新的時代正在拉開序幕。

6-2-1　健康碼的本質是孿生人

　　許多人認為自己的健康碼顯示綠色，就代表了身體的健康，這樣理解當然沒有問題，因為這就是健康碼的基本功能，證明個人的健康，尤其是在疫情期間。

　　除此之外，大部分的人卻並沒有在意，健康碼是任由自己申報身體狀況進而申領健康碼的，這似乎又與健康碼的基本功能產生了矛盾：你怎麼知道你是健康的？你怎麼證明你是健康的？

　　於是問題往下發展，就走到了人們對健康碼的本質探究：健康碼的本質就是將人與資訊緊密結合進而創造出一個數位孿生人。

　　數位孿生，顧名思義，就是“數位雙胞胎”，簡單來說，數位孿生就是在一個設備或系統的基礎上，創造一個數位版的“克隆體”。這個“數位克隆體”被創建在資訊化平臺上，是虛擬的，數位孿生體最大的特點在於，它是對實體物件的動態模擬。也就是說，數字孿生體是會“動”的。

　　在疫情剛剛暴發時，由於沒有有效的方式將個人的身份資訊、出行資訊、健康資訊有效的整合，政府需要在各地出入口設立關卡，個人需要逐一填寫資訊登記、進行資訊申報等，費時費力。

　　但是，健康碼卻能發揮巨大的資訊互通作用，它使得個人可以“隨身攜帶”自身相關的數位化資訊標籤。從一定意義上，健康碼使人們每個人都成為了“數字孿生人”。

　　如果用一句話形容健康碼，可以說是“一人一碼，三色管理”。一人一碼得以實現，依賴於從三個維度來獲取個人歷史資料資訊。

　　第一個維度是空間，個人去過的地點都得以記錄，地點精確到市區、鄉鎮，能夠判斷個人是否經過疫區、離疫區的遠近；第二個維度是時間，個人去過地區的每個時間點都得以記錄，能夠判斷去過疫情地區的時間及停留時長；第三個維度是人際關係，個人是否密切接觸過其他敏感人員也是判斷標準之一。

從三個維度對個人實現的全程跟蹤，使得個人資訊被立體式孿生構建，在帶來利好的同時，卻也伴隨著風險。

6-2-2　健康碼的隱私危機

健康碼將資料雲端存儲，使得所有的居民健康資訊、出行資訊與個人身份資訊綁定，在雲端存儲共用，省去了地方機關設立卡口，重複填報健康表格的麻煩。而作為數字通行證，健康碼能夠實現在全市甚至全國區域內一碼通行，為企業復工、社區篩查帶來便利。

大數據雖然保證了疫情期間的資訊通暢，實現了資訊互通，做到個人資訊透明化，卻也帶來了隱私資訊暴露的風險。

當人類進入大數據時代，在海量資料裡，越來越多的資料是個人隱私資料，需要被保護或加密。2019 年上半年，互聯網資料洩露事件激增至 3800 多起，達到有史以來的最高峰。8.7 億條個人資訊在暗網上出售，7.73 億個郵寄地址及密碼被竊，5.9 億中國人的簡歷被洩露。被公開的不止是姓名、電話，還有身份證號、戶籍、婚姻狀況、家庭住址等。

預計到 2025 年，87%的資料都將是需要保護的資料。然而，現實的情況卻是，一半以上的資料都沒有得到適當的保護。

近年來，隱私洩露的事件頻發。人們不能確定，當健康碼擁有更廣闊的意涵時，健康碼所構建的孿生體能得到有效的隱私保護。更何況，在大數據個人隱私保護法律嚴重滯後的情況下，這種個人隱私資料的多平臺，無標準的存儲、流轉，後期給個人帶來的各種困擾與風險又由誰來負責？

於是，我們也就能理解當蘋果宣佈與谷歌聯合開發藍牙匿名追蹤新冠接觸患者的工具時，民眾的反對聲之高。民眾對隱私洩露的擔憂，甚至超過了對感染疫情的擔憂。根據美國公民自由協會提出的警告，任何使用手機來追蹤新型冠狀病毒肺炎病毒傳播的行為都需要得到嚴格的隱私保護。

6-2-3　後疫情時代的自動化行政

隨著健康碼的全國推廣及普及，健康碼是否會成為後疫情時代的新常態？從防疫健康碼，到健康碼升級，健康碼絕不是又一個簡單的 "管理措施"。

要知道，健康碼是第一個 "基於手機" 且 "3D 人臉識別" 且 "多場合人口管理" 的措施。

基於手機，代表其可能以非常敏捷的速度更換管控標準，幾乎沒有部署成本。若需要針對某些人群甚至某個人進行管控措施的調整，則可以在瞬間完成。

基於 3D 人臉識別以及嚴格的一人一碼，代表其可以達到最高標準的實名制。基於機器資料後臺，其擁有最強的防偽特性。

多場合人口管理，代表其可以跨場景使用。在疫情的預演中，健康碼從一開始的防疫功能逐漸升級，到與電子健康卡、電子社保卡聯合，健康碼逐漸作為一種身份的確認，可以實現某些特定場合的 "准入"。

可以預測，健康碼不會隨著疫情的消失而消失，健康碼將借著疫情長存下去並獲得更廣泛的應用。

當新聞報導潛逃 24 年的殺人犯因沒有綠碼自首時，在輿論叫好的時候，人們是否已經看到健康碼已經隱隱成為了虛幻的人格權？個人隱私與社會監管兩者之間對於資料的管理邊界在哪裡，健康碼的推廣是否會淪為權力機構對個人實行監控的工具？

人們清楚，隨著科技的發展，數字孿生將成為社會的趨勢。一種數位式的自動化行政不可避免，健康碼的延續當然傳達著巨大的信號，這是行政系統以前所未有的效率和能力擠佔個人生活的開始。在時代的趨勢之下，如何平衡，是人們未來很長一段時間都將面臨的問題。

當然，健康碼在疫情期間給人們提供了非常便捷、高效的資訊互通，這也是數位孿生普及的第一步。這是一個變化的節點，也是一個重塑的節點。

　　科技的更新意味著許多行業邊界、場景邊界、產業邊界的進一步拓寬，健康碼的推廣速度帶動了各行各業對於數位化轉型的熱情，後疫情時代，數字經濟的發展，也將具有更高的戰略位置。

　　人們在擁抱科技的同時也不能不忽視那些伴隨著的危機，個人隱私暴露的風險是否會進一步加劇，社會監管對於資料的管理邊界又如何定義？隨著區塊鏈技術的應用與不斷演進，人們能否用科技來解決科技。健康碼是否真的健康，還在於你我如何運用。

6-3　人工智慧的智慧抗疫

　　隨著技術的發展與反覆運算，人工智慧的概念大家早已不陌生。網上、書中有五花八門的關於人工智慧的音訊、視頻、文字。人工智慧從一個深藏於實驗室、專業的學術名詞，迅速轉變為產品經理和市場行銷人員的口頭禪，也成為了普通大眾茶餘飯後的話題。

　　人工智慧帶來的變化已經在人們身邊悄然出現。你打開的新聞是人工智慧為你做的演算法推薦；你網上購物，首頁上顯示的是人工智慧為你推薦的你最有可能感興趣、最有可能購買的商品。今天，這些智慧化的成果已經深入地滲透到人們的工作和生活之中。這些細節變化背後的技術進步，已經成為了改變人類生活圖景的巨大推力。

　　疫情的暴發為社會生活帶來了巨大的調整，也成為了人工智慧的試金石，成為一次國家級別的數位化全面檢驗。疫情之下，人工智慧公司不再是以往的旁觀者。他們在生活生活中扮演了關鍵的角色，提高了抗疫戰爭的整體效率。

6-3-1　病毒確診和醫藥研發

世界衛生組織（WHO）資料顯示，引發此次疫情的病毒 2019-nCoV，是一種具外套膜（envelope）的正鏈單股 RNA 病毒、RNA（核糖核酸）冠狀病毒，直徑約 80～120nm。

確定此類疾病重要的檢測手段，便是通過核酸檢測的方式。通過提取疑似病例血液中核酸序列，並與目標病毒比對，即可基本確定有無病原體感染。然而，疑似病例的病毒樣本進行全基因組序列分析比對費時費力，而通過人工智慧的手段，可以代替人力完成初篩工作，大幅提高檢測效率。

在春節期間，百度、阿里巴巴、商湯科技等科技企業相繼宣佈將開放病毒結構測序的相關演算法與算力。通過人工智慧的能力賦能醫療，為抗擊疫情貢獻力量。

1 月 31 日，百度研究院宣佈將線性時間演算法 LinearFold 以及世界上現有最快的 RNA 結構預測網站，向各基因檢測機構、防疫中心及全世界科學研究中心免費開放。利用該演算法，可將此次新型冠狀病毒的全基因組二級結構預測從 55 分鐘縮短至 27 秒，測序效率將提升 120 倍，大大節省了等待時間。

2 月 1 日，浙江省疾控中心上線了自動化的全基因組檢測分析平臺。基於阿里達摩院研發的人工智慧演算法，可將原來數小時的疑似病例基因分析縮短至半小時，在大幅縮短確診時間的同時，能精準檢測出病毒的變異情況。商湯科技也在接到由國家超級計算深圳中心轉達的緊急需求後，第一時間協調超算團隊支援，免費提供高性能計算資源，支援研究人員對抵抗新型冠狀病毒的藥物進行大規模篩選，同時開展病毒突變預測等工作。

此外，阿里雲與全球健康藥物研發中心 GHDDI 合作開發人工智慧藥物研發和大數據平臺，針對冠狀病毒的歷史藥物研發進行資料採擷與集成。同時他們宣佈，疫情期間向全球公共科研機構免費開放一切人工智慧算力，以加速新型肺炎新藥和疫苗研發。

在藥物發現階段，人工智慧主要在靶點篩選和化合物合成與篩選兩個場景下發揮作用。靶點篩選是指發現能減慢或逆轉人類疾病的生物途徑和蛋白，是新藥研發的核心之一。在這一方面，人工智慧通過自然語言處理技術（NLP），深度學習海量醫學文獻和處理海量相關資料，進而發現化合物與疾病之間的作用關係。通過找到靶點，從而縮短靶點的發現週期。

化合物合成與篩選是指將上百萬的小分子化合物進行組合實驗，來研究具有某種生物活性和化學結構的化合物，用於進一步的藥物研發。人工智慧可以模擬小分子化合物的藥物特性，從而可以在數周內完成最佳模擬化合物的挑選並進行合成試驗，能夠在快速過濾低品質化合物的同時富集有效分子。

6-3-2　智慧測溫和影像識別

人們知道，新型冠狀肺炎的一個明顯症狀就是患者的體溫升高，因此在疫情防治期間，檢測人群的體溫成了判斷是否感染的關鍵一步。但是，在公共開放區域即時監測每個人的體溫情況是一個極大的工程。因為人群流動性快，並且疫情防治期間人手、設備有限，這時候，人工智慧監測體溫很好地解決了這一難題。

人工智慧體溫檢測主要通過"人體識別＋人像識別＋紅外/可見光雙傳感"，通過攝像機批量識別疑似發燒人群再將相應人員進行"定位"。通過這種方式，大面積、口罩大幅遮擋下的公共場合高效識別得以實現，人們不用低效地排隊測體溫，這也大大緩解了疫情期間的接觸式安全問題及檢測效率問題。

醫學影像是醫療行業的重要輔助科學。但是傳統醫學影像由醫生讀片，導致診斷速度緩慢，且對相關領域專業人才需求大。同時，人才短缺是重大難題，人工工作繁重也會導致誤診漏診的發生。人工智慧落地圖像識別，有助於解決醫療影像領域存在的此類痛點。

搭載騰訊人工智慧醫學影像產品--騰訊覓影人工智慧和騰訊雲技術的人工智慧 CT 設備在新冠肺炎疫情期間，在湖北多家醫院進行部署。一般來說，一次胸部 CT 平均產生 300 張影像，一位元醫生肉眼看片，需要 5-15 分鐘。而利用這套設備，人工智慧演算法最快只需要 2 秒就可以幫助醫生識別新冠肺炎，大幅提升檢查效率，減輕醫生工作量，也讓患者得到更及時的治療。這就有效緩解了疫情初期醫療資源嚴重不足的嚴峻形勢。

6-3-3　智慧防疫機器人

在確診病例不斷增加的階段，一線醫療資源極度缺乏。一方面醫護人員人手不足，另一方面，滿負荷的工作量大大增加了醫護人員的感染幾率。疫情必須防控，醫生和護士們也需要被保護，智慧型機器人代替醫護人員"上崗"這一應對方案則更好的幫助醫療機構打好防疫阻擊戰。

疫情期間，不少人工智慧企業陸續推出智慧型機器人，承擔部分預診、巡房、遞送等大量簡單卻又耗力的流程化工作。這一舉措能有效減少醫護人員工作量、降低醫患交叉感染風險，同時也節約了醫療資源。

除了醫院，機場、火場站等公共場所的清潔消毒也成為智慧型機器人的重點落地場景。國內一家科技公司開發的智慧洗地機器人，能夠為公共場所提供清潔消毒作業，"人機分離"保障了工作人員遠離人群密集場所和重污染源。

除了線下"上崗"，智慧型機器人的應用也延伸至線上。科大訊飛、百度、雲知聲等企業針對疫情緊急推出"智慧語音外呼平臺"，說明基層社區開展疫情排查等工作。一對一電話呼叫、收集資訊、形成報告，一小時最多可外呼 5000 個以上的電話號碼，效率超人工 1000 倍。此外，部分企業開發的智慧疫情機器人可針對疫情問題、就醫注意、防護措施進行線上答疑，用戶諮詢的解決率超過 90%。

　　得益於電腦視覺、定位導航、語音辨識和語義理解等技術的不斷進步，人工智慧在"解放重複勞動力"這一層面的應用愈發成熟。自助問診、呼叫排查、無人送餐……智慧型機器人提供了一定數量級上的人力補給與效率延伸，成為疫情防控工作中一道堅實的防線。

6-4　5G 協作遠程上雲

　　疫情加速了大眾對線上模式的接受與適應程度。

　　疫情期間，人們實踐了史上最大規模的遠端辦公，傳統商務活動中銷售、合約簽訂、客服等關鍵各個環節也開始積極探索網路簽約等線上形式；互聯網醫療方興未艾。遠程診療到遠程監護的發展，釋放了雲產業的潛力，也將為遠端醫療長期賦能。

6-4-1　辦公室革命呼之欲出

　　事實上，很多如同 PingCAP 在內的企業，最早在實踐遠程辦公的過程中，並沒有成熟的本土化工具包，很多產品是國外的知名產品。

　　直到 2015 年後，企業協作平臺釘釘、線上文檔產品石墨文檔、代碼開發平臺 CODING 等產品相繼上線，大大豐富了相關工具產品。疫情影響集中辦公模式之際，已漸趨成熟了線上辦公。線上辦公終於成為了很多企業最首選的替代方式，遠端辦公更是迎來新的發展"拐點"。

　　在特殊的環境下，曾經僅作為輔助工具的線上辦公軟體，現在卻成為必需品。很多缺乏線上辦公經驗的企業，紛紛諮詢各種遠端辦公的產品和服務。2020 年 1 月 25 日，華為雲旗下的 WeLink 宣佈免費後，當天就新增了 5000 家企業／單位使用者。

此外，釘釘根據浙江衛健委需求，從初二早上 8 點到初三早上 8 點，產品從策劃到上線，僅用了 24 小時。具體來說，釘釘團隊在初二早上 8 點聽取產品的需求和想法，10 點鐘提出解決方案。之後利用釘釘將任務分配給還在家的業務人員，隨後產品開始搭建。初二晚上 6 點產品第一輪驗收，初三凌晨 2 點鐘第二輪驗收，早上 7 點鐘第三輪驗收。於是，釘釘團隊在春節假期期間，上演了一出遠程辦公的典型案例。

無獨有偶，擁有企業服務經驗的公司，紛紛在關鍵時刻，將自己所有的協同合作能力開放，幫助企業在員工受制於家中的情況下，依舊可以正常運轉。

比如，華為雲為用戶免費提供線上視訊會議，供 1000 帳號使用及 100 方不限時長會議；騰訊會議面向所有使用者免費開放 100 人規模不限時長，免費升級開放 300 人會議協同能力；小魚易連科技向全國政府機關、醫療機構、教育機構、企業單位免費提供 100 方雲視訊會議。此外，飛書、雲學堂、騰訊文檔、科大訊飛、雲沃客、Teambition 等，宣佈的此類舉措不勝枚舉。

遠端協作辦公軟體迎來了行業中的一次拐點。從不得已的備選方案，到現在慣用的辦公工具，從資訊、社交、購物到辦公。互聯網不斷以工具的角色，助力企業發展提升效率。

6-4-2　5G 賦能遠端醫療

此次疫情之中，5G 也賦能了遠端會診。儘管 5G 遠端會診在之前的 4G 網路或者傳統的有線網路下都可以完成，只是過去受資料的傳送速率限制，會診的效率可能會受到影響。

相對於之前的移動網路以及傳統的有線網路，5G 網路的可移動性突破了傳統遠端會診的有線連接桎梏，其高速率讓 4K/8K 醫學影像得以及時共用，毫秒級延遲則讓遠端超聲檢查與遠端手術的實施成為可能。正因為如此，業界普遍認為，5G 是遠程醫療發展的關鍵。

　　5G 遠端會診即是採用 5G 技術來傳輸醫療資訊，再由遠端專家指導醫生來對患者的病況進行診斷。5G 網路可以將資訊傳輸品質大幅提高，並且還能滿足 4K 高清音視頻以及 AR/VR 等技術的運用需要，進而優化會診效果。在疫情期間，全國處於封閉隔離狀態，5G 網路高清晰、低卡頓的特點能夠高效、快速地支援視頻畫面和檔的遠端共用。

　　在疫情防控中，醫療機構通過雲際視界雲視訊會議遠端共用資料，同步病患資料，實現多地多專家遠端協同會診，積極協調優質醫療資源診斷病情。通過 5G 遠端會診的運用，各地醫院可以為全國各地的新冠肺炎患者或疑似病例提供遠端會診服務。

　　在充分聽取專家組的意見後，醫護人員可利用 5G 技術對患者進行相應的治療或者醫學隔離觀察，這對疫情的防控起到了關鍵作用。疫情中的遠端會診系統能夠同時對接病房、醫護中心和專家辦公室，專家不用進入隔離區就可以診治患者。可以說，5G 已成為新冠病毒診治的剛需。疫情期間，由鐘南山院士領銜的醫學專家組通過廣東省遠端醫療平臺就對廣東 5 例新冠肺炎重症和危重症患者進行了第一次遠端會診。

　　在遠端會診中，5G 遠端醫療小推車的使用使疫情期間的遠端會診工作更加高效。2020 年 2 月，“5G 遠端醫療小推車”在武漢火神山醫院正式投入使用。湖北省外專家可以通過遠端醫療系統對武漢隔離區患者進行遠距離診斷，救治效果與速度進一步提升。

　　5G 遠端醫療小推車通過在醫療小推車終端設備上安裝中國移動雲視訊用戶端，通過雲視訊視頻和遠端桌面功能，火神山醫院一線醫務人員可以將本地醫療資料（含 CT 影像、檢測指標等）共用給北京 301 醫院，實現專家遠端診斷。在遠端醫療會診中，兩地醫療專家需要通過輔助碼流分享病患醫療檔案，讓專家實現高品質的遠端醫學診斷。

　　5G 遠端醫療小推車功能強大，在中國疫情防治期間為遠端會診工作的順利進行做出了巨大貢獻。它可分類存放多種醫療器械、藥物等，便捷運輸為護士提供了更高效的工作模式，提高醫護效率。並且 5G 遠端醫療小推車搭載院內 HIS、EMR、LIS 等資訊系統，可滿足醫生移動查房、床旁閱片、下達醫囑等工作需求，同時實現移動宣教。

這種借助 5G 技術的遠端醫療器材搭載了中國移動雲視訊系統，充分發揮高品質、專業級視訊會議能力，依託 5G 大頻寬特性 5G 遠端醫療小推車隨時隨地可開展移動遠端音視頻交互。另外，在 5G 遠程醫療小推車上可另外放置移動超聲、除顫監護儀等設備開展移動檢測，實現床旁檢查及生命體征資料獲取。

6-5　疫情下的可穿戴藍海

可穿戴設備是把感測器、無線通訊、多媒體等技術嵌入人們眼鏡、手錶、手環、服飾及鞋襪等日常穿戴中而推出的設備。如今，智慧手錶、手環已隨處可見，但可穿戴醫療發展至今卻一直未得到重視與普及，人們對於可穿戴醫療的認知依舊處於一種陌生的狀態。

事實上，在整個醫療器械以及智慧科技這兩大行業都蓬勃發展的這幾年，跨界於醫療器械與智慧科技兩大行業之間的可穿戴醫療設備行業卻一直未能真正發展。然而，全球性疫情卻給可穿戴醫療行業帶來了一次空前的機遇。面對未來世界病毒與疫情的不確定性，疫情將催生出關於可穿戴醫療設備的新藍海。

6-5-1　可穿戴自潔口罩

疫情之下，口罩垃圾成了環境保護方面的一個重大隱患，因為現有的規範體系如中國的 GB 19083—2010《醫用防護口罩技術要求》、YY 0469—2011《醫用外科口罩》、YY/T 0969—2013《一次性使用醫用口罩》、甚至包括美國 FDA 和歐盟 CE 的口罩標準，全部只將標準的約束範圍聚集於口罩的防護性能，而對於口罩使用的材質並沒有特殊要求。

但是，現有口罩材料基本都是難以降解的聚丙烯，如果不能加以反復利用，肯定會對於環境產生巨大壓力。可以想像，如果還是以目前每天換一個到兩個口罩的速度來計算，不久全世界可能都將陷入另一個"白色帝國"的環境污染危機當中。

為了多次利用口罩，很多"機智"的網友想了很多方案，如清洗、酒精消毒、微波爐消毒、紫外燈照射、蒸鍋蒸等等。但對於新冠病毒，人們最需要關心的是口罩本身對於飛沫和病毒的過濾效率。清洗和消毒過程對材質的損害是不可預知的，比如口罩變形、頭戴部件老化、變松的現象。之後可能會引起過濾效率下降和過濾層受損，最終導致口罩無法達到氣密性要求。

如果用消毒劑消毒，也會存在消毒成分殘留的問題。在當前的情況下，參照最新美國 CDC 對於口罩延長和反復使用的建議，最有效的反復利用口罩的方式就是合理保存，並在低濕度的情況下對口罩進行加熱，也就是說蒸氣消毒的方式是不合理的，水蒸氣會降低口罩對於飛沫的過濾度，而比較推薦的方式就是讓使用太陽光照射加熱方式來進行消毒。

而 2020 年 5 月，一組來自以色列理工學院的科學家宣稱，他們發明了一種使用方法十分簡單的可重複利用口罩的方法：可以利用手機充電器提供的電力進行自潔，並且該口罩可以利用內置的碳纖維層來殺滅病原體，比如可能在口罩上積聚的新冠病毒。

團隊負責人 Yair Ein-Eli 教授宣稱，該可重複方法簡單方便，可以顯著緩解疫情期間的口罩產能不足、環境污染等問題。事實上，口罩並不是完全不可以再生利用。如果可以用簡單的辦法殺死口罩上的病毒，口罩的壽命就可以大幅延長。

口罩再生，就要殺滅口罩上的病毒，也要保證口罩的防護性能不會損壞。新冠病毒對高溫、紫外線敏感，乙醚、75% 酒精等消毒劑也能有效殺死病毒。

為此，不少研究機構都在想辦法延長口罩的壽命。在中國疫情最為嚴重的二月，北京化工大學陳建峰院士團隊就曾提出過一種簡單有效的口罩再生方法。首先，將一次性口罩置於 56℃的熱水中消毒 30 分鐘；之後，再利用電吹風等家用電器對口罩進行吹乾荷電處理。只要口罩可以吸附上紙屑，就可以確定它已經重新帶上了對於攔截病毒來說至關重要的靜電荷，恢復了其原有的功能。

而以色列理工學院研究團隊研發出的可重複利用口罩，則是目前為止使用方法最為簡單、所需設備最少的可再生口罩之一。

其奧妙在於，他們在 N95 級別口罩中加入了一層不導電，但通電後可以發熱的碳纖維材料。他們把這種纖維均勻、相互平行地鋪在了口罩的中間層上。當口罩連接上 USB 線之後，在電流的作用下，發熱纖維就會產生約 70℃的溫度。

這樣的溫度並不會像蒸鍋、烤箱、微波爐一樣破壞口罩的結構，卻足以殺死附著在上面的新冠病毒。同樣也是半個小時，口罩就可以實現消毒，"獲得新生"。

研究人員相信，儘管加熱的次數不能是無限的，但幾十次應該沒有太大的問題。以色列工學院研究人員已經在美國為這種裝置提交了專利申請，並希望以 1 美元左右的價格投放到市場上。考慮到其可以重複利用的特性，這樣的成本增加並不算多。而其更大的意義在於可以極大地緩解口罩的不足，同時降低大量一次性口罩對生態環境的影響。

智慧口罩一直是智慧穿戴產業的一個重要的趨勢，尤其是隨著環境的不斷惡化以及生物基因工程不斷進入無人區。未來會出現什麼樣的超級病毒，人們目前難以預測。但顯然這次的新冠病毒不是終點，而只是超級病毒的一個起點。口罩將會在未來的生活中成為人們的常備品。而當前的用後即拋型口罩不僅會造成大量的浪費，同時也不能有效地防禦病毒及對自身的健康狀況進行監測。

不論是色列工學院的最新研究，還是其它公司的研究，可以預見智慧口罩所能解決與提供的幫助將會越來越大，同時也將會成為下一個風口產業。

6-5-2　智能戒指追蹤感染線索

2003 年非典暴發時，互聯網發展正處於初級階段，基礎設施還不完善，大數據尚未流行。17 年過去了，當疫情重臨，互聯網環境已經發生了乘數級巨變，人們也進入了大數據時代。

大數據時代利好了可穿戴設備，令可穿戴設備上的資料可以即時更新，作用於醫療領域。對於監測和檢測，可穿戴設備無疑擁有巨大潛力。

疫情期間，研究人員試圖確定一個智慧戒指是否可以幫助他們預測新冠肺炎在醫護人員中的暴發。299 美元的 Oura Ring 就是這款設備。

與其他可穿戴設備和智慧手錶不同，這款戒指可以監測一些額外的健康參數，可以捕捉身體信號，如靜止心率、心率變異性、體溫和卡路里燃燒等。其中最突出的一點是發燒感測器，它可以檢測到體溫的變化。多數人已經知道，發燒是新冠肺炎的常見症狀。

智慧戒指的研究為抗疫提供了一個新的技術角度，有望助力預測新冠症狀。Oura Health 與西維吉尼亞大學洛克菲勒神經科學研究所和西維吉尼亞大學醫學部合作進行了這項研究。他們使 Oura Ring 不僅可以測量身體症狀中體溫升高的發病情況，還可以通過整體性觀察個體，將生理測量與心理、認知和行為生物測量相結合，如壓力和焦慮等。

在無症狀感染的情況下，這種整體性的方法可以提供早期和更全面的評估，跟蹤無症狀感染背景下的身心聯繫和平衡狀態。通過這種分析，團隊可以預測與發燒、咳嗽、疲勞和其他與病毒感染相關的身體症狀的發生。

生命當前，防疫是爭分奪秒的事。疫情暴發以來，中國第一時間以驚人的速度採取武漢封城措施；除夕當天宣佈建造火神山醫院，只用了十天醫院宣佈竣工；緊接著就開始建設方艙醫院；緊急調動為數多達 5 萬餘名的醫護專業隊伍自各省前赴武漢支持；軍方出動運送 20 等大型運輸機為支援隊伍及物資提供運輸；科研及醫療研究部門夜以繼日、爭分奪秒地分離病毒毒株，開發疫苗。

與此同時，全國各省啟動重大突發公共衛生事件一級回應。春節假期的人們也自願做到居家隔離，配合防疫工作。做到不走親戚不出門，戴好口罩，買菜只能委派一人出門或者社區物業統一採購。

日新月異的今天，協助防疫的科技和服務已經非常普及。而利用科技改善市民生活的政策和措施，卻寥寥可數。後疫情時代下，如何讓科技助力生活，將科技為我所用，都是今天以及未來人們要持續思考的問題。

6-6　一座能抵禦傳染病的城市

過去，在城市中生活可能會減少人們的預期壽命。如今，科技的進步使情況得到改善，但繁忙的城市中心仍是傳染病流行的重要場所。事實上，如果沒有快速有效的公共衛生措施來應對病毒傳播，在全球化時代，一個城市越大、聯繫越緊密，傳染病的傳播速度就會越快。

　　21 世紀已經出現了“非典”、中東呼吸綜合征、埃博拉、禽流感和豬流感等新生病毒，現在人們又面臨新冠病毒的侵害。如果有一天人類再次進入了疫情大流行時代，我們的城市會變成什麼樣，怎樣的城市才是一座能抵禦傳染病的城市？

6-6-1　從空間改造到孿生構建

　　在歷史上，中心大都市一直被當作人類最傑出智慧的磁鐵，但同時也是人類最古老的敵人--細菌的聚集地。

　　1918-1919 年的世界流感，是人類受害最深、付出代價最慘重的一次都市傳染病大流行。這次流感的疫源地正是當時稱得上大城市的三個地方：獅子山的自由城、法國的布勒斯特和美國的波士頓。

　　以美國為例，流感從疫源地迅速向人口密集的城市蔓延，在麻塞諸塞州的德萬斯市，1918 年 9 月 12 日確診了第一例流感。隨後僅 6 天，患者就激增到 6674 人。到第 11 天（9 月 23 日），該市就有 12604 名士兵患流感。

　　到了 10 月份，僅美國軍方統計就有 20%的官兵患流感，到 1919 年流感結束，美國有 50 萬人喪生於流感，死亡者絕大多數是城市人口。例如紐約，每 10 萬人中有 60 人死亡，費城每 10 萬人中有 158 人死亡。

　　新冠疫情最初暴發的中國武漢是華中地區人口最密集的城市，有超 1100 萬的龐大人口。而在疫情嚴重的美國，人口最密集的城市紐約也深受疫情的毒害。

　　如何改造城市空間，變成了人們未來必然要解決的城市規劃問題。

　　傳統的城市空間形態往往從城市總體規劃佈局入手，從而產生相應的土地利用，引發城市的人流活動。資訊技術的進步加速了知識、技術、人才、資金的時空交換，使得城市生產與居民活動範圍持續擴大、類型更加複雜。這在一定程度上促進了產業重構和空間重組，進而改變著區域和城市空間格局。“流空間”成為區域、城市以及居民活動的主要載體。

　　互聯網、大數據的快速發展，一方面推動了經濟、金融、社會服務等領域創新，為城市研究的多學科融合提供支撐；另一方面，運用大數據能夠把握居民出行行為、交通運行、空間發展關係，促進城市規劃的動態管理。大數據的出現，使得城市規劃評估由用地為核心的物質空間評估轉向以個體日常行為活動為核心的城市社會經濟綜合評估。

　　城市空間依規劃而生。要建設一個能夠抵抗流行病侵害的城市，就需要改造城市空間。利用大數據和新科技，對城市空間的動態識別，使得即使在一個人口密集地也能給人們提供更多活動的可能性。

　　同時，數字孿生在過去幾年的熱度不斷攀升，頻繁出現在各大峰會論壇的演講主題之中，備受行業內外的關注。簡單來說，數位孿生就是在一個設備或系統的基礎上，創造一個數位版的“克隆體”。這個“數位克隆體”被創建在資訊化平臺上，是虛擬的。數位孿生體最大的特點在於，它是對實體物件的動態模擬。也就是說，數字孿生體是會“動”的。

　　疫情的暴發對中國推進國家治理體系和治理能力現代化帶來了嚴峻的考驗，特別是像武漢這類超大城市的治理能力問題和矛盾充分暴露。如何構建完善的超大城市治理體系和現代化智慧治理能力體系是擺在各超大城市面前的一張考卷。

　　數位孿生除了“會動”之外，還具有“全生命週期”的特性。在工業製造領域，有一個詞叫做“產品生命週期管理（PLM）”。數位孿生的全生命週期，即可以貫穿產品包括設計、開發、製造、服務、維護乃至報廢回收的整個週期。它並不僅限於把產品更好地創造出來，還包括後期更好地使用產品。

　　從“全週期管理”的角度看，城市是一個集多種要素和問題的聚合系統，城市治理是一個系統工程。面對疫情，以往“頭痛醫頭，腳痛醫腳”的城市治理方式顯得捉襟見肘。

　　人口的大量集聚、城鎮化加速推進，城市的安全風險愈發錯綜複雜。由於城市災害具有多發性、多樣性、複雜性、疊加性、衍生性和傳導性等特徵，因此對城市災害的治理必須從源頭治理、系統治理。

新時代的城市智慧治理體系應形成一個前期預警決策、中期應對執行、後期總結學習的管理閉環。在這樣一個閉環中，前中後三個環節緊密相扣。城市各部門要做到權責明晰、科學配合，保證資訊流通順暢。

因此在構建城市智慧治理體系過程中，無論解決城市運行問題還是化解風險，都離不開更高效的城市現代化治理頂層設計。人們需要從城市建設頂層設計開始，基於數位孿生體技術，建設新時代的數位孿生城市，實現城市治理智慧化、運營可持續化的先進發展模式，深入推進數位化城市治理。

以"數字孿生城市"建設為龍頭，深入推進城市時空大數據、雲霧計算和人工智慧等在城市治理中的廣泛應用，大力發展"互聯網+治理"、"智慧+治理"。以"資料孿生"賦能城市智慧治理並實現城市智慧治理的管理閉環，全面提升城市治理"全週期管理"水準。

6-6-2　從城市衛生系統的完善到城市自動化

並不是所有的城市都容易受到疾病侵襲。像哥本哈根這樣富有的城市，擁有大量的綠色空間和自行車運動設施。但對於那些生活在肯亞奈洛比或孟加拉達卡這樣經濟欠發達城市的人來說，情況則完全不同。

公共衛生專家、哈佛大學講師加西亞（Elvis Garcia）表示，如果沒有適當的衛生設施，也沒有潔淨水清洗，這就是傳染病最有可能開始和傳播的地方。

19 世紀的霍亂可以說是當時全球的噩夢，光是英國就有 13 萬人死於霍亂。更可怕的是，印度死於霍亂的人數竟超過 2000 萬人。

霍亂的暴發和傳播絕非僅與醫學技術有關，而是社會綜合治理的結果，水污染和衛生環境惡化直接造成了災難的發生。在抗擊霍亂的過程中，西歐國家逐步建立了行之有效的傳染病防治機制和較為完備的公共衛生體制。

現代文明的進步和科技的發展讓城市的衛生環境和衛生治理得到了質的改善，但城市的衛生治理在疫情面前依舊暴露許多矛盾。

　　公共衛生應急管理能力，考驗著現代化國際大都市的治理能力。事實上，公共衛生概念遠不止醫療衛生一家，它需要跨部門、跨層級、跨區域資訊的整合，共同實現最優效果。

　　但目前的資訊共用還存在諸多難題，每個醫院都是一座“孤島”，甚至一個醫院裡面很多軟體都不能共用。“資訊孤島”不是一個技術問題，而是一個體制問題，是醫療服務體系碎片化的反映。

　　可以預見，未來的城市建設將朝著一個更理想的衛生系統發展，超大城市衛生體系績效評價框架將搭建，疫情催生的互聯網醫院將很大程度上分擔實體醫院的醫療資源壓力，大數據的發展和區塊鏈的落地也將打碎醫療資訊的壁壘。

　　在衛生系統逐漸完善的另一邊，自動化已然成為社會發展的大勢所趨，逐漸進入到人們的日常生活。雖然目前離完善的衛生系統的普及還有一段距離，但疫情的暴發無疑是一個實現自動化的良好機會。

　　當今的餐館已經在致力於將部分交付過程自動化，鑒於疫情的情況，更多公司將會擴大其服務中的自動化限制。為了生存，一些公司必須採取自動化這一措施，特別是打算嘗試部分鏈或交付服務自動化的公司。當自動化在公司成功落地，那麼在疫情得到控制後，很可能無需再雇用人員來擔任這些職務。

　　歷史上的艱難時刻為創新提供了機遇。在疫情期間，資料分析、人工智慧和機器人技術發揮著重要作用。資料分析和人工智慧用於研發藥物，有助於評估疫情的擴散，機器人則可以幫助醫療團隊遠端安全地開展工作，這些在以前都是無法達到。

　　有無數的例子證明這些技術改變了全球應對疫情的方式。自疫情暴發開始以來，對測試紫外線輻射患者的機器人的需求上升，醫生使用人工智慧檢查感染者，公司實現了新冠肺炎擴散的自動預測。

隨著 5G 的推廣，關於 5G 的應用也越來越多地進入人們的視野。5G 網路提供了更高的傳輸速率、精準低時延控制和精準定位，將助力于無人駕駛的落地，從而實現車載與路側感知的資訊融合。這降低了車載系統的計算複雜度，有效解決了車車、車路協同問題。

未來的城市道路將是智慧化的數碼道路，每一平方米的道路都會被編碼。用有源射頻識別技術（RFID）和無源射頻識別技術（RFID）來發射信號，智慧交通控制中心和汽車都可以讀取到這些信號包含的資訊。而且，通過 RFID 可以對地下道路、停車場進行精確的定位。

毋庸置疑，疫情讓城市朝自動化再前進了一大步。

Note

第七章　危機孕新機，

轉機將至

7-1　"去中國化"風聲四起

　　疫情帶來的全球性停擺，波及到了社會生活的方方面面。市場普遍預期，此次疫情給全球經濟帶來的負面影響將超過 2008 年的金融危機，向 1929 年的大蕭條逼近。隨著疫情的加劇，關於疫情將如何影響社會經濟政治的討論紛至遝來。其中，"去全球化"的觀點尤其引人注目。

　　中國興論界熱議的"去全球化"問題，在很大程度上和西方與中國的"脫鉤"，即"去中國化"問題密切相關。許多人對"去全球化"的擔心，實際上是擔心"去中國化"對中國自身利益的負面影響，而這種擔憂不無道理。然而今天基於互聯網技術下的國際經濟，全球化已經成為人類歷史上不可阻擋的發展趨勢，沒有哪個國家可以脫離全球化的經濟網路自我生存。而中國由於其產業鏈的完整性以及生產製造方面的優勢，已經成為了全球商品供應不可或缺、不可替代的一環。

7-1-1　中小微企業的後疫情課題

　　而當下，除了一些大型企業，尤其是航空業、能源業受到了重創之外，世界各國的中小微企業也受到了嚴峻的衝擊。各國政府除了在宏觀政策及貨幣政策方面幫助中小微企業度過生存困境，應對危機，並在危機中實現轉型，將成為世界各國中小微企業面臨的重大課題。儘管疫情短期內對經濟發展和勞動力就業市場造成了明顯的衝擊，但也為以數字經濟為代表的新經濟行業提供了蓬勃發展的新機遇。

　　疫情的特殊場景提升了客戶需求與模式創新的適配程度，催生數位經濟一次新的路徑跳躍。由流量紅利的爭奪進階為對新生需求的挖掘，從而對企業產生長期性影響。疫情期間，迫於現金流壓力的中小微企業開始主動尋求變革，將工作場景向線上遷移，以此來減少企業發展的不確定性。

　　與此同時，共用製造也將成為應對不確定性的新型生產方式。共用製造是一種圍繞生產製造各環節，將分散、閒置的生產能力集聚起來，在需求方之間進行彈性匹配和動態共用的新型生產方式，在本質上是利用數位技術增強經濟活動柔韌性的表現。

　　一方面，共用製造平臺成為促進共用製造模式發展的關鍵環節，逐漸打破企業邊界，推動生產組織方式向網路化組織和平臺型經濟發展。另一方面，共用製造不僅推動了技術和資本投入方式的演變，同時還改變了企業的勞動投入方式，使共用用工成為企業用工方式的必然趨勢。

　　短期來看，疫情造成經濟下行，社會生活受到衝擊，也使企業存活面臨大考。而從更長期的歷史視角觀察，疫情造成了供需雙弱的獨特蕭條場景，卻也加速了企業的艱難蛻變，中小微企業如何把握數字經濟下的新機遇便是後疫情時代破題的關鍵。

　　中小微企業在各國經濟發展中的重要性毋庸置疑，這些企業不僅貢獻了大量的稅收，更保障了絕大多數的就業，為促進經濟發展和社會穩定做出了巨大貢獻。因此，疫情下中小微企業的生存危機是當下各國宏觀政策必須直面並努力解決的最大挑戰之一。如何應對危機，如何在危機中實現轉型，則是各國中小微企業面臨的重大課題。

　　困境的背後還有困境，但困境也將加速趨勢的形成，每一次重大危機的發生都會產生新的商業機會。過去的非典加速了互聯網的普及，新冠疫情也以陣痛指引著人類的方向，這對於個人或是企業，甚至是整個社會或者國家都是壓力，也是機遇。

7-1-2　全球化引導的供應鏈脆弱性

相比於工業化早期，如今全球產品供應鏈日趨複雜化、網路化，可能反而導致對風險的抵抗能力降低。在疫情衝擊下，高度全球化的產業鏈顯得脆弱不堪。

以全球汽車產業為例，武漢“封城”兩周後，現代汽車在韓國的工廠停工。究其原因，是由於青島一家零部件供應商由於春節後復工人數不到 15%，隔海相望的韓國車廠終於無奈停產。

供應鏈的脆弱與複雜性的背後是生產率和經濟效益，不同經濟體在生產銷售等環節的比較優勢不同。以 iPhone 為例，螢幕、攝像頭的供應商在韓國、日本，組裝在中國，股票上市在美國。蘋果在全球各地銷售，產業鏈上各個國家以及背後的資本都因此獲益。

中國之所以能成為世界工廠，原因在於中國的綜合成本較低。過去 20 年裡，西方企業為了降低生產成本，開拓新的市場，大規模進軍中國，中國也逐漸成為全球供應鏈的核心。如今，中國 GDP 占全球比重的近 20%。根據德國一家公司的調查，五分之四的大型企業都依賴中國的供應商。可以說，中國成為世界工廠並非僅是任何人明智的計畫，或者哪個遠見卓識的領導人的政策，而是幾十年來有機增長的結果。

中國不僅長期是口罩生產大國，而且在疫情期間展現出極強的產能爆發力。在 2 月初到 3 月初，短短一個月，口罩日產能從 1000 萬隻迅速爬升到 1 億隻。在藥品領域，中國的原料藥產量占全球的 60%，影響著全球大型藥企的生產。中國呼吸機產能比較少，但占比也達五分之一。

疫情帶來的痛感，再加上長期形成的政治互信缺失，使西方國家開始產生焦慮情緒，讓西方國家不得不思考供應鏈的脆弱與複雜性，希望未來把部分產能遷出中國，分散風險。但現實的情況則是中國一方面是最先全面復工復產的國家；另外一方面則是中國具有比較齊全的供應鏈優勢，這兩方面的現實優勢在一定程度上繼續推動全球化的產業模式。

2020 年 3 月 31 日，川普在白宮新冠病毒疫情資訊會上表示要 "把美國建設成為一個全面獨立的、繁榮的國家，能源獨立、製造業獨立、經濟獨立、國界主權獨立"。緊接著白宮國家經濟委員會主任庫德洛（Larry-Kudlow）表示，可以通過迴流支出費用化的形式，鼓勵美國企業回遷。

而在 3 月以前，為了應對疫情，日本的經濟產業省宣佈，從 "改革供應鏈" 項目專門列出了 2435 億日元（約合人民幣 158 億元），用於資助日本製造商將生產線從國外撤出，以實現生產基地的多元化，避免供應鏈過於依賴海外。

然而，不論是美國還是日本，其國家與產業經濟模式在將近半個世紀左右的時間中，隨著全球化的推進形成了今天的產業格局與經濟模式。中國也同樣是通過將近半個世紀的時間在全球化的產業分工中明確了自身獨特的位置，並為世界經濟做出了重要的貢獻。近半個世紀以來，全球各大經濟體共同努力所構建出來經濟與產業模式要想被推翻不是一件容易的事情，更不可能是政治家的一個理想或口號就能實現的。

7-1-3　疫情下的傳統企業與跨境電商

疫情的蔓延使得全球貿易的疲軟進一步加深，再加上人員跨境流動受到嚴重限制，傳統的、面對面的商業交易活動大量取消，依靠參加線下展會開拓國際市場的方式難以實施。新冠疫情暴發以來，已有 100 多場國際重要展會延期或取消，如巴賽隆納世界移動通信展、德國科隆五金展等，對外貿企業開拓國際市場造成巨大影響。但正是因為崇尚面對面交易的 B2B 文化，突然間折斷了脊柱，才進一步點燃外貿企業線上拓展市場的熱情。

2020 年 3 月 6 日，浙江省商務廳與越南貿工部共同舉辦浙江出口商品網上交易會（越南站）啟動儀式。6 月 15 日至 24 日，第 127 屆中國進出口商品交易會首次在網上舉行，讓這一屆春季廣交會堪稱史無前例。

6 月 8 日至 28 日，中國科技巨擘阿里巴巴的阿里國際站也舉辦了自己的線上展會，稱 "網交會"。這家跨境 B2B 電商平臺最終吸引了超過 1000 萬來自全球各地的採購商光顧。阿里巴巴透露，網交會帶動詢盤數同比增長 177%，已支付訂單同比增長 243%，實收交易額同比增長 124%。

線上展會的舉行讓阿里巴巴創始人馬雲暢想多年的 "買全球、賣全球" 願景成為現實。從中國海關總署 7 月 14 日公佈的資料中可以看出，2020 年上半年，雖然中國整體出口同比下降了 3%，但通過海關跨境電商監管平臺的出口額卻上升了 28.7%。

中國商務部一月份時稱，2019 年民營企業進出口占比已升至 43.3%，首次成為中國進出口第一大主體。其中，出口占比達到 51.9%，即一半以上的出口都是由民營企業承擔的。

此外，2020 年前兩個季度，中國經濟同比收縮 6.8%，到二季度同比增長 3.2%，展現了走出疫情陰影的勢頭。此間民營企業的進出口也實現了逆勢增長，在 "穩外貿" 中作用更加突出。中國海關總署報告稱，上半年在中國進出口總值同比下滑 3.2% 的大形勢下，民營企業的進出口卻取得了 4.9% 的正增長。

這也讓人們看到了數位化經濟在後疫情時期為民營企業從事跨境貿易帶來的新紅利。借助數位化的方式，企業可以更便捷智慧地找到海外買家，更精確地瞭解買家的根本需求。隨後通過對買家需求的精準把握，反過來對產品進行反覆運算更新。另外，數位化也可以顯著地降低交易履約的成本。

除了傳統貿易企業，跨境電商也迎來壯大機遇。事實上，傳統國際貿易的商品、技術、資金等要素流動主要集中在大型企業之間，而隨著數字貿易平臺的發展，賦能中小微企業商家，通過跨境電商貿易平臺，面向垂直細分領域市場，提供滿足使用者精準的產品服務，正在成為推動國際貿易的重要力量。

截至 2020 年，中國中小微跨境電商業務已經覆蓋全球 200 多個國家或地區，出口物件包括歐美發達國家、中東阿拉伯國家、東南亞及非洲發展中國家市場。不同發展階段國家的需求差異大，傳統供應鏈體系，無法及時獲取市場需求變化，中小微企業的靈活性，數位化貿易的技術支撐，為其獲取了比較優勢。

而在疫情影響下，一方面線上購物需求大幅增長。受到人員跨境流動限制，出境購物大幅減少，消費者傾向於採用線上方式購買境外優質產品。據寧波保稅區發佈資料顯示，1 月至 2 月該區累計驗放跨境電商進口申報單突破 1180 萬票，同比增長 27.8%，跨境進口額 24 億元，同比增長 42.5%。"宅家式" 線上跨境購物需求客觀上推動了跨境電商發展。

另一方面，跨境電商天然的數字基因作用顯現。跨境電商企業相比傳統外貿企業，線上獲客是主要手段，對數位化行銷手段的掌握和運用更加熟練。隨著國際航空、港口物流逐步暢通，依靠數位化手段，跨境電商企業將更加迅速地帶動國際貨流、物流、資訊流運作，從而迎來快速發展的重要機遇。

7-1-4　供應鏈能成功 "去中國化" 嗎？

疫情對全球供應鏈的衝擊，讓各國更加重視本土供應商，也迫使企業不得不對原先產業鏈進行重構。同時，醫療防護和呼吸機等重要物資的短缺，更讓發達國家對製造業 "空心化" 所可能造成的後果有了更清醒的認識。

但想要供應鏈 "去中國化"，短期內必然受到各種因素的 "掣肘"。

首先，全球範圍內疫情的肆虐使抗疫成為全球國家的首要任務，在疫情時點上啟動 "去中國化" 是不可能的任務。截至 3 月，美國 90%口罩從中國進口，而中國口罩產能占全球比例約 50%。此外，中國呼吸機生產企業共有 21 家，約占全球產能的 20%，而歐美呼吸機、口罩、防護服等防疫必需物資缺口均在 50%以上。

這意味著歐美國家面對疫情必須依靠中國物資進口。這一階段，如果強行 "去中國化"，勢必遭到反制。因此，至少在歐美疫情大幅放緩並被控制住之前，市場無需過分擔心。

從長期來看，西方國家如果要重新恢復製造業，形成獨立的產業鏈體系，有很大的難度。

首先，美國"製造業回流"戰略實施了 10 年之久，從結果看收效甚微。不管美國政府怎麼推，企業處於自身利益考量，都不願意在國內進行過多投資。

結果就是製造業占美國經濟的比重在這近十年的"回流"努力下，節節敗退：2008-2015 年美國製造業增加值占 GDP 的比重一直未能回到金融危機前的 12.8%的水準，更遠低於 08 年前 15%左右水準。受此影響，美國從事製造業的人口也在不斷萎縮：美國製造業從業人數占比自本世紀一直呈下滑趨勢，2015-2017 這三年，美國製造業從業人數占比分別為 8.8%，8.3%，8.5%。

更重要的是，中國能成為"世界工廠"，是經過長達三四十年時間、根據不同歷史階段或主動或被動適應的結果，這是其他國家或地區難以複製的。

同時，中國擁有巨大的消費市場。把製造業放在離市場近的地方，是企業的理性選擇。資本的逐利性導致企業會從自身經濟效益角度考慮其生產佈局，各國政府不可能強制所有海外企業進行不符合其利益的轉換，也不可能提供足夠的補償來幫助其進行轉換。

利潤仍是企業發展的根本目的，企業家們仍然會從自身利益角度出發，考慮如何佈局能使產業效益最大化，對西方國家的政府和企業來說，生產鏈回流本土，可能短時間內會帶來一些新工作機會，但長遠看代價是企業利潤率降低、產品價格上漲，從而損害消費者福利，這是不合算的。

此外，人們還有開放的政策與營商環境、不斷完善升級的基礎設施建設，這一切的合力都讓"去中國化"難以實施。

無論如何，新冠已經在全球範圍內造成了重大影響。全球的產業鏈、供應鏈都遭到了重創，未來的產業鏈、供應鏈也必將面臨調整。社會也面臨鞏固產業鏈，補齊產業鏈和創新產業鏈的挑戰。

想要鞏固產業鏈，就需要加強關鍵性的全球產業鏈上的投資，提升中國在全球產業鏈當中的地位。所謂關鍵性的全球產業鏈，主要有這樣幾個特點：一是國際分工和融合最為緊密；其次是在這個領域當中，科學技術發展最快，市場擴張最快，當然問題也最集中；第三個特點，這個領域在國際上的競爭最為激烈。

這需要人們保持經濟高品質發展，以此來佔據高科技產業主導地位，贏得抗疫和反霸鬥爭勝利。掌握未來高科技產業技術的全球領先地位，掌握自主智慧財產權，不被外國卡住脖子。中國要實現科技跨越發展，就不能只是跟蹤、模仿別人，更不能坐等技術轉移，必須加強自主創新。沒有自主創新，也就沒有國際合作的砝碼。

此外，在一帶一路的大的框架之下，加快企業走出去的步伐，將中國多年沉澱與積累出來的製造優勢與產業鏈模式分享給更多的國家。特別是通過在國外建立工業園區，建立經濟走廊，投資製造業項目，創新產業鏈，這些產業鏈環節可能成為疫情後全球產業鏈的重要力量與模式。

最後，從中國的角度而言，需要更大力度的加強對外開放，融入到國際大企業產業鏈的新的佈局當中。在這一點上，人們需要完備人們的社會信用體系。而這一次疫情之後，國際大企業要開始重新佈局他們的產業鏈，這需要企業以一個非常開放的姿態來融入到他們的新的產業鏈佈局當中。

無論是經濟還是政治，甚至是文化，從一個廣義的角度，“去中國化”都是不可能的，是一種逆全球經濟發展趨勢的政治口號。中國味已經漂洋過海了那麼多年，美國決策者在很長時間裡都在想著如何改變中國，卻從來沒考慮過如何與中國攜手合作，優勢互補為全球經濟與全人類帶來更大的福音。

但如今的中美關係似乎進入了一個與經濟無關的領域。如果冷靜地看待全球經濟，“去中國化”是一個以彼此都要付出沉痛的代價為前提的情緒化構想。後疫情時代，“對抗化”還將持續。這對於中國來說，是危，也是機。

7-2　後疫情的中小微企業困境破題

　　新冠疫情對全球經濟造成了巨大衝擊，國際貨幣基金組織（IMF）預計全球經濟 2020 年將出現 3%的萎縮。在疫情的經濟海嘯下，中國第一季度經濟增長同比下降 6.8%，中小微企業的生存和發展尤為艱難。

　　中小微企業在中國經濟發展中的重要性毋庸置疑。2018 年 8 月中國國務院促進中小微企業發展工作領導小組第一次會議首次明確提出了關於中小微企業著名的 "五六七八九" 的論斷，即中小微企業提供了全國 50%的稅收，創造了 60%以上的 GDP，完成了 70%以上的發明專利，提供了 80%的城鎮就業，吸引了 90%的新增就業人員。可以說，中小微企業一直是改革開放以來中國經濟的壓艙石。

　　但受新冠肺炎疫情的影響，2020 年第一季度中國內地的中小微企業受困於需求萎縮和停工停產，經營收入出現斷崖式下降，許多中小微企業面臨著嚴峻的生存危機。

7-2-1　從現金流困境到融資紓困政策

　　中小微企業融資難的問題一直存在，而新冠疫情讓這個問題變得更為重要和緊迫。根據抽樣經營資料，中小微企業 2020 年第一季度營業收入不及去年同期 50%，超過 80%的中小微企業面臨著現金流問題。

　　其中，教育、餐飲、住宿、文體娛樂和製造業中小微企業受疫情影響最為嚴重。教育業中小微企業 2020 年 2 月和 3 月的營業額僅為 2019 年同期的 10.2%和 11.8%；住宿和餐飲業中小微企業營業額僅為去年同期的 12.8%

和 23.5%；文化、體育和娛樂業中小微企業 2020 年 2 月、3 月的營業額均不到去年同期的 30%；而製造業中小微企業 2020 年 2 月和 3 月的營業額均不到去年同期的 40%。

教育、餐飲、住宿、文體娛樂行業營業收入下降主要受需求端因素影響，包括疫情防控、消費者保持社交距離導致的需求大幅下降；製造業營業收入下降主要受供給端因素影響，包括員工無法到崗以及國內外供應鏈上下游無法協同復工等。更重要的是，由於受到經營成本高、勞動密集型程度高、產業鏈管道單一、數位化運營程度低等諸多原因的影響，中小微企業不僅復工複產普遍比大企業要晚，而且面對疫情更多採取消極性的措施。

收入大幅減少的直接後果是大部分中小微企業面臨現金流困難。根據 2 月份金融壹賬通的調查，80%以上的中小微企業流動資金無法撐到 2020 年六月。

疫情的全球大流行成為了影響全球經濟走勢最重要的變數，疫情擴散範圍和持續性也一再刷新各界的預期。疫情對企業的用工、現金流、生產、銷售幾乎每一個環節都造成了極大的影響。

中小微企業由於沒有足夠規模和抵押品，資金極為緊張，長期持續的疫情使得線下經濟出現明顯停頓、商業活動驟減。現金流趨緊的中小微企業受疫情衝擊更為嚴重，更容易出現倒閉潮。幫扶中小微企業渡過難關，保證中小微企業的存活率，是為了防止社會失業上升、居民中長期消費水準隨著收入的停頓下降，即防止疫情產生的危機從供給側傳導至需求側的有效舉動。

儘管中央已經推出了一系列政策幫助中小微企業渡過難關，其中“金融支持”和“減稅降費”兩項政策共安排的資金超過 6.03 萬億元，但中小銀行向小型企業發放貸款仍面臨挑戰。截至 2020 年 3 月 30 日，前期央行推出的 8000 億元紓困資金，已使用 5000 億元。其中，3362 億元轉化為中小微企業貸款。

銀行體系的信貸資金是中國中小微企業融資最主要的外源管道。大量研究都表明，大銀行傾向於給予大規模企業資金支持，而中小銀行適合為中小微企業服務。ayaratne 和 Wolken 的研究顯示，即使在美國這樣金融高度自由化的國家，中小微企業也更多地依靠中小銀行獲得貸款。

中央金融支持政策能否充分發揮作用，取決於中小銀行的放貸能力。然而，就現實情況來看，不良貸款率上升、淨息差縮小仍制約中小銀行向小型企業發放貸款。

在不良貸款率方面，宏觀經濟下滑壓力疊加疫情衝擊，企業尤其是中小微企業經營困難增多，銀行信貸風險管理難度增加。2020 年一季度資料顯示，銀行業不良貸款率為 2.04%，比年初上升 0.06 個百分點。由於不良貸款的確認具有滯後性，銀行業資產品質真正的考驗可能要在二季度才會到來。

對不良貸款率的嚴格考核是阻礙中小微企業獲得貸款的原因之一。中小銀行為了滿足不良貸款容忍度的要求，不敢向中小微企業，特別是向受疫情影響嚴重的製造業和住宿餐飲業中小微企業發放貸款。信貸人員因擔心被追責，也可能選擇減少中小微企業貸款發放。因此，如何讓階段性提高不良貸款容忍度短措施發揮更大作用，靈活調整信貸人員考核方式，是值得人們關注的問題。同時，不良貸款的上升，也會對銀行增加撥備、補充資本帶來壓力，資本金約束也會制約銀行發放中小微貸。

在淨息差方面，如果中小銀行向中小微企業發放低利息貸款，淨利差會縮小。目前，銀行利用類行再貸款發放中小微企業貸款的淨息差為 2.05%，低於商業銀行平均淨息差水準。

基於此，幫助中小銀行管理中小微企業貸款信用風險是解決中小微企業融資問題關鍵。中小微企業貸款風險不僅體現在貸前的風險識別和逆向選擇，更體現在貸後資金的監管及道德風險防範。

為防止中小微企業用獲得的貸款資金進行政策套利，將資金轉移到房地產市場或資本市場，加大中小微企業貸款的信用風險，可以借助大數據、區塊鏈、物聯網及電子發票技術和數位身份認證技術。核心是給予中小微企業精準信用畫像，構建低成本低風險的貸前評估、貸中監控、貸後即時跟蹤的全天候信貸資訊服務系統，打造中小微企業批量、快速、低風險融資的新模式。

　　例如，通過電子發票系統技術，銀行可以快速批量查詢與驗證電子發票資訊，從而加快企業資金周轉；通過數位身份認證技術和物聯網技術，可以即時監控借款物件的異常行為，即時預警等。通過構建全天候信貸資訊服務系統，不僅可以替代傳統的信貸評審功能，提高信貸效率，而且可以深度開發，專業建模應用。例如發票貸、信用貸等創新產品，這也將成為後疫情時代的一個必然趨勢。

7-3　疫情助推外貿數位化

　　從西元前 4 世紀靠馬車、輪船為主要運輸工具的"絲綢之路"到 20 世紀中國加入世界貿易組織（WTO），中國的國際貿易經歷了漫長的發展，對外貿易商業模式也在進行不斷的轉型和升級。

　　從全球範圍來看，人們可以根據不同時期社群結構與主活動形態的變化，把以自然經濟為代表的分散式現場交易、分散式現場管理為主特徵的古代稱為第一文明期；以市場經濟為代表的兩次工業革命，集中式高度現場化為主特徵的時代稱為第二文明期；以高效非現場化為代表的智慧共用社會稱為第三文明期，即非現場經濟文明。

　　非現場經濟指在智慧經濟時代以智慧化程度為時間節點，由智慧勞動引起，反映了當今社會由非現場活動的加劇而帶來的社會經濟變化以及隨之而來的一系列經濟現象和經濟活動。

儘管新冠疫情讓人類經歷了迄今最大規模的隔離行動。逆全球化浪潮給中國外貿行業帶來的極大不確定性，但也進一步推動了非現場經濟的發展，使得中國對外貿易在全球經濟下行的情況下，依然能找到樂觀的理由。

7-3-1　"買全球，賣全球"

數位經濟給對外貿易帶來了"新常態"。

首先，隨著互聯網的普及，更多中小微企業可以直接參與國際採購，全球貿易結構隨之發生顯著變化。以前是少數的大買家，而現在則是買家越來越多，採購的訂單也就日趨碎片化。這也意味著，對於企業來說，在存量的基礎上，還要做增量。

做增量的一個重要途徑，就是要根據買家側的資料來對商品進行反向反覆運算。雖然相較於 B2C 而言，外貿行業的主流業務 B2B 的更新速度要更慢，但在數字經濟時代，即使是 B2B 產品也要不斷地自我反覆運算，才能保持足夠的競爭力，否則只會在平臺上被沖刷下去。

其次，外貿企業駛入數位化新賽道的過程中出現了許多新的技術形態。其中，以數字行銷、虛擬行銷、直播行銷為主。阿里巴巴國際站在 2020 年的五月和六月，分別舉辦的 511 線上展會和網交會中，引入了 B 類直播等技術，並配備了翻譯、通關、退稅、物流、融資等國際貿易供應鏈服務。

事實上，疫情期間，電商直播依賴平臺導流、網紅效應、低價促銷和互動性強等特點，發展勢頭非常迅猛。艾媒諮詢發佈的《2019-2020 年中國線上直播行業研究報告》就顯示，超過 40%的受訪用戶表示曾觀看過"直播+電商"的節目。在 511 線上展會期間，阿里巴巴舉辦了上千場直播。網交會舉辦的三周內，原本計畫舉辦 6000 場 B 類直播，因為太火熱最終開了超過 8000 場。

最後，是"買全球，賣全球"進一步凸顯。基於賣家視角，近年來國際貿易的結構變化已經體現在了商品維度上，針對不同國家或人群的商品差異化明顯。歐美國家主要以 3C 電子產品及時尚服裝類為主，東南亞國家主要以 3C 電子產品為主，俄羅斯對中國消費類商品的出口比較依賴，70%的消費商品進口來自速賣通，而且細分品類的銷量比較均衡。近些年，電子煙、電動平衡車的商品出口增加，但同時商品的品質保障越來越受到國外進口商的關注。

從買家視角來看，海外有很多優秀的供給，只不過需要買家清晰地定義海外優秀供給端的需求是什麼。像北美，有包括一些維生素、保健品、特色的農產品等在內的產品，而像美國、越南、義大利等等這些區域，其本身也有很多特色的供給。所以，全球貿易的發展也將進一步朝著全球的方向發展。

2020 的下半年，隨著防疫物資的出口形勢將趨於放緩，中國出口將主要依賴於外需的恢復情況。海關總署統計分析司司長李魁文在新聞發佈會中表示："中國外貿發展面臨的不確定、不穩定因素明顯增多，疊加中美經貿摩擦的影響，下半年進出口形勢依然複雜嚴峻。"

但資料顯示，中國國內零售大盤的數位化滲透率目前已經超過 30%，而外貿的數位化卻不到 10%，增量空間依然巨大。儘管面臨全球經濟下行疊加不確定性因素，但只要把握數字經濟的發展規律，積極推動轉型，以及西方國家抗疫的不利導致其生產製造受到了極大的衝擊。因此，中國的外貿依然能找到樂觀的理由。

7-4　疫情衝擊全球航空

　　新冠疫情令世界航空業正遭受有史以來罕見的重創。據航空資料服務機構 "飛常准" 統計，截至 2020 年 3 月 2 日，國內外航空公司共辦理退票 2454.5 萬張，涉及票面總金額 271 億元，大量國內、國際航班被取消。對於資本密集型的航空運輸企業來說，意味著企業現金流的斷流，將對企業造成打擊。

　　國際航空運輸協會預計，全球民航業至少需要 1500 億～2000 億美金的資金救助才能渡過難關。而國際航空運輸協會近日發佈的全球航空運輸業財務預期報告顯示，全球航空公司 2020 年將虧損 843 億美元，淨利潤率下降 20.1%。這意味著平均每天虧損 2.3 億美元，收入預計僅 4190 億美元，比 2019 年（8380 億美元）減少 50%。在全球航空業遭受巨大衝擊背景下，航空業格局將發生哪些變化？

7-4-1　全球航空格局面臨重大調整

　　疫情以前，歐洲、北美、亞太航空旅客輸送量排名第一、第二、第三位，大約分別為全球市場份額的 30%、28%、27%。特別是隨著中國大陸民航市場快速發展，中國民航對全球的影響力日益增強。但在新冠疫情的巨大衝擊下，毫無疑問，全球航空業都將面臨巨變。而變化的發生，則可以從歷史經驗一見端倪。

　　首先，全球民航市場發展與經濟社會發展速度、發展品質密切相關。在經濟穩定發展時期民航增長也保持穩定態勢，而在經濟波動時民航的波動幅度要遠大於經濟波動，堪稱經濟的 "晴雨錶"。

　　1971 年，由於貿易逆差、佈雷頓森林體系面臨崩塌和石油危機疊加引起的美國經濟危機，全球民航增長率由上一年的 16%降至 8%，同時結束了全球民航高速增長週期；1973 年，中東戰爭造成的石油危機和全球戰爭陰影，直接導致 1974～1975 年航空業崩盤，全球民航繼前一年增速 13.5%之後連續兩年低於 4%；2001 年，互聯網泡沫和美國 "911" 恐怖襲擊事件，全球民航增長率由上年的 8%下降至-4%。

　　造成這一情況的主要原因是航空業產業鏈條長，涉及行業多。特別是受能源、金融兩大行業影響較大，某種程度上集合了多種產業。同時，航空業國際聯繫緊密，由此導致了經濟發展對航空業的正向放大效應。

　　此外，當重大事件與全球經濟下行週期重疊時，發生航空業經營危機，一般需要 2～3 年恢復期。這段時期內通常出現航空公司重組潮以應對經營困局，"911 事件" 就是個典例。

　　2001 年 9 月 11 日，19 名恐怖分子將刀具、有毒化學噴霧等裝備帶上飛機，通過挾持、殺傷飛行員的方式劫持了四架民航飛機，迫使其在飛行途中撞向美國世貿中心大樓和五角大樓，造成飛機上和建築物中至少 2996 人死亡。

　　這次惡性事件，引發了人們對乘機出行安全性問題的擔憂。美國領空關閉三天，航空旅客運輸量驟降。領空恢復開放後，客運量也沒有立刻恢復正常。美國運輸部資料顯示，直到 2004 年 7 月，美國航空旅客運輸量才達到 "911 事件" 前的高峰。但即便此時，客座率也只是 2001 年高峰時的 98.3%，航空業從業人數也銳減 28%。

　　而 2002-2005 年，美國航空、美聯航、達美航空都因資不抵債，申請破產保護。美國航空 2002 年申請破產保護後，在政府擔保下還清了部分債務，2003 年退出了破產程式；可好景不長，2004 年它再次申請破產保護，直到 2005 年收購美國西部航空公司後才轉危為安。美聯航、達美航空同樣在吞併大陸航空、西北航空後才擺脫困境，整個兼併整合的過程，正是航空業的恢復期。

事實上，過去 20 年間，全球連續出現多次高傳染性疫情，包括 2003 年中國非典（SARS）疫情、2006 年中國禽流感、2009 年美國 H1N1 流感疫情等。從以往疫情影響來看，一旦危機解除，資料回到正常水準是行業的普遍規律。但本次新冠疫情卻在傳播速度、規模、影響面等方面遠超以往任何一次傳染病危機，且已經造成全球性蔓延態勢，嚴重影響全球經濟發展和社會活動。

上半年裡，疫情對航空業的打擊顯而易見。受疫情衝擊，美國航空公司正在集體尋求超過 580 億美元的政府援助，包括政府擔保的貸款、現金補貼，稅費減免等，這一規模將超過 911 時期的三倍，達美航空宣佈削減 70% 航班；歐洲航空業 3 月份運力銳減 80%，部分航空公司開始大幅裁員，多國政府表態救助主要航空公司。而從中國全行業利潤來看，今年上半年民航業共虧損 740.7 億元，其中大部分是航空公司虧損。

毫無疑問，本次疫情對包括航空業在內的服務業造成的衝擊較以往任何傳染病事件都更加深遠，無論是否引發全球性經濟危機，航空業危機已經出現。從民航增長方面來看，由於疫情在全球範圍的擴散，影響時間有很大可能持續至第三季度的傳統旺季。並且，由於全球性的經濟衰退，出行需求的恢復速度將被拖慢，難以出現類似 SARS 後的 V 型反彈。

IATA 預測 2020 年旅客出行量將比前一年同比下降 38%，其中歐洲下滑幅度高達 46%，而今年全球民航業或將出現近 60 年來第四次負增長。基於歷史經驗，本次疫情不僅將對本年度發展速度和經營業績造成較大影響，同時由於本年度經營業績不佳將造成未來 1～2 年全球民航都將處於恢復期，這也將帶來全球民航格局的重大調整。

7-4-2　後疫情的航空新趨向

在疫情影響下，對於中國來說，儘管民航市場回暖跡象明顯，但依舊面對全球航空業挑戰和後疫情時代下更多的不確定性，包括航空業的發展及其格局調整，數字經濟下行業的改革創新和商業模式的變革。

　　首先，受疫情影響，2020 年上半年經營幾乎落空，但是由於中國國內疫情控制相對較好，國內民航市場下半年或將進一步恢復。CAPSE 發佈的《2020 年 7 月旅客出行意願指數分析》顯示，暑期對於旅客旅遊出行意願增加顯著，7 月份旅遊出行意願環比 6 月份提升 39%；在 8 月 1 日-8 月 15 日有 42%的旅客有旅遊出行安排。

　　中國民航局為促進行業穩定發展，積極與相關部門溝通協調，在前期頒布的 16 項扶持政策基礎上，又頒布 8 項扶持政策。在財經政策方面落實好減免航空公司民航發展基金政策；在行業政策方面繼續優化航線航班許可管理，簡化航線航班審批程式、時刻協調程式等；在貨運政策方面加大航權時刻政策支持力度，加強基礎設施和資訊化建設等，說明企業紓困。據預測，這個 "16+8" 項扶持政策，將為航空公司年減負約 100 億元。

　　其次，中國年內地航空業格局將面臨重塑。2019 年以來，隨著國家經濟發展進入穩健期，民航業也由原來的高速增長轉入了穩步增長時期。從行業格局來看，疫情以前中國民航行業仍然處在眾多中小航空公司混戰、盈利不佳的階段。在這一時期，如果沒有外來事件，中國國內民航業將依照既有走勢進行調整，逐步達到 "適者生存" 的局面。而疫情的暴發無疑在打擊民航業的同時，也加快國內民航業調整。

　　疫情下，各級政府採取多種措施幫助航空公司應對困境，但在航空業全面危機的情況下，依舊將有部分航空公司無法存活，由此將帶來中國民航業格局的重新調整。從全球實踐來看，發生航空業危機時的最佳選擇是首先幫助頭部企業儘快恢復，隨後由頭部企業吸收合併無力經營的企業以穩定行業局面。

　　其三，疫情將促進行業改革創新有序發展。疫情過後，各相關單位或將對航空業規律認知更加清晰，這有助於促進各方在確保安全的前提下，以服務行業主體為核心，推動監管升級、空域改革、服務創新等重點難點問題逐步改善。同時，疫情將減弱民營資本和地方政府開設航空公司的想法。隨著行業調整，核心資源配置將有所優化，行業進入有序競爭時期；隨著航空業格局逐步穩定，率先完成內部整合的航空公司將有餘力向外擴張，強化國際競爭力。

　　最後，是疫情將加強產業鏈整合、促進商業模式變革。疫情催化了數位經濟的加速發展，線上商業成為趨勢。但是，服務業整體將會受到重創，此時正是促進航空產業上下游相關行業融合的契機。

　　當前 OTA 所占機票銷售比例通常在 30%以上。隨著疫情持續，OTA 企業生存艱難。同時，航空公司雖然歷來高度重視線上業務，但自建 OTA 的效果欠佳。但是，疫情將帶來雙方共同構建有機共同體的歷史機遇。航空公司節省了行銷及尋找客戶的費用，線上旅遊公司節約了採購成本，雙方實現共贏。在此基礎上，還可以構建起空港、航空公司、鐵路公司、租車公司、OTA、酒店相互合作的更大平臺，真正成為出行綜合服務商。

　　從兩次世界大戰到石油危機、“911 恐怖襲擊”和 2008 年金融風暴，全球航空業已經經歷了幾次重大衝擊。在這些危機面前，航空業都展示了很好的韌性。事實上，如今的航空製造業已經比歷史上任何時期都更有韌性和彈性來抵禦危機，尤其在數字經濟的發力下，全球航空業也將逐漸顯示新方向，並打通前進的道路。

　　當然，正如所有國家都無法擺脫經濟週期，所有的企業也無法擺脫或大或小的經濟挑戰。儘管這次疫情會加速全球各區域航空運輸企業的優勝劣汰，但也將鍛造後疫情時代航空業的升維賽道。

7-5　好萊塢的避難與崛起、至暗與曙光

　　隨著新冠疫情在全球持續蔓延，整個影視行業進入冰川時代--影視製作的各個環節皆受到影響。從院線大幅度無限期關閉，眾多製片方和投資方因此無法回籠資金，到影視製作與拍攝都處於停滯狀態，從業者失業潮滾滾而來。作為全球影視中心的好萊塢受到的打擊首當其衝。

其中，迪士尼等好萊塢大型電影公司已多次推遲電影上映時間。在 2020 年四次推遲《花木蘭》上映時間之後，迪士尼終於厭倦了等待。

2020 年 8 月 5 日，CEO 鮑勃・察佩克（BobChapek）宣佈，從 9 月 4 日開始，觀眾將可在迪士尼的流媒體平臺 Disney+上線上觀看《花木蘭》，電影售價為 29.99 美元（約合 208 元人民幣）。同時，察佩克表示，在無法使用 Disney+的國家/地區中，迪士尼會在同一日期在影院上映《花木蘭》。

與《花木蘭》的消息一同公佈的財報顯示，第三財季迪士尼營收同比下降 42%，淨虧損 47.18 億美元，而去年同期盈利為 14.3 億美元。

疫情讓迪士尼等好萊塢大型電影公司遭受巨大打擊，整個影視行業進入冰川時代。但是，這並不是好萊塢第一次經歷黑暗時刻。對全球影視行業來說，危機背後的變革機會也許正在到來。

7-5-1　好萊塢風雲

1893 年，愛迪生發明電影視鏡並創建 “囚車” 攝影場，被視為美國電影史的開端。1896 年，維太放映機的推出則開始了美國電影的群眾性放映。

由於電影收益高，所以引發了激烈的競爭。1897 年，愛迪生為爭奪專利進行訴訟。到 1908 年，成立了由愛迪生控制的電影專利公司，公司擁有 16 項專利權。1910 年，電影專利公司幾乎壟斷了當時美國電影的製作、發行、放映甚至包括膠片生產、設備製造的所有環節。任何一個獨立製作者想要同他們分一杯羹，就得付給他們版權稅。

而起初位於南加州的好萊塢花園，也不過是為了避開電影專利公司派出的 “破壞員” 阻止他們生產電影的避風巷。於是，南加州加大了對其優美拍攝地以及低廉成本的宣傳。更重要的是，這裡成為了獨立製片人的聚集地，用以逃避違反托拉斯發牌程式的傳票。到 1914 年，各路獨立製片人基本都移居好萊塢，這便是未來好萊塢大製片廠體系的雛形。

美國電影之父格里菲斯于 1907 年加入比沃格拉夫公司，次年導演了第一部影片，即《陶麗歷險記》。至 1912 年，格里菲斯已為該公司攝製了近 400 部影片。他把拍片重心逐漸移向好萊塢，發現和培養了許多後來的名演員，如塞納・馬恩省特、壁克馥和吉許姐妹等。

第一次世界大戰前夕，鎳幣影院逐漸被一些條件較好的電影院所代替。電影專利公司的壟斷權勢逐漸消失，最終在 1915 年正式解體。此時以格里菲斯為代表的一批新的電影藝術家已經出現，製片中心也從東海岸移到好萊塢。第一次世界大戰不同程度地破壞和損害了歐洲各國的電影業，卻促成了美國電影的興起。美國電影源源不斷地湧入歐洲市場。到第一次世界大戰結束時，已經建立起在歐洲的霸權地位。

1926 年，華納兄弟公司發行了第一部有聲電影《唐璜》。最開始，維他風並不能使聲音與畫面同步。但到了 1927 年，華納兄弟公司推出了百老匯走紅歌舞片《爵士歌王》，這個問題得到了很好地解決。1928 年 7 月 6 日，華納公司又推出了"百分之百的有聲片"《紐約之光》。自此，有聲電影全面推開，一年之內半數美國影院安裝了音響設備。

至 1930 年，除卓別林繼續拍攝了幾部無聲片外，全部故事片均為有聲片。這也使電影製作迎來了一個全新的時代：新的傳媒方式，新影院設備和新的演繹方式。

事實上，電影的音響革命恰與美國 1929 年的經濟大蕭條同時發生。也正是從經濟危機開始，美國電影產業迎來了長達 20 年的黃金時代。洛克菲勒財團和摩根財團開始對好萊塢控制權展開了激烈的爭奪，到 1935 年，兩大財團基本上控制了好萊塢的八大公司，即派拉蒙、福克斯、米高梅、華納兄弟、雷電華、聯藝、哥倫比亞、環球。找到經濟後臺的八大公司更加財大氣粗，各自擴充實力，網羅人才，八大公司控制了美國電影發行額的 95%。

1920 年代，第一批長期光顧電影院的觀眾產生。在 1929 年到 1949 年的 20 年的黃金時代裡，平均每週有 8300 萬美國人去看電影。在第二次世界大戰結束之後，由於電影市場的拓展，好萊塢再次呈現出繁榮的景象。一批電影大師從戰場回歸，拍攝了一批高品質而且深受觀眾喜愛的作品。

但正當好萊塢生機勃勃、蒸蒸日上之際，一場政治風暴改變了美國電影工業的發展方向。

1947 年，美國國會的眾議院 "非美活動委員會" 下屬的一個委員會指控一些共產主義者混入了電影行業，並利用電影為他們做宣傳，電影業便成為委員會調查的目標之一。 "非美活動委員會" 於 1949 年 10 月 20 日開始審訊，結果 "好萊塢十君子" 被判入獄，大批導演、製片人、演員、編劇都和都一起被列上黑名單。他們或淪為無業者，或流亡國外，卓別林就是其中的一個典型。這場風波使好萊塢元氣大傷，並持續了 10 多年。

此外，40 年代末，獨立放映商們依據反托拉斯法，開始向政府抗議大製片廠們利用產銷映一條龍的優勢、排擠獨立廠商的壟斷行為。1948 年，最高法院宣佈大製片廠對電影業的壟斷為非法，要求放映業必須和發行業、製片業分離。這次被稱作 "派拉蒙判決" 的案例標誌經典好萊塢時代的結束，好萊塢的大製片廠制度走向了終結。

裁決導致大製片廠失去了多數的首輪影院，這使得片廠被迫從垂直整合的壟斷公司轉變成主攻發行的製片公司。也因此給了那些獨立製片人更多的機會，好萊塢傳統的經濟模式也開始產生變化。曾經的大片廠開始將影棚租給獨立製片人，伴隨著合同明星制度的死亡使得經紀人行業迅速成長起來。那些新型影片似乎都蠢蠢欲動迎接即將到來的新一輪鼎盛。然而，挑戰還遠沒有結束。

1960 年代，戰爭向各個方向蔓延，甘迺迪關注民權的民主政策得到了全國範圍學生的擁戴。民權戰爭席捲全國，反戰浪潮、激進主義盛行，婦女解放運動也浩浩蕩蕩地開展。戰後 "生育高峰一代" 的嬰兒們逐漸長大成人，觀眾對電影的態度產生了不可預測的變化，這種變化同時也伴隨著影片製作費用的大幅上漲。

實際上，大製片廠制度解體後，大型電影公司沒有了保證自製影片上映的院線，必須單獨發行每部影片，依靠影片品質爭奪觀眾，這導致了製片和宣傳成本的大幅攀升。

在經典好萊塢時期，每部影片的成本大約是 50 萬美元，到了 1952 年成本達到 100 萬美元，1961 年則為 150 萬美元。到 1970，平均成本達 200 萬美元，僅十年就翻了一番。但到 1972～1977 年間，成本飛躍了 178%，大致為全國通貨膨脹率的 4 倍。而到了 1977～1979 年，又從 750 萬美元左右上升到了大約 1000 萬美元。

賭注在不停地往上升，甚至可以用瘋狂來形容這些製片廠。20 世紀，被《埃及豔後》搞破產的福克斯帶著《音樂之聲》滿血回本，各大公司爭相模仿，這是一個憑藉一部電影可以拯救一個公司的時代。主流觀眾變化不定的口味使得這場博弈顯得更加緊張刺激。然而，導致觀眾不再選擇進電影院觀看電影的直接原因之一就是電視的盛行。

電視的數量從 1949 年的 94 萬增加到了 387.5 萬，在 1951 年到 1953 年，電視數量更是從 1030 萬跳躍到了可怕的 2040 萬，再到 1956 年的 3490 萬。在 1950 年代末，已經有 90%的美國家庭擁有了電視。而這期間，觀影人數也是斷崖式下跌，黑暗時刻已然來臨。

觀眾的大量流失使得製片廠不得不去想辦法改進觀眾的觀影體驗使得他們再度回歸影院，在巨大的市場需求下，一系列的技術革新得以實現，比如影片品質、聲音錄製、自動調焦鏡頭、新型材料等。

同時，好萊塢正處於一個轉型期，之前並不受歡迎的彩色影片在 1939 年的《綠野仙蹤》獲得成功以後，音樂片+彩色成了主流。而對於全面改變，還差那麼一陣風。50 年代柯達發明了伊斯曼彩色膠片後彩色電影的數量得以大幅增長，但仍然只有不到 50%的影片採用彩色，真正使好萊塢放棄黑白電影的是 60 年代彩色電視的普及。

然而，彩色引起的革新依舊無法令所有人滿意，多用於象徵作用的彩色電影仍有一部分觀眾希望用黑白來展現。最終這個轉型期都得隨著一個在美學上有深遠意義的發明來定型，它就是寬銀幕。

一般來看，電影產業中一項新技術的徹底應用，大致需要三個階段，早期的發明起步，中期的改進使其適應市場並得到大量資本的支援，第三階段便是最終的擴張。比如，寬銀幕起初在 20 年代就已經被發明，只是沒有足夠的利潤潛力去推動它繼續發展。寬銀幕技術在停滯了 25 年後，一直在等待一個客觀條件來推動其進入第二階段。1952 年的《這就是西涅拉瑪》（This is cinerama）在紐約百老匯放映，這是電影寬銀幕革命的開山作，正是這部影片使得寬銀幕技術進入了第二階段。

早期的寬銀幕以風景實事片為主，《願嫁金龜婿》使得這項技術自此配備了更宏大的主題與更壯觀的動作。而《願嫁金龜婿》的巨大成功也推動了各大製片廠和放映商紛紛升級設備，寬銀幕似乎成為了電影商們挽救票房滑坡的救心丸。緊隨其後的幾部影片同樣獲得了成功，這奠定了寬銀幕具有的極高票房號召力的基礎。

事實上，在寬銀幕盛行以前，美國電影多採用 1.37:1 的學院銀幕高寬比，在 50 年代的技術演變裡，比例變成了 2.35:1，而電視採用的則是老舊的 1.33:1 的窄銀幕比例。毫無疑問，電影院長達 19 米，寬達 8 米的彩色身歷聲寬銀幕電影明顯優於 33～48 釐米的黑白電視機。

在一系列成功之後，頂級的寬銀幕技術便產生了，它就是陶德 AO 系統。

1955 年，改編自音樂劇的《奧克拉荷馬》上映，它配備 70 毫米放映膠片和杜比身歷聲，目標受眾主要是上層階級或者去看電影的社會精英分子。為了適應更加豪華的放映格式，陶德 AO 系統提出了 30 格的放映速度，但真正應用的只有《奧克拉荷馬》與第二部該系統影片《環遊世界 80 天》。由於效果不明顯以及轉制不方便，之後便恢復到了 24 格。即便在幀率的革新上沒有成功，但陶德 AO 系統仍使身歷聲寬銀幕變成了主流形式。

技術的不斷革新使電影這個行業得以繼續活躍在民眾的視線裡，但過度流失的觀眾與電視等娛樂活動的日益壯大，大片廠的效益依然低迷。終於，製片廠開始作為內容提供者與電視網路展開合作，電影與電視的競爭用握手言和畫上了句號。隨著美國經濟進入高速穩定發展時期，好萊塢再度出現了新的曙光。

7-5-2　疫情將如何改變好萊塢？

80 年代以後，多廳式戲院結合大型購物中心的新式電影院出現，開啟了好萊塢的全新時代。這一階段，好萊塢不再限於只生產電影，廣播電視、有線電視、衛星電視、音樂、觀賞性運動、主題公園等各種文化傳媒產業都與好萊塢產生了交集。水準整合這一新模式開始在好萊塢電影公司中流行起來。

好萊塢再次進入黃金發展階段，被稱為"新好萊塢"。這一新的階段並沒有帶來美國電影業的再一次高速增長，但從 1981 年開始，美國電影業進入了穩定發展時期，電影票房逐年遞增，但增速保持相對穩定，不再出現大起大落。

1980 年北美票房為 27.49 億美元，1990 年增長到 50.33 億美元，十年的時間票房幾乎增長了一倍。從 1995 年開始，幾乎每年都有 10 部左右票房過億的巨片。票房的高漲一方面反映了 90 年代美國在冷戰結束後以強勁攀升的經濟實力和綜合國力，另一方面反映了商業性開始充斥於好萊塢電影。到 2012 年北美電影總票房達到了 108.11 億美元。

80 年代後期，雷根政府開始放鬆企業管制政策，幾家大製片公司又開始重新獲得對銀幕的所有權。1986 年開始，各大公司都購入或參股了院線。在經歷的 80 年代電影體系的趨向完善之後，90 年代的好萊塢電影如同歐洲的足球聯賽一樣，成為了美國的無煙工業。電影銀幕也越來越向主要院線集中。以 80 年代中期為例，主要院線控制了全國 22000 張銀幕中的 35%，其中 7000 張高級銀幕坐落在大城市繁華地段，貢獻了 80%的票房收入。

此外，數位技術的出現對電影產生了重大的影響。首先，數位技術降低了電影製作成本，特別是線下成本降低，即設備、技術製作成本。但是，線上創作成本，如明星、劇本和導演成本依舊。傳統攝影棚和製作中心地位開始被削弱、製作工會權力削弱、現有創作資源價值提升，從而一定程度上降低進入市場的壁壘。

其次，數位技術影響了電影的發行方式。一是雙向高速數位傳播網人戶；二是媒介產業從地區地理壟斷（有線網）或寡頭壟斷（城市報紙、電影院）走向高度競爭的媒介結構，這種結構中媒介市場邊界是靠語言、文化和生活方式興趣劃定的；三是現有內容（影片、節目）儲備庫的價值急劇攀升，特別是那些可以向細分目標市場提供的服務。

另外，票房收入將不占電影收入的主體。1999 年美國電影在美國和全球的票房收入只占其總收入的 26%，而錄影帶和電視發行成為主角；四是數位化後電視頻道增多，個人化電影服務頻道如依次付費（PPV）、准視頻點播（NVOD）和視頻點播（VOD）等使得人們必須掏更多的錢來收看電影。

最後，數位技術降低了電影的發行成本。傳統廣告支撐的大眾媒介被削弱，資訊流通的新形式的到來可以降低交易成本，使得相對創作成本、媒介推廣成本降低。最重要的是，那些具有獨特認同或品牌價值的現有傳播和娛樂品牌或資源的權力將提升。但是，只要好萊塢仍然壟斷著發行，那麼製作和發行方面的新技術並不能動搖他們的地位。

好萊塢經歷了崛起、蓬勃發展，而後衰落，再經歷行業的變革，直到如今。當疫情重創了電影業，電影業又將迎來怎樣的變革？

實際上，過去十餘年間，從生產主體、產品策略、敘事方式到傳播機制，好萊塢電影已經再次經歷了一輪深刻的變革。以迪士尼為代表的電影公司革新著電影生產範式，以中國為代表的海外市場進一步重塑著好萊塢行業生態，以網飛為代表的新興數字玩家則挑戰著既有的產業格局。

儘管北美電影票房收入整體增速緩慢且時有起伏，但票房數字之下是不容置疑的新生態與新現實。正如本‧弗裡茨（BenFritz）所指出的那樣，這是“一個新好萊塢的宏大故事”。在這個故事中，特許經營和品牌佔據了主導地位，原創思想和明星被邊緣化，電視和電影在文化和經濟中互換了位置。

近年來，好萊塢電影產業模式的發展演變並非孤立展開的，它是全球娛樂工業場域中重重力量交織博弈的結果。好萊塢自身的演進、電視等其他娛樂產業的發展、全球電影市場的新變、數位化與媒介融合的快速推進等諸多因素共同催生出當下好萊塢電影的工業與文化新景觀。

2019 年年初，流媒體服務商網飛公司（Netflix）正式加入美國電影協會（MPAA），成為有史以來加入這一協會的首個非好萊塢電影製片廠成員。美國時間 2019 年 3 月 20 日，華特迪士尼公司正式完成了與 21 世紀福克斯的交易，以 713 億美元收購了後者的大部分資產。此次交易過後，好萊塢六大電影公司的歷史正式終結。

這也說明，好萊塢被 Netflix 等的顛覆早已開始。高品質的流媒體內容對傳統電影院線產生了直接的利益上的衝擊，導致好萊塢的保守派們對 Netflix、Amazon 之類科技巨頭打造的流媒體心存抵觸。從 2019 年大導演斯皮爾伯格向奧斯卡提議取消 Netflix 入選奧斯卡資格就可見一斑。

當然，最後這個提議被美國電影藝術與科學學院拒絕了，背後有多重原因，最直接的也許要屬美國司法部反壟斷部門對奧斯卡的警告，因為奧斯卡將流媒體電影拒之門外有可能違反了反壟斷法。業內樂觀派人士則認為疫情加速了好萊塢與流媒體的融合，因為兩者並非是冰火不相容的對立關係。

但不可否認的是，電影技術的革新一定會隨著市場的變化而不斷被推上前沿，現代社會的經濟結構也會被不斷進行多元化改造。數位資訊時代帶來的衝擊使得無數行業從巔峰走向沒落，同樣也有無數行業從初出茅廬走向巔峰，科技時代下的技術演進變得更加頻繁。未來的電影業與流媒體的合作層次或許會更豐富，正如默片到有聲電影對行業的意義，又或者是 3D 技術帶來的巨變等。危機背後的變革機會也許已經到來。

7-6　疫情塑造數字經濟新範式

　　短期來看，疫情對脆弱的全球經濟來說無疑是雪上加霜，全球供應鏈、就業民生、企業存活、政策應對乃至社會意識形態均面臨大考。從更長期的歷史視角觀察，新冠疫情造成了供需雙弱的獨特蕭條場景，卻也加速了全球經濟的艱難蛻變。

　　近年來，數字經濟不斷出圈，2020 年更是成為中國兩會熱詞。事實上，人類社會正從物理世界全面邁入數位世界，雖然電腦、智慧手機以及網路技術的普及已經初步改變了人們的生活與消費習慣，但數字經濟並非是單純的產業革命，它革新了價值創造的方式，再定義了價值分配的過程，與植根於傳統實體經濟的舊思想、舊秩序以及舊階層存在顯著的矛盾。因此，數字經濟與新思想秩序的融合統一仍在磨合之中，也反向遏制了數字經濟的進化。

　　疫情作為催化劑，或將加速適應於數位經濟的社會秩序與道德文化的形成，也將迫使人們首次完全從物理世界中脫離，反思現實世界的因與果。由此，真正意義上的數字革命即將來臨。

7-6-1　疫情催生下企業數位化轉型

　　此次疫情衝擊對企業而言是一次 "穩定性測試"。在這次測試中，很多企業發現傳統的生產方式和銷售方式難以敏捷應對產業鏈和供應鏈的急劇變化，因此，必將會加速尋求生產方式和銷售方式的變革與突破，增強在面臨不確定性時的彈性，以維持企業生存並獲取持久的市場競爭優勢。通過在疫情期間對企業的調研發現，數位化程度越高的企業受疫情衝擊的影響則越小。數位化轉型已經成為了企業應對外部不確定性的關鍵策略。

從生產方式來看，疫情期間，企業對人工智慧、大數據、雲計算等數位技術的可用性、易用性和有用性有了更加全面和深刻的認知。這種認識破除了技術認知障礙，將進一步加速數位技術的廣泛與深度應用。後疫情時代，企業數位化轉型將會從以下幾方面推進：一是企業將在商業競爭中加速採用人工智慧與大數據等智慧分析工具，根據先行指標精準預測行業變化和市場動向，以此作為生產與庫存管理的決策依據。二是進一步加快對傳統生產設備的數位化、網路化、智慧化改造，更大規模地引入智慧生產線，更加敏捷地滿足市場需求的彈性變化。三是企業上雲速度進一步加快，通過雲上遷移更加靈活地進行成本結構調整，降低可變成本與固定成本支出。

除了生產方式的變革，疫情也將催生企業數位化銷售轉型。傳統銷售多以線下為主，而疫情期間的地理隔絕使得線下的銷售場景受到極大衝擊。為了對沖疫情造成的損失，中國內地的三一重工、格力電器等傳統製造業龍頭紛紛試水線上直播+短視頻行銷，格力董明珠在三周內三次進行帶貨直播，儘管首戰僅實現 22.5 萬元 GMV，但第二、三次直播分別實現了 3.1 和 7.03 億的銷售額；三一重卡亦在疫情期間三次舉辦直播活動，涵蓋了工廠、春節、搶購節等環節。在搶購節直播中，三一重卡則針對產品線上答疑解惑，加上促銷政策刺激，兩小時實現 288 單的銷量，完成 186 個 3000 元大訂單，實現銷售額 5000 萬元。格力和三一重卡的成功證明了數位化銷售的可行性，而未來將會有越來越多的傳統企業嘗試數位化銷售轉型。

從企業管理範式來看，全流程都將出現不同程度的線上轉移趨勢。由於復工複產之路困難重重，大部分企業意識到傳統的線下管理在抗擊風險中的缺陷，於是均開始推進遠端系統管理，推動數字經濟時代的企業管理範式變革。企業經營管理全流程、全價值鏈環節都出現不同程度的線上轉移趨勢，尤其是遠端辦公和雲簽約（電子合同）出現爆發式發展，供應商遠端系統管理和客戶遠端系統管理也在得到一定程度的發展。

科斯的企業與市場理論認為，企業之所以出現，就是因為能夠在企業內部通過行政指令的方式，降低利用市場進行資源配置的交易成本，提高資源的配置效率。遠端辦公的本質就是將降低企業的交易成本。在企業內部，通過遠端辦公等方式優化內部管理機制；在企業外部，通過雲簽約（電子合同）

等方式加強與市場的互動。更進一步地，企業可以通過遠端系統管理加強跨區域的全球協作，而不必支付高昂的交易成本。

因此，儘管現場管理在未來較長一段時期內仍然居於主導地位，但是伴隨著企業數位化水準的提高和遠端系統管理認知的加強，遠端系統管理在企業管理中所占的比重會加速提升，作為現場管理的有效補充，共同推動企業管理效率的提升。

企業將通過利用數位技術對各類衝擊事件進行預測和情景模擬，加快制定可提高其敏捷應對危機的遠端系統管理方案。此外，企業管理範式的變革還將會擴大對遠端系統管理平臺和軟體的需求，推動遠端系統管理行業的爆發式增長。企業將會探索更多管理業務的數位化轉型，從而推動管理業務的雲上遷移，促進經營資料和管理資料的雲上融合。

此外，數位化建築、遠端醫療、智慧農業等也成為傳統企業數位化轉型的重要方向。根據 IDC 預測，2020 年，全球將有超過 25%的 GDP 產出依賴於數字驅動。同時，預計到 2023 年，全球市場數字驅動的 GDP 占比將超過50%左右。

7-6-2　數字消費新業態

疫情期間大量消費行為從線下轉到線上，促進了消費領域的商業模式變革，加速推動了數位消費新業態、新模式蓬勃興起。

數位消費的興起符合一般的經濟學邏輯，消費者先是在疫情期間增強了對新業態、新模式、新應用的沉浸體驗，對網站、應用的偏好和粘性得到增強。隨後，疫情迫使消費者主動完成消費者教育。通過一段較長時間的集中學習行為，消費者掌握的操作技能則成為存量技能。這就打破了新業態、新模式、新應用進行市場推廣的 "成本高牆" ，用戶滲透率得到系統性提高。值得一提的是，數字消費與傳統消費並非完全的替代關係。數位消費通過進一步挖掘消費者的潛在需求，能夠進一步擴大需求市場，並對傳統消費產生帶動作用。

　　數位消費新業態一方面是電子商務等相對成熟業態中新模式的爆發，包括網路社區團購、智慧物流配送、生鮮電商。以中國為例：由於疫情期間消費者外出頻次減少，生鮮、食品等商超品類到家業務需求激增，主要生鮮到家平臺的活躍使用者規模、日人均使用次數及時長均顯著增加。就盒馬鮮生而言，2020 年 Q1 線上購買對盒馬 GMV 的貢獻占比約 60%，同比去年提升 10%。

　　美國電商巨頭亞馬遜更是受益於疫情期間眾多實體店的關門歇業，其全球銷售額在疫情期間一度猛增至每秒 1.1 萬美元。根據亞馬遜 2020 年第一季報，以消費品零售和線上網路零售為主的北美地區為例，其第一季度主要營收 461.27 億美元，較去年同期 358.12 億美元同比增長 28.8%。 國　際部分主要包括消費品零售和國際市場的線上商店訂購的收入，這部分包括來自這些國際重點網上商店的出口銷售（不包括北美線上商店的出口銷售），營收 191.06 億美元，較去年同期 161.92 億美元同比增長 18%。

　　另一方面是仍處於成長期的新模式加速崛起，諸如線上教育、互聯網醫療、雲娛樂、雲旅遊等。其中，短視頻乘 4G 流量激增之東風異軍突起，雙強格局地位穩固。背靠近年來飛速上升的移動互聯網流量，短視頻應用在短短數年間便成長為龐然大物，改變了科技互聯網行業的競爭格局。根據 Questmobile 統計，2017Q1 短視頻應用在中國國內互聯網時長中的占比僅為 4%，而到 2019Q3 這一數字便激增至 19%；2019 年 9 月用戶月總使用時長增量中，僅短視頻就佔據 64%，遠超其他各類應用。

　　其中，抖音和快手的使用者規模遙遙領先於其他短視頻應用，雙強格局地位穩固，抖音的增長勢頭則更為迅猛。Sensor Tower 商店情報資料顯示，截至 2020 年 4 月，位元組跳動旗下抖音及海外版 TikTok 在全球 App Store 和 Google Play 的總下載量已經突破 20 億次。在達到 15 億次下載量之後，該應用僅用了 5 個月時間就實現這一新的里程碑。2020 年第一季度，抖音及海外版 TikTok 在全球 App Store 和 Google Play 共獲得 3.15 億次下載，是全球下載量最高的移動應用。

　　在教育直播方面，疫情衝擊導致在校學生、課外輔導機構全面取消線下課程，而直播恰為上述類型課程的最佳替代方案。基於龐大的在校學生規模以及複課安排，直播類教育異軍突起。以抖音為例，基於 DOU 知計畫積累的教育資源以及自有 K12 教學 gogokid、開言英語等，抖音 2 月教育類直播爆發式增長，主播數、場次、觀看人數較 1 月環比增長 110%、200%、550%，直播類型集中在 K12 及語言上。根據 Frost& Sullivan 的調查資料，2019 年線上 K12 課外輔導的市場規模為 640 億元，以學生數計算的線上滲透率為 15.7%。同時 Frost & Sullivan 預測，至 2023 年線上 K12 課外輔導的市場規模有望增長至 3672 億元，以學生數計算的線上滲透率將達到 45%。基於上述預測，2019-2023 年中國線上 K12 課外輔導市場規模的複合增長將達 55%。

　　目前來看，數字消費的發展將至少呈現出三個趨勢性變化。一是線下中小微企業的市場退出行為增加，大型企業加速進行線下業務整合，市場集中度將會在一定程度上提升，產業組織結構持續優化。二是用戶進一步養成線上消費習慣，成熟期的數位經濟業態規模將會持續擴張，成長期的數字經濟新業態將會加速多點爆發。三是線上線下加速融合將是經濟發展的長期趨勢，線下企業並不會被完全顛覆，提供個性化、差異化和高品質的服務將成為重要的競爭策略。

　　根據中國國家統計局 2020 年 1-2 月份資料顯示，中國規模以上工業增加值同比下降 13.5%，而智慧手錶和智慧手環則分別逆勢增長 119.7%和 45.15%；服務業生產指數同比下降 13.0%，而資訊傳輸、軟體和資訊技術服務業則實現增長 3.8%；社會消費品零售總額同比下降 20.5%，而實物商品網上零售額則同比增長 3.0%。從這一系列對照資料可以發現，以傳統產業為代表的舊動能在應對外生衝擊時表現出明顯的無能為力，而以數字經濟為代表的新動能在對沖不確定性方面展現出巨大的發展潛力，數位技術提升國民經濟柔韌性的能力得到充分體現。

　　因此，疫情已經為新一輪科技和產業變革的浪潮按下快進鍵，為經濟系統注入更強的柔韌性。充分發揮數字經濟作為宏觀經濟穩定器、緩衝器和加速器的作用，讓國民經濟在面臨衝擊時能夠更有韌性地調整生產、分配和消費，已經成為下一步經濟發展的共識和方向。

同時，還需要進一步加快 5G 部署和人工智慧等新型基礎設施建設，加快數字經濟和產業互聯網發展，加速推動傳統產業的數位化、網路化、智慧化轉型和新舊動能轉換。

反觀當下，不得不承認，疫情正以陣痛指引方向。縱觀改變人類歷史軌跡的大瘟疫，盛極一時的古希臘因雅典瘟疫而不復榮光，而歐洲中世紀原本艱難的社會轉型卻因"黑死病"而變得順暢，為文藝復興、宗教改革乃至啟蒙運動埋下伏筆。時至今日，醫療技術、救助設施乃至隔離措施都已發生了根本性的變化，人類不再對病毒一無所知，但全球蔓延的新型冠狀肺炎仍然正在影響當今社會運行的軌跡。

從長期角度來看，突如其來的疫情刺破了虛偽的繁榮，卻也為原本舉步維艱的數字轉型褪去沉重的桎梏，加速了長趨勢的形成。人類社會的運行軌跡或將就此轉變，疫情正如按下"快進鍵"，一場意欲重塑全球經濟格局的數字革命正蓄勢待發，讓全球經濟加速穿越存量博弈的廝殺，從而鍛造升維競爭的全新賽道。

Note

第八章 疫情大分流

8-1　全球抗疫的四種模式

新冠疫情的全球大流行，不但給各國的當下帶來巨大壓力，包括對各國公共衛生安全和綜合實力、國家治理體系和治理能力、國家制度帶來嚴峻挑戰等，更是為未來帶來了更多不確定。這也令各國更加努力探索適合自己國情的抗疫模式，以減少不確定性，形成新的生產生活秩序。

從各國對疫情的管控程度來看，可以粗略分為四種模式：中國嚴防死守的隔離模式，瑞典群體免疫的放任模式，介乎二者之間的混合模式以及美國的 "自由抗疫" 模式。

混合模式是多國的選擇，但當相同的選擇對應著各具特色的模式時，也出現了不同的結果。但是，無論是嚴防死守還是放任 "躺平"，抑或介乎二者之間，各國都是由於缺乏對抗新型病原體的理想手段，被迫做出了艱難選擇。在這樣的背景下，美國的 "自由抗疫"，卻將危機變成了一種悲劇，其對抗疫情的失敗觸目驚心。

8-1-1　嚴防死守的中國隔離

中國抗疫模式是典型的嚴防死守的隔離模式。

2020 年 6 月 7 日中國國務院新聞辦公室發佈的《抗擊新冠肺炎疫情的中國行動》白皮書中就指出："中國採取最全面最嚴格最徹底的防控措施，前所未有地採取大規模隔離措施，前所未有地調集全國資源開展大規模醫療救治，不遺漏一個感染者，不放棄每一位病患，實現應收盡收、應治盡治、應檢盡檢、應隔盡隔。"

嚴防死守的隔離模式主要包括了幾種措施：

一是分區分類精準開展防控工作，甚至採取封城封樓封社區等措施。具體來說，2020 年 1 月 23 日起，武漢市城市公交、地鐵、輪渡、長途客運暫停運營，機場、火車站離漢通道暫時關閉；2 月 10 日起，湖北全省社區實行封閉式管理，這也為遏止疫情擴散爭取了寶貴時間。

而針對湖北省以外的高、中、低疫情防控風險地區，2 月 23 日，習近平則進一步明確了疫情防控 "分類指導" 的方針。強調武漢和湖北做好 "內防擴散、外防輸入" 工作，同時要統籌對北京、浙江、廣東等人口流動大省大市及湖北周邊省市採取針對性措施，以 "外防輸入、內防擴散" 的不同策略靈活應對。

二是採取嚴格的社交隔離，包括減少公眾聚集和排查城際流動人員。從減少公眾聚集的對應措施來看，國務院辦公廳於 1 月 27 日發佈延長 2020 年春節假期的通知，決定延長春節假期，各級學校推遲開學；全國多項大型群眾聚集活動根據 "非必須、不舉辦" 的原則被減少或取消；電影院、KTV、健身房等非必需人員密集型場所全部關閉；超市、農貿市場等公共服務類場所採取進出檢測、定期消毒、限流等措施，以期有效防止疫情擴散。

而在排查城際流動人員方面，在機場、火車站、高速路口等主要交通站點設立防疫檢測點，各地疫情防控機構對檢測點工作加強指導，嚴格落實旅客體溫篩查等檢疫措施，登記健康資訊以及聯繫方式。一旦發現新冠肺炎病例或疑似病例立刻上報當地衛生健康部門，勸導旅客配合檢測。

三是基層實施網格化管理。壓實新冠肺炎疫情防控的屬地、部門、單位和個人責任。由基層領導幹部牽頭，依靠群眾成立基層疫情防控隊伍，負責基層疫情防控宣傳、人員健康排查、人員流動管控以及社區（村）封鎖期間居民日常物資採購等。建立 "早發現、早報告" 機制，為 "早隔離、早治療" 創造條件。

此外，自從武漢始發全國性大流行後，中國範圍內還暴發了至少四次局部流行：哈爾濱，牡丹江，北京，烏魯木齊。但是，基於抗疫的 "零容忍" 戰略，在少數的局部流行裡，一旦出現自發病例（非輸入性的），就實行封城、普測（新冠核酸）以精準打擊疫情反復。用三到四周的時間，將發病率打回零且持續兩周後，再重新開放。

以北京為例，在 56 天持續零報告之後，2020 年 6 月 11 日，北京官方宣佈新增本土確診 1 例，至 16 日 24 時已累計猛增本土確診 137 例、無症狀感染至少 12 例，多地升級為高風險地區。北京疫情的回潮引起了全國的高度關注，隨後，則是北京在一周內進行了超過一千萬人次的核酸檢測。北京的效率秒殺列國，發病率也在幾周內下降至零，再一次實現了"中國速度"的優良抗疫表現。

中國抗疫模式，需要巨大的的經濟成本，因為一次普測動輒上千萬人次，成本上十億。同時，還需要強大的組織能力，包括動員人群參加測試，組織嚴密的封鎖措施等。正是在這種嚴防死守的防疫模式下，白皮書向世界宣告，中國取得了抗疫的偉大勝利。更好的流行病管理也帶來了更好的經濟成績，與世界其他國家和地區相比，中國是唯一公佈第二季度國內生產總值（GDP）高於 2019 年底的，越南、韓國和中國香港緊隨其後。

而西班牙第二季度的生產總值比去年末低 20%，印度低 25%。在能夠避免實施封鎖的東亞國家，服務業和建築業受到的損害有限。中國 8 月份的活動資料顯示，隨著消費者終於重新參與經濟，復蘇範圍正在擴大，且還是在沒有像西方消費者那樣得到政府直接支援的情況下實現的。

當然，嚴格的防控措施得以實現離不開中國特色社會主義制度的支撐。事實上，正是這些"中國之制"的顯著優勢轉化為"中國之治"的治理效能，才使國內疫情防控取得了重大階段性成效。

8-1-2 "佛系躺平"的另類瑞典

如果說中國是嚴防死守的隔離極端，瑞典則是不封城也不隔離的另一個極端。當大多數人們的出行都受到限制時，瑞典人民仍然過著和往日一樣的正常生活。有德國學者稱，"瑞典路線"仿佛就是這場浩大試驗中的"對照組"。

在 3 月 12 日，瑞典官方就已決定：不再進行大規模檢測，只檢測已收治入院的患者；公佈的統計資料裡沒有 "疑似病例" 這一項；不呼籲民眾戴口罩，也不實行強制社會隔離令；邊界、幼稚園、初中、小學、酒吧、餐館、公園和商店仍保持開放。

但同時，人們也被要求盡可能在家工作、避免不必要的出行並在公共場合注意保持社交距離。此外，政府禁止了 50 人以上的聚集，關閉博物館，取消體育賽事，並且建設了新的衛生設施。

顯然，不同於中國的嚴防死守，瑞典選擇了一條允許病毒傳播。同時，在不採取全面封鎖的前提下，保護年長及脆弱群體，避免醫院人滿為患的路。由於瑞典抗疫模式實在太過特殊太有個性，以至於全世界對瑞典投去的目光被分成了相當極端的兩面：一些人將其贊許為睿智典範，而另一些人則痛斥其為人道災難。

事實上，正如一些嚴厲的遏制政策得以奏效有賴於島國的國情一樣，瑞典的模式也符合該國的特點。

一方面，瑞典的抗疫模式得益于其天然的 "社交疏離"。據 BBC 報導，2019 年瑞典有超過一半的居民獨居，其中 18-25 歲的年輕人都高達 1/5。相比南歐人，瑞典人則不那麼熱衷於社交，瑞典文化中更是有一種 "社交恐懼" 傾向。瑞典有一個笑話，房門上的貓眼是用來觀察鄰居什麼時候出門的，避免一旦在樓道裡碰到不知道如何寒暄。

另一方面，瑞典人通常尊重規則與政府。與很多其它國家比起來，瑞典不僅沒經歷過大小醜聞以及政治局勢不安定，在近 200 年裡也沒有大的自然災害和戰爭。經年的和平景象使得瑞典的社會相對簡單祥和，人民也更相信政府。

儘管對於此次疫情，瑞典民眾有支持也有反對。但危機中，瑞典民眾依然選擇了相信自己的政府。其中，2020 年 4 月第一周的民調顯示，三分之二的民眾表示支持瑞典官方舉措，其中有老人也有中青年；只有三分之一不太支持，而這三分之一中的大多數都活躍在臉書和推特等社交媒體上。

加之瑞典作為一個議會制君主立憲制國家，其政府更傾向於一個服務機構。由於內閣政府不能直接對公共衛生機構發號施令，因此，公共衛生專家就有足夠的話語權，這也令瑞典的策略更多地基於科學。

比如其公共衛生局最先建立在中國的資料基礎上的建模，就是預估大概需要多少個重症監護（ICU）床位。因此，在感染開始急劇擴大的 2 月份之後，瑞典的醫院能夠進行各方面積極努力。譬如瑞典最大的卡羅林斯卡大學醫院在很短時間裡將 ICU 病床數量增加到了 200 張左右，擴展到原來的 5 倍，並將術後觀察室迅速改建成了 ICU 病房，還額外確保了不需要 ICU 程度的相對輕症患者的普通病床，更將一部分病房樓層指定為了新冠專用病區。這也是瑞典沒有發生醫療資源崩潰的重要原因。

於是，天然的"社交疏離"　和地廣人稀的地理現實，再加上普遍尊重規則與政府的瑞典人民，瑞典得以在抗疫方面走出一條獨特的瑞典抗疫道路。

當然，瑞典對新冠疫情的"躺平"不可避免帶來了損傷。在春季疫情最嚴重的時候，瑞典經歷了高死亡率，遠遠超過鄰國，而且持續時間更長。特別是在療養院，那裡的死亡人數更是驚人，以至於拉高了瑞典的總死亡數。截至 5 月 14 日，瑞典 1000 萬人口報告 3529 例死亡，而丹麥、挪威和芬蘭三國人口總數 1650 萬餘共報告了略超過 1000 例死亡。

但隨著時間的推移，瑞典的新冠確診和死亡人數開始走低。9 月初，瑞典的測試陽性率為 1.2%，而英國受災最嚴重的英格蘭西北地方則為 7%。同時，瑞典的人均發病率也遠低於附近的丹麥或荷蘭。

社會關於瑞典的抗疫模式褒貶不一，但到底如何評價還需要基於比較物件和具體情況。顯然瑞典的模式並不適用於大國，而且瑞典的模式也是由其特殊的國情所決定。同東亞相比，實在不能說瑞典模式是成功的模式，尤其是瑞典老人院裡早期暴發的大規模集群感染導致的大規模死亡問題；但同實行了嚴格的封鎖措施的英國、法國、義大利、比利時和西班牙等相比，瑞典每百萬人口死亡人數仍遠低於這幾個國家。

不同的路線，死亡率也各不相同，而判斷瑞典的實驗是否真的成功將是未來科學家們的工作。

8-1-3　有限防控的混合模式

除了嚴防死守的中國模式和瑞典群體免疫的放任模式，還有一種抗疫模式就是介乎二者之間的有限防控混合模式。混合模式包括韓國、新加坡、日本、印度、俄羅斯、西班牙、義大利、德國、法國等。這些國家在面對新冠疫情時，都採取了一定的防控措施。但另一方面，為了避免社會恐慌，影響經濟發展，這些國家只能努力在 "控疫情" 與 "保經濟" 之間小心翼翼地尋找平衡點，力求將經濟、社會代價降到最低程度。這種抗疫模式雖然部分實現了 "保經濟" 的目標，但也使得疫情持續較長時間。

其中，同屬亞洲的韓國、新加坡和日本，大多借鑒了中國 "早發現、早隔離、早治療" 的防控經驗。儘管這些國家為了 "保經濟"，並未採取嚴格管控措施，但在有限防控措施的有效實施下，也較成功控制住了疫情的蔓延。

而俄羅斯、西班牙、義大利、德國、法國等國家，由於受政治制度、價值觀念、社會文化等因素的影響，始終在經濟與防疫、隔離與自由、中央與地方、不同利益群體之間尋求平衡。儘管中國自 2020 年 1 月 3 日起，就定期向世界衛生組織、有關國家和地區組織及時、主動通報疫情資訊，世界衛生組織也於 2020 年 1 月 30 日將新冠病毒列為 "國際公共衛生緊急事件"，但上述國家在疫情初期並未給予足夠重視。

即使是較早宣佈全國 "封城" 的義大利，對內也未實施嚴格的防控措施，其 "封國" 舉措主要針對他國入境人員；而俄羅斯則忽視了歐洲疫情的傳人管道，對從歐洲回國的俄羅斯人未採取有效管控措施，從而導致疫情惡化。截至 2020 年 6 月 12 日，俄羅斯、西班牙、義大利、德國、法國的新冠病例累計確診數分別居全球第 3、6、7、9、10 位。

不靠封城的韓國模式

2020 年 2 月 19 日，韓國 "新天地教會" 集體感染致疫情暴發，大邱和廣尚北道成 "重災區"。在疫情暴發最嚴重的幾天，韓國曾一度被認為是 "除中國外疫情最嚴重的國家"，韓國總統文在寅的民調支持率也在此時降到最低。

而面對感染人數扶搖直上迅速突破千人的疫情暴發，韓國政府則在短暫觀望研判之後迅速祭出強力措施。通過廣泛篩查、嚴密追蹤、全面治療三項手段，政府不僅在三周內抑制了病毒的廣泛傳播和社區感染，同時也避免了全國性的區域封鎖，進而避免了瞬間休克的經濟停滯。這一混合抗疫模式也被國際主流媒體認為是民主自由體制的成功範例。

具體來說，在廣泛篩查方面，文在寅掌舵的韓國政府秉持 "早檢測、早治療" 的思路宣佈，2 月 7 日起，韓國大幅降低病毒檢測條件，只要醫生將患者列為疑似病例，無需有疫情地區旅行史，即可檢測。2 月中旬後，任何人有疑似症狀都可隨時檢測。對於高風險群體，則採取強制檢測措施。

"新天地教會" 感染擴散後，官方對所有教徒 "一對一" 調查並要求所有人接受檢測。3 月，首爾一呼叫中心、京畿道一教堂相繼引發大規模集體感染後，官方也同樣要求密切接觸者第一時間全部接受病毒檢測。

據韓國中央防疫對策本部提供的資料，韓國疫情 2 月 19 日暴發僅一天后，病毒檢測能力即達到 1 萬人次，此後日均檢測約 1.5 萬人次，峰值時近 2 萬人次。截至 3 月 19 日，已累計對 30.7 萬人進行病毒檢測，這意味著全國每 170 人中，就有 1 人接受了病毒檢測。

從嚴密追蹤方面來看，在政府強制要求下，疑似與輕症患者都必須強制下載指定手機 App 登記個人資訊，同時公開本人的地理位置資訊作為軌跡追蹤入口。同時，韓國各地方政府則會向居民發送疫情動態，當周圍有人被確診時，手機端會收到資訊預警。每一位確診患者對應一個編號，在保護確診患者個人資訊不洩露的前提下公開確診患者移動路徑等。

在全面治療方面，疫情之初，韓國就採取了把所有感染者和隔離者都接到醫院治療的措施。隨著確診患者和隔離者數量暴增，韓國的醫療資源嚴重不足。這使得在受災最嚴重的大邱市，至少有兩名患者因為等待醫院床位而死亡。

隨後，韓國揚長避短，調整應對策略，轉為"分級治療"，即將患者以病情程度分為輕、中、重、最重四級。對於症狀較輕者，可以在家接受治療或入住生活治療中心，嚴重者分流進入負壓隔離病房或國家指定的正規醫療機構。

值得一提的是，在"保持社交距離"上，韓國政府並沒有採取高強度的措施，而是通過對早期病例來源的調查，找出病例的來源和感染高發的場所。比如，韓國在流行病學調查的過程中發現，夜生活場所、宗教集會以及室內的健身房是聚集性傳染的三大主要來源。因此儘管沒有"封城"，政府卻能夠非常明確地告知民眾，在前往這三類場合時務必提高警惕，同時要求大家儘量待在家中，取消或是推遲不必要的旅行和社交聚會。

疫情在韓國一度局部暴發，但隨後在大規模檢測、迅速隔離的措施下韓國成功控制住了疫情。根據韓國疾病管理本部資料，截至 8 月 20 日零時，韓國累計新冠肺炎確診病例 16346 例，治癒出院 14063 例，死亡 307 例，死亡率約為 1.88%。根據各國公佈的相關資料，韓國公共衛生危機管理體系抗擊疫情的效果明顯好於美國、英國、法國、德國、義大利、加拿大、日本等主要發達國家。

在沒有實行硬性"封城"、"封國"措施的情況下，韓國經濟社會保持了相對穩定的運行。世界衛生組織總幹事譚德塞 3 月 16 日也對韓國的抗疫表示了肯定，認為其值得學習。

漸進決策的新加坡模式

2020 年 1 月 23 日，新加坡確診首例新冠肺炎患者。在疫情初期，新加坡的疫情管控政策體現出 "對外嚴防，對內維持常態" 的特點。比如， 從 2020 年 2 月 1 日起，在過去 14 天曾到過中國或持有中國護照的旅客就被禁止入境或轉機新加坡，有中國旅行史的新加坡公民、永久居民及長期居留證持有者則在入境後必須接受為期 14 天的居家隔離。

在對外嚴格防範輸入病例的同時新加坡政府亦加強了境內的防疫準備。在健康保障方面，及時為民眾科普新冠肺炎預防知識，提供公共衛生出行建議，提升疾病暴發應對系統風險至橙色；嚴格執法，對入境人員實施強制居家隔離令，《傳染病法》規定違反缺席假和隔離令人員，最高面臨半年監禁，外國人則面臨取消簽證等處罰；嚴防本土傳播，加大陸上交通和海上交通檢測力度，對保障人群進行劃分。提出學齡前兒童、老年人、海外留學生、外籍傭工相應的防疫建議，向民眾發放醫用外科口罩，暫停宗教活動等舉措以最大限度降低社區傳播風險。

同時，新加坡政府推出了一系列經濟支持政策措施，保障民眾的生活來源。針對新加坡公民、永久居民以及 1 月 31 日或之前前往疫情地區的工作通行證持有人，收到居家隔離令者可申請每人每天 100 新幣（約 500 人民幣）的臨時失業津貼；政府還將滿足企業短期的現金流需求，幫助企業留住和培訓員工，包括為員工的工資成本提供部分支援；新加坡旅遊發展局為有確診病例和疑似病例的酒店，支付 50%的專業清潔費用；疫情期間計程車（Comfort，CityCab，SMRT Taxis,Tans-Cab,Premier Taxis,Prime and HDTTaxi）和私家雇傭車（Grab，Gojek）司機生計受影響較大，政府推出 7700 萬新幣點對點支持計畫，以幫助司機群體渡過難關，包括一次性津貼和每輛車每日津貼。

顯然，不同於中國的鐵腕措施，新加坡政府在疫情初期階段的 "預防"、"篩查" 更被認為是一種 "佛系" 防範。到了 2020 年 3 月，疫情在全球肆虐，特別是在歐美國家的快速蔓延使得新加坡輸入型病例開始大規模增長。此時，新加坡政府才開始採取更加嚴格的抗疫政策。

在新加坡抗疫的第二個階段，政府 28 個部門共計頒發了 69 份措施。其間，政府的防控措施由大面積、大規模逐漸向細緻化、科技化、高品質轉變。

一是運用科技手段提高追蹤品質。政府技術部門與衛生部聯合發佈名為"合力追蹤"（Trace Together）的移動應用程式，支援不同確診病例的追蹤工作，協助形成追蹤鏈，大幅度提升了追蹤效率和準確程度。

二是更嚴格、細緻地規定了社交規範，有效控制本地傳播。政府規定了公共部門、學校、課外興趣班、金融機構、宗教聚會、外傭幫工等不同組織人群的工作與社交規範、消毒與清潔措施以及多個建議，包括遠端會議、分區域學習、一週上課一天、取消外傭休假、暫停 10 人以上聚會活動等。

三是及時升級防控手段。2020 年 4 月初，新加坡外籍勞工群體確診率表現出爆發趨勢。4 月 3 日新加坡總理李顯龍宣佈，從 4 月 7 日開始，新加坡將執行代號為"斷路器"（Circuit Breaker）的病毒阻斷措施，為期四週。

內容包括：關閉所有非必要服務場所，只保留必要的公共服務；所有公立和私立急診醫院（包括門診專科診所和門診外科中心）、社區醫院、綜合醫院、公共衛生準備診所和腎透析中心將繼續開放。非全科醫生診所、專科診所、牙科診所和中醫診所只能提供基本服務；居家社區照顧服務，例如護理院、精神科康復院、精神科庇護院、家居醫療、家居護理、臨時照顧服務會繼續運作。老年護理中心、日間康復中心、精神康復中心和日間臨終關懷中心將關閉；全國大中小學等所有教育機構將轉為全面居家學習；公園和體育館將繼續開放，游泳場館、室內體育館、健身房和演播室、社區中心課程、博物館、圖書館和藝術畫廊/表演場地關閉。

然而，"斷路器"措施並沒有能馬上遏制疫情的傳播。大量境內新增病例，尤其是客工宿舍中出現的集體傳染，使每日確診病例數在 2020 年 4 月中旬超過 500。新加坡原計劃從 2020 年 4 月 7 日起實行"斷路器"措施，該措施實行至 5 月 4 日。4 月 21 日，總理李顯龍宣佈"斷路器"措施將延長至 6 月 1 日，並在 6 月 19 日進入"斷路器"後的第二個階段，這也是新加坡抗疫第三階段，即嚴格管控階段。

4 月初新加坡疫情的反彈，主要是由於外籍勞工的聚集性感染。因此，在抗疫的第三階段，政府首先將外籍勞工群體與本地社區群體徹底分割，阻斷病毒傳播路徑。勞工們統一在宿舍集中隔離，政府採取相應措施提升其居住環境品質，同時有序為所有勞工展開新冠病毒檢測，包括清潔公共區域、用餐分段、專業飲食、建立方艙隔離等。

直至"斷路器"措施結束，新加坡勞工累計感染 30688 例，佔據感染總人數的 95%。雖然感染規模較大，但累計治癒率高達 61.4%，勞工感染人數也在有條不紊地持續減少。截至 2020 年 6 月 1 日，新加坡已經進行了超過 40 萬 8 千次檢測。

當然，新加坡抗疫政策能夠以漸進模式取得顯著成效，與政府的治理能力密不可分。6 月初，英國風險投資公司 Deep Knowledge Group，為全球 200 個國家和地區在新型冠狀病毒大流行中的安全水準進行排。根據隔離有效性、防控與檢測能力、政府效率等幾項指標進行考察，新加坡名列全球第四。

全政府治理以及行之有效的動態治理，加之全社會合作，令新加坡得到世界衛生組織的肯定，成為除中國外的另一"抗疫範本"。

快速回應施策的日本模式

2020 年 1 月 15 日，日本國內確診首例新冠肺炎病例，疫情持續加劇。為應對本次公共衛生事件，日本政府在 1 月 31 日成立"新型冠狀病毒感染症對策本部"，由首相親自擔任本部長，內閣官房統一協調、內閣官房長官和厚生勞動大臣共同推進防疫抗疫工作。這也是日本應對公共衛生突發事件的最高回應級別。

1 月 28 日上午，日本政府根據《內閣法》第 1 條第 2 項和《感染症法》等法律，召開全體內閣大臣出席的"閣僚會議"。通過內閣決議（對國會負責的最高行政決定），日本政府把這次"新冠肺炎"法定為"指定感染症"、準"二類感染症"的應對級別，規定不經過國會修改《感染症法》，可以與以前法定的中東呼吸綜合症（MERS）和重症急性呼吸綜合征（SARS）一樣採取應急措施。

　　具體措施包括：政府可以對患者發出住院勸告或採取強制入院措施，讓患者到全國事先指定的具有設備和醫務條件的約 400 家定點醫院就診，不分國籍地限制患者工作並由政府公費負擔住院醫療費用。醫生和醫療機構，一旦發現患者，承擔必須報告的義務。主管《消防法》、《學校安全保健法》等其他法律的部門，做好部門法律的銜接工作，立刻頒布落實新冠肺炎被定為 "指定感染症" 的執行條款和措施。

　　在疫情初期階段，日本政府分別召開三次國家安全保障會議和內閣閣僚會議，根據相關法律決定了有曾在湖北省、浙江省逗留經歷和持有以上兩省發出護照的外國人、中國香港出發的國際郵輪 "威斯特丹號" 的所有乘客和船員等，除特殊情況外，不得入境。根據以上會議的 "決定" 和 "批准"，法務省發佈 "關於《出入境管理和難民認定法》第 5 條第 1 款第 14 項的適用" 公告，實行限制以上人群入境措施。

　　除了及時設立指揮機構，迅速頒布應對方案外，在阻斷疫情方面，日本政府從盡可能小地影響社會、經濟運轉角度出發，在沒有採取 "封城" 措施情況下，將阻斷疫情擴散管道作為疫情防控的關鍵步驟。日本政府尤其致力於儘早發現感染者團體間的關聯，通過對團體化感染者的有效控制實現疫情的 "完全封阻"。在未開發出有效對症療法和疫苗的情況下，日本政府的相關措施較為有效地延後了感染高峰，阻止了疫情感染範圍地進一步擴大。

　　隨著國外疫情的快速發展，日本從 3 月起進一步強化邊境管理，進一步強化檢疫，對重點區域來日人員實施嚴格的隔離和觀察措施。厚生勞動省特別設置了 "健康跟蹤調查中心"，要求海運、航空公司提供配合，通過船內或機內廣播、配發健康採集卡的措施進行邊境檢疫。同時，也要求機場等檢疫亭配備紅外體溫儀等對入境人士進行初步排查，力求在源頭上減少感染者。

　　另一方面，針對新冠肺炎引發的國民恐慌，日本中央和地方政府領導紛紛發出了告國民書、市民書或縣民書，呼籲冷靜、科學應對此次疫情。除此之外，日本政府也及時公開疫情相關資料，避免引發社會恐慌。自 2020 年 1 月底日本出現第一名感染者起，厚生勞動省就以天為單位跟進新型肺炎資料的公開。公開的資料中包含了患者的大致年齡、居住地以及患者與患者間病理上傳染的關係，以及患者搭乘過的公共交通工具及其調查情況。

2月5日，國立感染症研究所根據醫學研究倫理審查委員會的認可，決定設立課題"有助於2019-新型冠狀病毒（2019-nCov）感染對策開發研究"，並對有關以人為物件的醫學研究的隱私權利等問題進行公告，以便得到全社會的支持和理解。

面對此次新冠疫情的嚴峻挑戰，日本安倍政府在有限的時間內頒布的相關政策舉措，總體上取得了較為明顯的效果。根據5月中旬的統計，世界各國每100萬人中因疫情導致死亡的人數，美國為258人，西班牙為584人，日本則只有5人，在七國集團（G7）中抗疫效果最佳。截至2020年5月29日，日本國內的感染者數為16719人，死亡者數為874人。與歐美國家相比，日本的抗疫成效斐然。因此，這一"日本模式"也受到了聯合國秘書長古特雷斯的肯定。

8-1-4　虛假資訊下的"自由"抗疫

新冠肺炎疫情造成了全球性危機。這場危機是對各國政府領導力的一場考驗。由於並無對抗新型病原體的理想手段，因此各國被迫就如何應對疫情做出艱難選擇，這就造就了不同的抗疫模式。但是，美國的領導人沒有通過這場考驗，川普政府把危機變成了悲劇。在美國的"自由抗疫"下，對抗疫情的失敗觸目驚心。

2020年1月21日，華盛頓州西雅圖市出現了首例新冠病毒肺炎確診病例，屬於境外輸入型病例。2月28日，美國疾控中心（CDC）宣佈北加州出現了全美第一例來源不明的新冠病毒感染病例。這名患者並沒有離開過美國，也沒有與其他確診的患者有過接觸，在確診前沒有隔離。這意味著，新冠病毒可能已經進入了本地"社區傳播"的階段。

一天後，美國疾控中心又報告了全美第一例新冠死亡病例，來自西雅圖附近的老人院，也屬於本地社區傳播型。疾控中心同時提醒公眾，新冠病毒已經蔓延且在美國社區開始大規模傳播。3 月 11 日，美國確診人數破千，成為美國疫情發展的轉捩點。3 月 13 日，川普終於宣佈美國進入國家緊急狀態，發佈了聯邦層級的 "社交隔離" 指南，提醒公眾保持社交距離。

然而，在面對新冠疫情時，由於擔憂疫情對經濟發展造成衝擊、損害其聲譽，川普在初期極力淡化疫情的危害性。據統計，在收到中國首個疫情通報之日起的 70 天裡，川普 34 次淡化新冠疫情的嚴重性，斷言疫情會 "奇跡般地" 消失。正是因為川普的 "自由主義" 思維和非科學性的言論直接導致了美國聯邦政府在疫情應對上的遲緩、混亂與失敗，錯失了防疫的最佳視窗期，令美國一度成為全球新冠病毒確診病例數和病亡人數最多的國家。

3 月初，美國已進入社區疫情暴發階段，川普卻仍強調普通公眾受到感染的風險很低，新冠病毒是民主黨故意捏造的 "騙局"，是攻擊他的武器。更多的是從政治訴求的角度出發發表言論，而不是從客觀的醫學與科學的專業角度來看待與發表有關抗疫的言論。川普曾公開發表言論，指出新冠病毒和普通流感沒什麼兩樣，只要勤洗手、注意衛生，就算接觸到了感染病例，也不會造成什麼影響。

這種淡化疫情、經濟至上的行為讓川普政府面對新冠肺炎疫情的社區暴發時顯得十分被動，這種被動後期也直接體現為政府在病毒檢測、防護物資採購等方面的不足。根據《大西洋月刊》的調查，截至 3 月 8 日，美國共檢測了 3201 人。但是同期，義大利和韓國的檢測數量分別是 4.9937 萬人和 18.9236 萬人。按人口比例來算，美、意、韓三國每百萬人口分別檢測了 9 例、826 例、3692 例。韓國和美國是在同一時間報告了第一例確診病例（1 月 21 日和 20 日），但在 50 天左右的時間裡，韓國每百萬人口檢測數是美國的 410 倍。

面對疫情本土大暴發的各種內部批評，川普故意將新冠病毒稱為 "中國病毒"，以此轉移公眾的視線，激化種族仇恨。這是其競選策略的一部分，目標是將新冠病毒所造成的人員傷亡和經濟損失的憤怒，轉移到一個許多美國人已警惕看待的國外對手身上。這種帶有種族歧視的說法一方面傷害了美國籍亞裔人士，使他們成了種族暴力和歧視的目標；另外一方面也傷害了美國的其他種族群體，沒有足夠、客觀、科學的認識新冠病毒的危害，而導致諸多生命被病毒吞噬。

川普在關於新冠肺炎疫情的醫學問題上信口開河，其發言違背科學常識，尤其不利於公眾和輿論對新冠肺炎疫情的認識。4月，一些川普的右翼支持者遊行示威，反對居家隔離，要求重開經濟，甚至打出了"這是假的危機"、"福奇錯了"等反醫學與科學常識的口號。川普則在社交媒體上卻將這些居家令的抗議者稱為"偉大的人"，認為他們是愛國的、有責任感的。

在2020新冠疫情的報導中，自由主義驅動下的涉華疫情新聞、資訊、言論與評論呈現為一種反科學主義與錯誤疫情資訊混亂交織的狀態。從前期的"病毒隱瞞論"到"中國製造論"，從"口罩無用論"到"美國人感染率低"、"反對居家防控，拒絕中國抗疫模式"等，在意識形態的影響下，反科學的自由主義式的報導喧囂塵上，尤其集中在美國福克斯新聞網的相關報導和社交媒體如推特、臉書的反華政客推文中。

在反科學的自由主義言論甚囂塵上的另一邊，是川普不尊重公共衛生專家關於新冠疫情應對的科學建議，經常與專業人士意見相左的抗疫表現。這些沒有科學依據的關於新冠肺炎疫情輕描淡寫的言論釋放了混亂的信號，給專家的抗疫工作增加了很多麻煩。

除了邊緣化美國傳染病專家地位，川普還違背醫學常識，繞過專家直接向公眾推薦藥物和治療方法。從獨創史無前例的消毒液治療法，到竭力推薦療效未經證實、後來被世衛組織要求停用的羥氯　，川普甚至以身示範，公開宣稱自己正在服用這種藥物。

川普通過政治操控等手段破壞技術專家在行政系統中的獨立性、專業操守等政治中立傳統。他將政治忠誠放在首位，削弱聯邦機構中的專家力量，迫使科學家服務于領導人的政治意志。他解散了直到2018年都是國家安全委員會一部分的流行病防備辦公室，不斷地攻擊那些否認他的言論或指出他的錯誤的人，提高了專家型官僚發表專業意見的成本。川普對專業知識的敵視，迫使許多最有能力和經驗的聯邦雇員辭職。

美國疾病控制與預防中心曾是世界領先的疾病防控組織，在疫情期間卻遭受重創，並且在檢測和政策方面遭遇慘敗。美國國立衛生研究院在疫苗開發方面發揮了關鍵作用，但卻被排除在政府的許多關鍵決策之外。美國食品藥品管理局更是被可恥地政治化，他們屈從於政府壓力，而不是遵循科學證據。川普在一定程度上破壞了人們對科學和政府的信任，而這造成的損害將會比疫情更長久。政府不再依賴專業知識，而是借助于無知的 "意見領袖" 和冒牌內行，他們掩蓋真相，助長了徹頭徹尾的謊言的傳播。

從人類的疫情史來看，沒有一次的重大傳染病不是靠醫學的進步與科學的專業手段成功解決。傳染病從來就不是靠口號就能解決，而是需要依靠專業的醫學知識，並借助于科學的管控才能有效應對。

截至 2020 年 10 月 8 日，根據約翰霍普金斯大學系統科學與工程中心（Johns Hopkins Center for Systems Science and Engineering）資料，美國新冠肺炎患病人數和死亡人數都居於世界首位，遠遠超過中國等人口更多的國家。美國的死亡率是加拿大的 2 倍多，比人口老齡化並因而擁有眾多 Covid-19 高危人群的日本高出近 50 倍，甚至比越南等中低收入國家高出近 2000 倍。川普政府把危機變成了悲劇，在美國的 "自由抗疫" 下，對抗疫情的失敗觸目驚心。

8-2　美國抗疫不力背後三本難念的經

3 月，美國，疫情暴發。

10 月初，全美已累計超過 76 萬人確診，累計死亡超過 21 萬。儘管數字增速有所下降，但總體疫情仍然起伏不定。除早期疫情比較嚴重的紐約等地生活正在逐漸回歸正常之外，其他地方還在等待轉機。

　　從物質層面說，美國是世界上的頭號強國。其政治、經濟、軍事、科技實力與美元霸權沒有其他國家能夠與其相比。從人口角度來看，美國總人口約 3.3 億，不到中國人口的四分之一，美國抗疫應該比中國更為容易，也更為高效。

　　然而，現實情況卻正好相反，在中國疫情進入常態化防控階段時，美國疫情卻進入了持久戰。作為全球實力第一強國，美國抗疫為何如此不力？

　　顯然，經濟實力強大的美國抗疫問題已經不是一個單純的物質問題，更是一個政治問題，一個社會問題，一個文化問題。

8-2-1　當疫情疊加選情

　　美國是一個多黨制國家，多黨制顯而易見的好處是，百姓可以選擇由誰來執政。在某一個政黨執政的時候，在野黨可以監督它，使其不要太偏離大家認可的社會契約。如果執政黨走得太偏，那麼下次就會被選下來。而多黨制難以避免的一種弊端，則是兩黨為了爭奪執政權的不擇手段，包括惡意誹謗、蠱惑宣傳等。

　　2020 年恰逢美國大選年，新冠肺炎疫情短時間內在美國的大規模暴發甚至失控，無疑成了美國大選年最大的黑天鵝事件。同時，政治上，權力、話語和思維方式的衝突，導致政治選戰和抗疫對戰糾纏，嚴重干擾甚至左右著疫情防控，使得政府不能高效及時採取措施。

　　比如，作為美國防控疫情的重要視窗的疫情通報會，本應客觀地向公眾傳遞疫情以及政府抗疫的真實情況，以動員美國人民共同努力戰勝疫情。實際上，卻由白宮新聞辦設計淪為川普的競選舞臺，包括接見一些小企業家、新冠康復者、志願者等不同人群，讓他們上臺表達對川普的感激之言等。

　　除了將疫情通報會變成競選舞臺，為了不讓經濟拖住大選的後腿，川普在疫情仍然蔓延、沒有頒布有效的防護措施之前，就要求各州趕快復工復學。這些出於選舉考量的決定，讓疫情一直得不到有效控制。

這也讓共和黨的州長們都跟著川普的指揮棒轉喬治亞州州長 Brian Kemp 在 7 月中甚至將要求大家戴口罩的民主黨籍亞特蘭大市長 Keisha Lance Bottoms 告上法庭，說她對開工復學施加的種種限制違反了州長命令（二者後來達成共識，州長在 8 月份撤訴）。

上行下效的結果就是，喬治亞州的 North Paulding 高中在已經有學生和員工染疫的情況下，還要求學生必須到校上課，而且可以不戴口罩，否則留校察看或者開除，師生中任何在媒體上批評該校的人都將面臨紀律處分。

大學情況也並不樂觀。根據《紐約時報》的一項統計，到 9 月 10 日為止，在他們調查的 1600 所四年制的公立與私立大學中，累積了至少 88000 個病例。其中，在 Tuscaloosa 的阿拉巴馬大學，從 8 月中到九月，發生了 1889 個感染案例；在艾奧瓦州立大學，則發生了 1200 多例。

此外，民主黨與共和黨在疫情問題上的相互攻擊更是分散了抗疫力量。

川普攻擊民主黨的無能與混亂，因為美國疫情最嚴重的幾個州州長都是民主黨人，如重災區紐約、加利福尼亞、新澤西等州；同時指責民主黨試圖將病毒政治化，試圖以疫情嚴重為政治工具來攻擊他。

在川普看來，正因為民主黨寬鬆的移民政策，導致了大量外來人口帶來病毒。於是，以川普為代表的共和黨人攻擊民主黨人不顧美國人民的安危，讓更多的美國人民失業饑荒。

而民主黨的官員們則抨擊川普撒謊成性，抗疫失誤，無所作為，為了選票表演總統，任意專斷，提出生命至上，攻擊川普不顧人民的死活，重啟美國經濟。主張禁足、暫停經濟以抗疫。

選情與疫情疊加，終於，在美國的黨派爭奪中，疫情一再惡化。

8-2-2　反智主義下的認知扭曲

關於美國人的反智主義，最有名的論斷或許來自理查・霍夫斯塔特（Richard Hofstadter）的名著《美國生活中的反智主義》（Anti-Intellectualism in American Life），其主題正是 "美國人厭惡和懷疑思想生活以及那些代表這種生活的人"。

書中指出了美國人的一種羅曼蒂克式信念和心態，即大眾民主應該支持 "天生的、本能的、民間的智慧處於優越地位，凌駕于文人和有錢人的教養、學問、和自我牟利的知識之上。" 實際經驗比充滿想像力的思考更重要，本能的情感戰勝了貧血的理性。

"就像福音派教徒拒絕接受有學問的宗教和正式組織起來的教牧體系而更喜歡內心的智慧和直接聆聽上帝的聲音那樣，平等政治的支持者擯棄訓練有素的領袖，更喜歡普通人的內心感受，直接瞭解真理。這種對普通人智慧的偏愛在民主教義的最極端聲明中成長起來，變成攻擊性的民眾反智主義。"

霍夫斯塔特認為美國人的反智傳統，即對知識、理智以及代表這些東西的知識份子、精英的反感與質疑，對生活中樸素常識的更多重視，其產生早於美國人國家認同的產生。霍夫斯塔特舉了當代的很多例子，包括右翼勢力對大學的攻擊等。

反智的問題從上到下都存在，而川普的反智主義更是在疫情期間體現地淋漓盡致。在美國疫情暴發後，川普先公開表示新冠肺炎只是一種感冒，病毒很快就會消失。

4 月，川普更是獨創了史無前例的消毒液治療法，建議醫學界研究向人體注射消毒劑來消滅新冠病毒，或者用紫外線照射病人身體達到治療效果，一度上榜微博熱搜。此後不久，他又竭力推薦療效未經證實、後來被世衛組織要求停用的羥氯　 ，甚至以身示範，公開宣稱自己正在服用。

　　8 月，川普任命神經科醫生、保守主義智庫專家、傳染病外行阿特拉斯加入白宮的防疫小組，因為後者在公共政策（比如已經在全世界都被拋棄的"群體免疫"）和經濟問題上的看法和川普吻合。但是，真正的傳染病專家伯克斯和福奇卻被邊緣化。福奇作為美國最被信任的流行病學專家，卻在主流電視臺的抗疫防疫的科普中受到政府限制，因此只能到社交媒體上發聲。

　　川普迫使自己的政府機構跟著他的指揮棒轉。其中，聯邦食品與藥物監管局提出要用新冠病人的血漿作為治療手段，並且療效達到 35%，但隨後便被專家指出這些資料沒有根據。此外，川普為了減少新冠病例，指使疾控中心提出一項指導原則，即如無症狀，可不檢測。儘管這樣一來，總體病例數目確實會降下來，但是實際病例並沒有減少（中國早期計算病例時，也沒有包括無症狀感染者）。根據川普的邏輯，不檢測就沒有病例，沒有病例就沒有病毒，無知則無畏。

　　當代西方著名社會理論家戈蘭·瑟伯恩在《權力的意識形態和意識形態的權力》一書中將意識形態分為三個層面：一是認知意識形態（cognitive ideology）；二是規範意識形態（normative ideology）；三是變革意識形態（transformative ideology）。

　　其中，認知意識形態涉及人類對世界的認知，諸如存在什麼、不存在什麼，事實是什麼、不是什麼等問題。而川普的反智主義，正是對認知意識形態的扭曲。他把"玩弄事實"作為一種意識形態工具，直接向事實發起挑戰，甚至通過捏造事實來挑戰真相、作弄真相，從而讓事實隱身、讓真相遁形。

　　於是，川普于疫情之初所形成的那種"新冠病毒不會給美國造成災難"的信念和願望，左右著他在整個抗疫期間的行為方式，扭曲了他對科學事實的選擇性認知偏好。同時，他對科學事實的選擇性認知偏好，又強化了他對"病毒不會造成災難"的最初認識形成扭曲的"信念和願望"，綜合而成了一個認知意識形態的扭曲閉環。

荒謬的是，這種“信念和願望”還獲得了相當數量美國人的自動配合，雙方由此達成一種“認知協調”機制。於是出現了如“新冠病毒是一種普通的流感、一場精心策劃的騙局”、“羥氯　是能夠改變遊戲規則的新冠神藥”、“注射消毒劑可以殺死新冠病毒”等荒唐言論。這些在劇中人看來是天經地義、自然而然的，但在局外人看來卻是匪夷所思的現象。

這種對科學權威的反感與抵制、利用科學又背叛科學的反智主義無疑對疫情的進展與防控產生了巨大影響。

8-2-3　濫用自由的失序風險

對抗疫情是一場上下同行的全民活動，而在美國，除了選情帶來的疫情惡化，美國擔責還有一部分阻力則源于其民主治理體系的低效缺陷。

民主與自由被稱為資本主義國家政體的精神支柱，但實際上資本主義條件下二者的關係並非絕對協調：自由關心個人權利，而民主關心對個人和集體行為的控制。這意味著兩者存在矛盾關係並在一定條件下呈現緊張狀態。對自由的狂熱和迷戀潛移默化地影響著西方社會，導致了民主政體的無序化運作。

這種無序化在美國政治中表現突出，譬如行政部門蔑視議會，常以“緊急狀態”為由逃避已確立的規則和程式；對於自由的濫用在美國普通群眾中也屢見不鮮，這在民眾抗議“居家防疫”的遊行活動中可見一斑。

同時，這種對於自由的追求也表現在美國疫情防控民眾對於的隱私保護的追求。以病例追蹤為例，病例追蹤是指由專人給已經發現被感染的人及與其接觸過的人打電話，讓他們隔離 14 天，以防感染別人。在中國大陸，往往由社區來進行病例追蹤；在中國臺灣，則由裡長（最低一級政府機構）及其下屬來執行。但由於美國沒有這一層政府機構，只能由該市或縣雇傭專人來打電話追蹤。

　　然而，追蹤病例卻在美國做得非常不成功。究其原因，當然和檢測手段不夠、追蹤所需時間太長有關，而人們不願意配合則是工作不順利的另一重要原因。像中國用健康碼（包括各種身份證資訊以及臉部識別功能）來追蹤每一個人，或者像其他亞洲國家地區那樣靠手環、手機 GPS 來追蹤病人，在美國則是不可想像的事情。所以美國的電話專員們總要靠一些辦法，比如先問食物是否充足、是否有失業救濟、是否需要嬰兒尿布等等，來先取得對方信任。

　　儘管如此，病例追蹤還是困難重重。根據《紐約時報》的一個報導，7月份的某一周，洛杉磯的跟蹤調查發現，有三分之一強的患者不接電話，有一半的人拒絕透露他們和誰有過接觸。

　　於是，自由氾濫所帶來的失序風險威脅著治理效率。秩序是效率的前提，為提高效率提供規範保障。失去秩序理性的保障，政府防控措施便會陷入低效泥潭。

　　另一方面，社會聚合力體現著一個社會協調內部衝突、動員社會成員的能力。在面臨重大危機和事件時，這種緩和衝突、凝聚合力的社會力量十分重要。但是，以個人主義觀念為價值基礎的美國民主政體存在社會聚合力不足的缺陷。

　　客觀來講，美國民主的發展正得益于這種追求自主性的個人主義，但也使得社會逐步陷入自我泥潭，公共和個人生活的隔閡也逐步擴大。美國嘗試克服其個人主義傾向，建立社團以轉移和調和公共生活和個人生活的對立。但是，個人主義對自我的強調與社團對集體的強調之間存在著價值衝突。除非有一種強大的社會融合體制，否則社團對個體的整合作用會受到極大限制。

　　但在資本主義條件下，這種融合體制是不具備的。資本具有強大的流動性，受資本影響形成的社會關係便處於不穩定狀態，這種不穩定狀態影響著社團效能的發揮。個人難以承受社會不穩定結構帶來的負擔，自我的不合理訴求更會進一步衝擊社會團結的基礎。因此，民眾很難聚集力量抗擊疫情，甚至各州政府的疫情處理方式也無法擺脫個人主義的思維藩籬。相較于中國各省區市的互助合作，美國各州政府更像是爭奪醫療物資的競爭對手。

總之，美國政府應對疫情防控所表現出的乏力感並非毫無根據，政黨政治、反智主義、自由濫用都是阻礙疫情防控的重要原因。如何從中找尋平衡或者擺脫困境，則是美國必須要思考的問題。否則，即使沒有新冠疫情的暴發，也會有下一場災難地降臨。屆時，美國及其人民可能會付出更為沉重的代價。

8-3　崩潰的美國醫療

美國疫情防控在新冠肺炎全球大流行之時受到了全球的關注，而如此龐大的疫情傷亡對美國的醫療系統造成了怎樣的衝擊？

一種說法是，相比於中國的"保人不一定保錢"，美國堅定地實施"保錢一定不保人"，直接越過了"醫療系統崩潰"，實現了"在醫療系統有空餘的情況下大量人民得不到救治而死亡"的結果。於是，美國民眾得出"美國醫療系統不會崩潰"的結論。這個結論聽起來當然非常荒謬，但可能也進一步反映出了民眾對於美國醫療系統的無奈和嘲諷。

8-3-1　中國人所不能理解的美國醫療

秉承數百年的自由主義、個人主義、社區自治、精英行會傳統，美國的醫療完全不是以中國人所理解的方式在運作。

早在 2014 年，美國衛生總費用就高達 3 萬億美元，占 GDP 比重的 18%。與此同時，仍有 15%左右人口沒有任何醫療保障，人均預期壽命在 OECD 國家中倒數第二。2018 年，美國衛生總費用仍占 GDP 的 16.2%，排名世界第一。相比之下，中國衛生總費用僅占 GDP 的 4.6%，排名第 145。

　　如果將美國醫療行業當做一個獨立的經濟體，它甚至將成為世界的第五大經濟體，超過法國、英國、俄羅斯和巴西。而要理解美國醫療行業在 GDP 占比的奇異現象，就要先瞭解美國的醫療體系。

　　中國以及世界上很多國家的醫療體系，都是醫生從屬於作為組織機構的醫院。醫院負責門診、檢查、藥房、收費、手術、住院的全流程服務，且集中了大部分醫生。而在美國，醫生才是整個醫療體系的中心，且其中占主力的 63 萬醫生，都是診所醫生。

　　社區診所是美國醫療體系的基石，既提供初級醫療服務，也解決大多數常見病、多發病。和中國幾乎所有外科手術在二三級醫院完成不同，美國 68% 的外科手術由診所（含日間手術中心）完成。病情較急或較嚴重的病人一般在門診中心（多科室聯合診所）、急救中心等診治，更嚴重的在急病治療醫院（Acute Care Hospitals）。但這種醫院提供的服務主要是住院，同時住院時間較短，平均在 5 到 6 天，出院後也可能轉去康復醫院和長期照護醫院。中國的醫院沒有這樣的分別，絕大部分醫院將這三類服務混在一起。

　　美國的醫生對執業地點擁有充分的自主選擇權。自主選擇的結果是，84% 的社區醫生只在一個地點執業，但也有 25% 的診所是專科醫生的聯合診所，數量上大約有 27 萬個。51% 的診所中只有一名醫生，這類診所的醫生數量占醫生總數的 18%；38% 的診所擁有 2 到 5 名醫生。也就是說，接近 90% 的社區醫生在不超過 20 人規模的診所執業。

　　而患者按與保險公司的約定，長期在固定的診所醫生那裡看病。醫生一般都是全科醫生，也有專科醫生，他們長期管理著這個社區患者甚至患者全家幾代人的健康檔案。

　　此外，美國實行醫藥徹底分離的制度，診所和藥房是完全獨立的。很多複雜一點的檢查部門也是獨立營業的，醫療服務相當碎片化。所有診所都要和 1 到 2 所醫院建立合作關係，全科醫生無法解決的，就要轉診有關係的專科醫生。專科醫生不具備複雜手術條件的，就繼續向簽約醫院介紹轉診，或者自己去借用醫院資源展開手術。

在開診所的醫生之外，也只有小部分醫生是醫院雇員。剩下的醫生，仍然是獨立的自由執業者（其中約一半的獨立醫生也會合夥組成"醫生集團"，以團體執業）。對於自由執業醫生來說，醫院只是他們的合作方，醫院對他們來說，就像一個"共用辦公"場所。醫生只是"借用"醫院的手術設備、儀器床位、護理人員等對患者進行診療。診療費由醫生單獨收取，其餘服務費用由醫院收取。

因此，不少綜合型醫院只在急診室雇傭一些年輕醫生，專業科室只配備護士和醫療設備，供簽約主治醫生來"借用"。而無論是全科醫生、專科醫生、醫院還是藥房、檢查中心，患者所有的預約、轉診、配藥、手術、結帳，都要置於保險條款的規定、制約和聯繫之下，否則不予支付。

於是，在高昂費用、條款制約之下，美國人平均每年只看醫生 4 次，而其它 OECD（經合組織，36 個較發達國家）國家的病人每年看醫生的中位數是 6.5 次，日本是 12.9 次。

8-3-2 獨樹一幟的醫療保險

在發達經濟體中，美國的醫療保險卻是個特例。與歐洲國家、加拿大、日本等發達經濟體普遍建立覆蓋全民的社會醫保制度不同，美國政府主導的社會醫療保險集中於保障老年群體（Medicare）和弱勢群體（Medicaid），工作人群的醫療保險則由商業保險機構提供。

在政府醫保之外，美國的商業醫保極其分散而零碎，但也構成了個人、雇主、保險商、醫療提供者（醫生、醫院、藥房）之間的博弈。

值得一提的是，美國醫保以商業保險為主有其歷史原因。美國政治具有三個顯著特點：聯邦制（分權化）、有限政府和自由主義意識形態。包括醫療服務在內的社會服務，一直屬於州政府管轄範圍，而非聯邦政府責任。一些雇主為員工提供基本醫療保險，更契合美國人普遍的政治和經濟理念。政府介入醫療保障，長期得不到足夠支持，難以在聯邦層面立法。

　　二戰期間美國實行工資管制。雇主不能提高工資，遂轉向通過提供醫保等福利來吸引人才。1954 年，美國對企業為其雇員提供醫保的費用實行免稅。從此，雇主成為美國國民獲得醫療保險的主管道。

　　人們一般聽到的關於美國的醫療收費出現極高或極低的情況，往往取決於你擁有什麼樣的保險：是好保險還是爛保險或者是沒保險。

　　如果是政府雇員、大型商業公司尤其是矽谷的高科技大公司，談判能力強、支付能力高，同時對員工的福利好。員工可以享有優渥的保險，例如個人每月出 400 美元，公司配比 1200 美元甚至更高，而且保險條款涵蓋範圍廣。而對於小雇主乃至個體勞動者，沒有談判的優勢，所以買到的保險往往在真正需要的時候都不能有效實現。以至於出現自付比例很高，很多醫療手段都不包括等等情況。

　　但無論如何，根據公開資料，美國中年勞動者每個月要花 400-500 美元在保險上（每年 5000-6000 美元），才算有醫療保障。與此同時，仍有 11% 人口（約 3500 萬人）買不起商業醫保（奧巴馬醫改之前為 16%）。對於窮得沒什麼可失去的底層，那就只能祈禱自己不要生病了。生病只能去有公立醫院的急診中心，但這裡只管保命，不管慢性病。

　　美國醫療和醫保的一大特點就是漫天要價、坐地還錢。一次簡單的急診，開了幾片止疼藥，診所醫生就能開出 4000 美元的 "基本帳單"。但是，保險公司是不會理會的，只會按合約約定支付 1000 美元，剩下患者再自付 100 美元。

　　對於毫無保險的人來說，原價帳單就已經是絕對的天價了。在美國，因為巨額醫療而導致的個人破產占全美破產個案的 62%。

　　從雇主、醫療提供方到保險公司，不論事前事後都要付出時間精力爭論、談判，於是就出現了美國醫療的第三個特點，即價格不透明。事前不公示，事後寄帳單，普通民眾沒有比價資格，此外，保險的攤平的本質意味著保險的支付、自付的成本，乃至保險商的管理費用和利潤，最終都將由民眾來承擔。

多方合力終於造就了美國如今的醫療體系，人均年醫療支出超過 1 萬美元，是 OECD 國家平均水準 4000 美元的 2.6 倍，而人均預期壽命卻在 OECD 國家中倒數第二。

8-3-3　疫情是如何擊穿美國醫療的？

美國醫院協會最新報告顯示，2018 年美國所有社區醫院，共約 80 萬張床位，其中 ICU 床位不到 10 萬張，成人 ICU 床位不到 7 萬張。目前，美國擁有 62000 台全功能呼吸機和 98000 台基礎呼吸機，國家戰略儲備 8900 台。此外，2018 年，全美社區醫院共有 76000 名全職呼吸治療師及 51.2 萬名重症監護護士。

在 2020 年 5 月，美國確診人數就已累計超 166 萬，假設重症比例 15%，約需 24.9 萬張 ICU 床位。而目前美國成人 ICU 床位上限 7 萬，就算美國兒童 ICU 床位也投入新冠肺炎使用，也遠不夠美國的新冠治療所需。據其他國家經驗，至少 10%的住院患者需要使用呼吸機。假設住院比例 10%，則需 16.6 萬台。加州法律規定，一名呼吸治療師最多可同時救治 4 名患者。假設全美都按此標準，則需 41.5 萬呼吸治療師，而這也遠超美國真實的全職呼吸治療師的人數。

新冠治療所需的任何一樣醫療資源，在當時都已經不能滿足美國的真實需求。基於此，誰還能說美國的醫療系統沒有崩潰？

此外，美國獨特的醫療保險體系導致沒有保險的人數眾多，這加劇了應對冠狀病毒的挑戰。調查顯示，至少有 2700 萬美國人沒有健康保險。而且，隨著數百萬人失業，這一數字將會上升。如果沒有保險，病人就有可能因急診室就診而付不起高額費用，從而迫使醫院承擔壞帳。

儘管美國在醫療保健上花費了數萬億美元，但其中大部分都是浪費。2019 年在《美國醫學會雜誌》（*Journal of the American Medical Association*）上進行的一項研究發現，至少有 7600 億美元被浪費在了不必要的醫療開支上，這比美國在中小學教育上的支出都要多。這些資金被那些必須對醫生所採取的每一項行動進行編碼和帳單的官僚們所消耗，醫生和醫院管理人員所支付的費用遠遠超過了他們的歐洲同行。

可以說，美國的醫療體系在新冠的衝擊之下暴露無遺。幾十年來，美國一直在努力解決如何改變其笨拙的醫療體系。而這場大流行病能否引發一場運動，最終使其更加公平？有可能，就像第二次世界大戰給英國國家醫療體系帶來的痛苦一樣，新冠病毒也可以永遠改變美國的醫院。當然，也有可能系統會進一步陷入功能障礙。

8-4 英國抗疫啟示錄

第一次世界大戰開始的時候，英國公眾曾樂觀地相信，大戰將 "在耶誕節前結束"，後來的事實證明，這只是一廂情願的想法。一戰持續了有四年之久，最後在各參戰國精疲力盡之下才得以結束。歷史總是驚人的相似，在面對 2020 年初暴發的這場全球新型冠狀病毒肺炎疫情時，英國公眾也一致認為，英國的新冠疫情會很快結束，但和那時一樣，事實再一次證明，這只是人們一廂情願的想法。

2020 年 1 月 31 日，英國本土首次出現了確診病例。隨後，英國抗疫經歷了從群體免疫引起輿論譁然，到查理斯王子被檢測陽性，首相染病，英國防疫政策再升級。再到 2020 年下旬，英國面臨第二波疫情高峰壓境。然而，就在疫苗剛為擺脫這場疫情帶來希望之際，英國官方又發出緊急警告，稱一種新的具有高度傳染性的新冠病毒變種開始英國傳播。與此同時，多個國家宣佈對英停航，再度加劇了民眾的擔憂，為原本就艱難的抗疫再增添 "不確定"。

　　當然，COVID-19 作為一種新疾病，不確定性真實存在，有些錯誤不可避免。而且流行病學家之間也存在分歧。面臨問題的不僅是英國，科學家們經常意見不一，臨床醫生和公共衛生專家也是如此。但英國的疫情發展比大多數歐洲國家要滯後一些。然而，儘管可以從義大利和其他地方吸取教訓，英國的死亡率卻處於美國以外最高的幾個國家之列。採購和分配方面的管理失誤加劇了政治錯誤，使得英國缺少呼吸機、檢測能力和個人防護設備等關鍵資源。

　　可以說，英國抗疫是繼美國之外又一場看得見的失敗。英國的抗疫經歷波折又艱辛，但在重新回顧疫情期間每一個時間節點發生的事件時，從群體免疫入門到群體免疫入土，再到第二波疫情高峰壓境疊加新冠病毒變異體的流行，歷史總是在螺旋式上升中給人啟示。

8-4-1　時機不可誤

　　英國的抗疫的一個最大特點，就是比其他國家"慢半拍"--歐美國家所採取的隔離封鎖策略，儘管後來都被英國政府所採納，但問題在於，這些措施的採納不是積極的和前瞻的，而似乎是被民間社會和嚴重的疫情走向"倒逼出來"的。

　　英國政府應對疫情的開始策略為"遏制--延遲--緩解--研究"。三月初，新冠疫情在英國加速擴散之際，政府宣佈抗疫從遏制進入延緩階段，但在行動上幾乎沒有新舉措。這在一定程度上延誤了遏制疫情的時機。

　　其中，2020 年 3 月初時，英國的國民健康醫療服務系統（NHS）才以手機短信及郵件的形式，通知那些過去 2 周有海外旅行史或流感症狀或接觸過新冠確診病例的英國居民打電話給 111，要求這三類人在家自我隔離，不可以直接去診所或醫院。而在此之前，很多從歐洲旅行回來的英國民眾已經出現了新冠肺炎的症狀，英國疫情進入暴發期。

　　3 月 12 日，英國政府做出了停止檢測和追蹤冠狀病毒的災難性決定。然而政府官員堅稱，這是為了讓國民健康保險制度做好應對災難的準備。3 月 14 日，英國本土累計診 1140 例。英國政府公開承認，英國境內的實際感染人數可能在 5000 到 10000 名之間。NHS（英國國家醫療服務體系）宣佈不再對輕症疑似者檢測。相比較來說，3 月 23 日，德國的病毒檢測能力已經達到每天 10.3 萬次，而英國當時的檢測能力剛從每天 5000 次上升到 1 萬次。

　　此外，雖然學校組織的出國旅行活動一律取消，已經有疾患的老年人不被建議去乘遊輪。但許多人期盼、呼籲的取消大型公眾活動和關閉校園等抗疫“硬”措施卻都不在決策之內，因為“時機不妥”。

　　首相詹森強調，採取防疫措施，時機的把握很重要。詹森說，根據科學和醫學顧問的意見，英國目前不需要關閉學校，也不必取消大型公眾活動，比如體育賽事，這些都是多種因素權衡之後的決定。

　　英國專家評估意見是倘若採取這些措施弊大於利。政府首席醫療顧問說，抗疫是持久戰，過早採取這類措施容易讓民眾產生心理倦態和疲勞，不利於抗疫，也未必能擊中疫情要害，反而徒增其他負擔。但這卻與學界普遍的理解相背離，學界認為，疫情一旦進入延緩階段，就需要開始採取“社會疏離”措施，包括取消大型活動、關閉校園、鼓勵和建議雇主允許員工在家遠端工作。

　　但英國在延緩階段的措施卻並未起到積極作用，沒能把握遏制疫情的優良時機，造成的結果只能是被疫情追著摁在地上摩擦。從英國疫情的走勢圖來看，很快，英國就迎來了疫情的上升期。僅在 2020 年 3 月，英國本土新冠肺炎確診人數就從 12 例激增至 25150 例，累計死亡 1829 例，累計治癒 135 人，堪稱災難。

　　事實上，在新冠世界大流行時，人們往往會將其與過往疫情的大流行作對比。1957 年亞洲流感，全球死亡人數超過 200 萬，英國直接死於這種病毒的至少 1.4 萬人，900 多萬確診病例，得到治療的有 550 萬人。之後，英國經濟陷入衰退。值得一提的是，1957 年，倫敦的世界流感研究中心（World Influenza Research Centre，縮寫 WIRC）已經和全球各地的實驗室組成了一個研究、跟蹤、監測病毒的網路。

1957 年初夏，“亞洲流感”開始在英國蔓延。第一例感染病例出現在 6 月下旬，8 月份疫情大暴發，數周內擴散到全國各地，無處倖免，10 月中旬疫情觸頂。當年冬季又出現有限的反復。亞洲流感病毒的主要感染人群年齡在 5-39 歲，其中將近一半是 5-14 歲未成年人。當時，英國對亞洲流感沒有大致統一的治療方案，各地的社區診所自行其是。當時主要就是用抗生素，但後來發現沒有針對性地用抗生素其實並無好處。

英國公共衛生實驗室服務（PHLS）負責核對各種傳染病個案，然後把流行病和疫情狀況通知醫院、診所和醫生。皇家全科醫師學會（RCGP）的流行病觀察科也有類似職能。1957 年秋，亞洲流感進入英國一段時間之後，PHLS 負責人麥克唐納（J Corbett McDonald）致函 RCGP 流行病觀察科科長華生（Ian Watson），抱怨兩家在疫情暴發時都沒有展開大型研究項目，後來的深入研究因此較為有限。

麥克唐納歎息，雖然西班牙流感之後有 30 多年時間為應對下一次流行病大暴發做好充分準備。但事實證明，大家還是很被動，事先沒有計劃，結果臨陣磨槍，倉促應對。因此只能祈望一線醫務人員能抓住時機，最後有足夠的資料對發生的疫情做出充分的解釋。

比之於半個多世紀前的亞洲流感，現代性的醫療設備和流行病研究都已有了質的飛躍，但許多時候人們卻依舊沒能夠在流行病流行的第一時間把握住時機，導致被動地遏制疫情。顯然，無論是個體還是社會，面對緊急的公共衛生事件，把握時機，謹慎防備，未雨綢繆，對結果都將起到重要作用。

8-4-2　失敗的群體免疫

2020 年 3 月 12 日，新冠肺炎疫情的新聞發佈會上，詹森正式宣佈英國抗疫大戰進入第二階段--拖延階段。詹森表示，根據科學建議，英國將採取"群體免疫"的措施，爭取讓 60%的英國人感染病毒。

簡單來說，群體免疫就是當足夠多的人對導致疾病的病原體產生免疫後，使得其他沒有免疫力的個體因此受到保護而不被傳染。群體免疫理論表明，當群體中有大量個體對某一傳染病免疫或易感個體很少時，那些在個體之間傳播的傳染病的感染鏈便會被中斷。

群體免疫的計算完全依賴於對 R0 的估算，但由於 R0 估算受不同模型和社會環境的影響，R0 的計算值差別也會很大。在 4 月 7 日美國疾病管制局期刊《新興傳染病》中，更新了新冠肺炎 R0 為 5.7（95％CI 3.8－8.9），也就是說，一名新冠患者可以傳染 5.7 人。這意味著必須通過疫苗接種或事先感染超過 82%的人口實現免疫後，才能得以實現群體免疫而停止傳播。

因此，詹森公佈的"群體免疫"措施，爭取讓 60%的英國人感染病毒，同時建議英國人提前與家人告別的驚世駭俗的決定，引發了以醫學雜誌《柳葉刀》為首的專業人士的批評。來自英國多所大學和科研機構的 600 多名學者連發三封公開信，要求英國政府改變消極防疫舉措，稱這將給國家醫療服務體系造成巨大壓力，也給民眾生命安全帶來不必要的風險。很快，這一決定的錯誤就被累計的確診病例數字證明。

由於群體免疫意圖通過延緩疫情高峰到來以錯開流感季節而降低對衛生系統的衝擊和壓力，故未採取強有力的防控措施，致使首相和王子等政要相繼感染了新冠病毒，確診病例數暴增。截至 2020 年 6 月 12 日，英國新冠病毒累計確診病例數超過 29 萬人，居全球第 4 位，確診病例病亡率達 14.2%，成為歐洲因新冠肺炎而病亡人數最多的國家。

　　此外，7 月《柳葉刀》的一項新研究結果也用科學的資料再一次證明了群體免疫的不可取。具體來說，來自西班牙卡洛斯三世健康研究所的研究人

員對西班牙開展了全國性流行病學研究：4 月 27 日-5 月 11 日期間，研究人員對西班牙全國範圍內的 35883 個家庭的 61075 人進行了問卷調查和針對新冠抗體的血清學分析，發現在西班牙全國範圍內，只有大約 5%的人具有新冠抗體。在疫情嚴重的地區，比如馬德里，攜帶抗體的人超過了 10%。即使如此，這一比例還是遠遠低於 "群體免疫" 所需的 55%或 82%。

　　基於目前的這些發現，《柳葉刀》同時刊發的評論文章表示，通過不加控制的自然感染實現群體免疫不僅不道德，而且是根本無法實現的，一旦取消控制措施，很可能會迅速出現第二波大流行。

8-4-3　大流行下醫療資源擠兌

　　在疫情大流行，確診病例持續高速上升時，醫療資源往往出現擠兌的現象。英國國家醫療服務體系（NHS）在疫情中的承受力也備受關注，英國國家醫療服務體系是公立醫療系統，然而，新冠肺炎的 "高死亡率" 卻與英國引以為傲的全民醫療體系形成了極大的反差。面對快速增長的病例，英國國家醫療服務體系卻陷入了沒有足夠病床，尤其是重症監護室（ICU）的窘境。

　　三月初時，根據每日郵報報導，由於英國國家醫療服務體系床位和設備短缺，醫院只有 35 張重症監護病床，老弱病人將得不到重症護理。與此同時，英國養老院居住了約 41 萬名老人。據估算，新冠疫情暴發以來，英國養老院中至少出現 1.2 萬例超額死亡，成為第二大死亡源。而 2 月初，英國政府在養老院的疫情指南是 "非常不可能" 感染新冠病毒，以至於養老院一直面臨防護設備和藥品短缺。

　　4 月 6 日，倫敦恩菲爾德區的養老院出現 26 例死亡，126 例疑似感染。但該區養老院每天只能進行 10 次檢測，工作人員直到 15 日都無法接受檢測。英國政府承諾從 4 月 29 日開始，英格蘭的所有養老院住戶和工作人員

都可接受病毒檢測。但恩菲爾德區一所養老院只獲得了 10 個試劑盒，其中 8 個檢測結果都為陽性。NHS 決定將部分醫院患者轉至養老院正是造成養老院感染的原因之一。3 月中旬，NHS 宣佈將 1.5 萬名患者從醫院轉到養生社區，部分轉入養老院。衛生部 4 月初的一份指南中甚至寫道，在老人轉至或者入住養老院之前，"不需要新冠檢測結果呈陰性"。這種 "幾乎放棄了養老院" 的態度，疊加醫療資源擠兌的窘況，加速了疫情的惡化。

一直以來，西方醫療系統都是基於以患者為中心的醫療概念而建立的。然而，面對流行病時，以患者為中心的醫療缺陷卻暴露無遺。具體來說，當醫院迅速被已感染的患者填滿，就可能成為新冠病毒的主要載體，推動病毒向未感染者傳播；患者的運送由當地回應團隊負責，當救護車和急救工作者迅速變成病毒攜帶者後，也造成了疫情的傳播；衛生工作者中有無症狀的攜帶者或未得到監控的病人，他們中包括年輕人在內的一部分人可能不治，屆時又會增加前線應對人員的壓力。

顯然，大流行疫情下，以患者為中心的醫療是不夠的，還需要轉換思路。在新英格蘭醫學雜誌（NEJM）的一篇文章中，一線醫生就提出了防控疫情的反思：應選擇以社區為中心的醫療防護舉措，新冠肺炎的解決方案須針對所有人，不能只針對醫院。否則當醫院遠超負荷時，將變得無法控制。

避免這場災難，只有大規模部署醫療外展服務才可能實現。大流行病的解決方案須針對所有人，不能只有針對醫院。而家庭護理和流動診所可以避免非必要活動並減輕醫院壓力。

比如，早期氧療、脈搏血氧儀和營養品可配送至輕度和康復期患者家中，在充分隔離的情況下建立起覆蓋範圍廣的醫療健康體系，並利用新型遠端醫療工具進行救治。這一方法會將住院人員控制在一定嚴重程度的目標群體中，從而減少傳染幾率，保護患者和醫護人員，並最大程度地減少防護設備的消耗。

此次疫情暴發不僅僅是一次公共衛生的挑戰，更是對跨越國界、跨越學科的協同合作的挑戰。疫情需要的是社會學家、流行病學、物流、心理學和社會工作等領域的專家通力合作。它的致命性雖然不是太高，但卻傳染性極強，當一個社會的醫療化、集中化程度越高，病毒的傳播可能就越廣。

　　瘟疫之所以為瘟疫，是因為它普遍瓦解了人類認為既定的現實。就像各式各樣的"民主"在疫情中不再是政治概念而都化為不同國家的"緊急狀態"，病毒脅迫著人們重新去審視生活。整體而言，英國政府錯失了最早也是最有效的遏制階段，再加上後來不重視醫護人員的防護裝備、未能儘快提高檢測能力以及要求輕症自行在家隔離（所建造的方艙醫院幾乎沒有啟用），使得截至 2020 年 12 月 31 日，英國累計確診超過 230 萬例，單日確診超過 4 萬例，而治癒人數僅 5 千人之多，遠低於同期確診人數超過 230 萬例而治癒人數達到 20 萬人次的法國。

　　可以說，英國在歐洲國家中成為抗擊疫情的最大失敗者，而英國政府在抗擊新冠疫情中的表現是繼美國之外的又一次看得見的失敗。

8-5　從中西文化看疫情分野

　　新冠的全球大流行，導致各個國家政府不得不頒布各樣的政策以應對。

　　中國各省在第一時間啟動衛生事件一級回應，口罩更是在疫情尚未蔓延開便已售罄，人民自覺居家隔離，使得中國僅在兩個月內便有效遏制了疫情進一步蔓延。然而，在疫情初發時，已經火燒眉毛的西方人卻還能堅持不戴口罩，義大利一議員在議會上戴口罩甚至遭到群嘲，怒摔話筒。從西方線下到線上，也都充斥著"不過是一場大型流感"、"致死率不高，沒事我不會掛"的論調，儘管這些言論在國人眼裡足夠匪夷所思。

　　從社會的承受能力看，似乎又是一番理解。倘若中國因為疫情而付出巨大的生命代價，人民可能接受嗎？

　　然而，疫情的巨大生命傷亡之下，歐美社會卻能承受如此大的生命損失，以及如此大範圍的感染。即便這樣，他們的政府支持率還在上升，人民對政府的抱怨非常有限。有網友調侃稱 “第一次深刻感受到中西的差異，竟是因為一場病毒”。

8-5-1　差異現象淵源已久

　　差異現象的產生可以歸因到中西思維方式的差異。人類的思維是在生產實踐活動作用下人腦發展到高級階段的機能，是人類歷史長期發展的產物。

　　一個民族將長時間以來對現實的認識凝聚成經驗和習慣，借助語言形成思想，又賦予思想以一定的方式，就形成了這一民族特有的思維方式。思維方式是溝通文化和語言的橋樑。

　　一方面思維方式體現於民族文化的所有領域，包括物質文化、 制度文化、行為文化、精神文化和交際文化，尤其體現於哲學、科技、文學、美學、藝術以及宗教、政治、法律等生產和生活實踐中。思維方式的差異正是造成文化差異的一個重要原因。另一方面，思維方式又是語言生成和發展的深層機制，語言又促使思維方式得以形成和發展。

　　對於中西方思維方式的不同，究其根本，還要追溯到東西方哲學的傳統。一般認為東方哲學源於儒道兩家的思想，西方哲學則以古希臘哲學為發端。東方哲學所關注的是實用的社會秩序，是以自發的經驗形式為方法的經驗思維，而西方哲學以純知識的本體論追求為目的，是以純粹的語言分析為方法的理性思維。

　　所以東西方哲學對知識的認識有很大分歧，東方哲學注重實踐，儒家有 “訥於言而敏於行”，即學習的目的不在於知識本身，而在於如何指導實踐，是典型的實用主義的思考。

　　反之，從柏拉圖到亞里斯多德，都拒絕把感觀直覺視為知識，而只承認由理性獲得的知識，認為只有“理念”才是哲學所應該關心的真理。換句話說，西方哲學注重的是“理論”性的純粹知識，這種知識唯有通過純粹的語言分析才能獲得。

　　此外，中西民族的思維方式受經濟制度的影響恒久而深刻。

　　中國的傳統經濟是典型的自給自足的自然經濟，春秋戰國後隨著私有制度而產生。自然經濟因為缺乏與外界的聯繫，導致人民視野狹窄，思維閉塞。在這種農業社會中，人們意識到豐收離不開風調雨順，生存離不開自然的恩賜，進而悟出了“萬物一體”、“天人合一”的思想。

　　不像西方那樣以自然為認識物件，而是把自然人化，或者把人自然化，使思維物件指向自身而非自然，所以中國傳統思維注重內向自求。

　　封建君主專制下實行的是“家國同構”的政治制度，以家庭倫理道德規範外推為國家統治秩序。這樣的觀念又使人們在群體行動中容易服從某些特定的權威，不擅長堅持個人的權利。這種“農業文明性格”也造就了東方人注重倫理道德，以求同求穩為處世原則。

　　正是因為東西方在文化上的巨大差異，才就有了疫情肆虐的一開始，中國政府以強有力的手段形成人民的社交隔離，求同的傳統也讓人們在疫情防控裡面服從指揮，分頭分批做好部署下來的事情。民族凝聚力更強，才能使得物資、人員等方面都能迅速集結。

　　東方人求穩的傳統體現在疫情防控裡，主要表現為人們更加珍惜生命，做到不外出，自覺隔離不接觸，保障了個人財產和生命安全。

　　西方經濟發源於希臘半島及其附近沿海地區的手工業、商業、航海業。這也引起了古希臘哲學家對天文、氣象、幾何、物理和數學的濃厚興趣，逐漸形成了西方注重探索自然奧秘的科學傳統。

　　手工業的發展，使得西方社會隨著時代進步越來越注重加工程式、技巧的分析。到了近代，西方試驗科學迅速發展，與此相適應的思維方式便具有很強的實證性。特別是工業革命以來，由於受到大工業生產方式特有的組織性、科學性、民主性的陶冶，"公平理論"、"自我實現理論"、"競爭精神"是西方人思維方式的典型特點。這種"工業文明性格"造就了西方人有較強的鬥爭精神和維護自身利益的法律意識，以獨立、自由、平等為處世原則。

在這樣的背景下，就相對容易理解美國一開始令人匪夷所思的操作。川普先是反對封鎖，接著又宣稱計畫在復活節前重啟美國經濟，還暗示會解雇衛生專家福奇。先保經濟再保人，結果經濟沒保住人也岌岌可危，最後不得不兩頭兼顧，手忙腳亂，推翻了以上的全盤決定。

8-5-2　個人主義和集體主義

中西思維差異中，較有趣的是有關"個人主義"和"集體主義"這兩個概念的分佈差異。研究發現，西方人中個人主義者更多，而來自印度、日本和中國等國家的亞洲人中，集體主義者更多。

在很多情況下，兩方的差異非常明顯。當被問及有關態度和行為的問題時，生活在更個人主義的西方社會的人們，傾向于將個人成功置於集體成就之上，這反過來也激勵人們尋求更多個人尊重，追求更多個人快樂。

但是，這種對自我肯定的渴望也表現為過於自信的特質。許多實驗都證明，被劃分為"來自西方、受過良好教育、積極進取、有錢、有民主思想的人"類的實驗參與者更容易高估自己的能力。比如，當被問及其自身的能力時，94%的美國教授聲稱他們的能力"高於平均水準"。

值得一提的是，美國文化的一個重要基石正是個人主義，儘管美國文化中也有"集體主義"的精神。美國文化研究的經典著作《心靈的習慣》（Habits of the Heart）集中討論了個人主義與個人對群體的承諾問題。在書的前言中，作者指出，托克維爾在 1830 年代考察美國時，就發現自己對美國的個人主義既羨慕又擔心。

　　像托克維爾那樣，這些作者們也擔心，美國個人主義潛在的破壞性具有無法被家庭、宗教、社區政治參與所節制的危險。這種危險會使他們變成一個個孤立的個人，進而破壞自由賴以實現的條件。

　　事實上，從美國建國前後的溫斯洛普、托克維爾、林肯這樣的宗教領袖、學者、政治家，到當代的貝拉（Bellah）等研究者，都對個人主義可能對群體造成的傷害有著深刻認識。他們都擔心，美國的民主和自由會被極端的個人主義所破壞。

　　而他們擔心的事情，在這次疫情中切實發生了。由於很多美國人太以自我為中心，太過強調個人主義、個人利益，從而使得疫情延續，造成更大的危害。比如，在戴口罩問題上，一項民意調查發現，很多美國男人認為戴口罩是一種“軟弱”的表現，而完全不顧假如自己是無症狀感染者，會將病毒傳染給別人。川普長期以來拒絕戴口罩，也是這種思維的表現。

　　於是，慘痛的疫情讓人們看到個人主義的弊端，西方講個人主義或個體主義，這是把人孤立，由此尊重個人的生命抉擇。其實，對西方國家的奠基者而言，個人主義最重要的不是對個人權利的保護，而是對個人成長的高度重視，是社會性的對個人的殘酷歷練，是個人對自己的行為後果承擔終極的責任。

　　一個人生活得好不好，首先是個人的責任，不能怨天，不能怨父母，不能怨國家政府。所以，在美國，疫情是天災，政府只要拿出力所能及的手段，幫助個人渡過難關，人們就可以接受。這就是為什麼那些中國人認為軟弱無力的舉措，卻給川普帶來了節節升高的民意支持。

　　疫情衝擊之下，西方的做法恰恰印證了個人主義的軟肋，即個人無法為社會結構性問題承擔責任。普遍的個人生活災難如果是社會結構性問題引起的，再讓個人承擔責任，就是掩耳盜鈴了。

　　面對疫情，西方的防控舉措沒有去針對社會的結構性問題，還是停留在用市場化的、漸進式的、普通疾病處理模式的簡單擴大的方式來解決問題，把一部分甚至大部分社會結構性問題，如高昂的治療費用、社會的不平等導致的醫療上的差別對待等等，推給個人承擔。

最終這種片面發展的個人主義，只能是帶來災難性的後果。相比之下，更偏向于集體主義的東亞人的特點是更大程度地服從與尊重集體行為。

中國的文化傳統，也決定了中國作為整體處於世界之中是一個更為集體主義的民族。研究發現，高集體主義的個體在知覺到的病毒易感性越高時，反而有較低的排外傾向，而排外傾向是心理威脅反應的成分之一。

這就表明，高集體主義者在面對病毒時有較低的心理威脅感或行為反應，即集體主義的文化傾向提高了人們知覺到的保護效能感。集體主義者會認為集體能保護自己的安全，雖然這種保護可能只是集體主義者的想像而非真實情況。

集體主義緩衝和消減了易感性對排外反應的影響，使人們有更高的心理安全感和穩定感，這對疫情下人們的心理健康有極其重要的作用。

集體主義也更易於人們的團結和行動。在中國疫情暴發之時，有人哭喊、有人訣別、也有人在逆流而行。作為一個世界第二的經濟大國，為了控制疫情，一聲令下，所有企業全體停工，14 億人自覺禁足家中；345 支國家醫療隊、4.26 萬名醫務人員從中國四面八方馳援武漢；19 個省份對口支援湖北省除武漢市外的 16 個市州及縣級市；重要物資實行統一調度，優先保障湖北、武漢人民群眾的 "藥箱子"、"米袋子"、"菜籃子"。

武漢迅速徵用多家醫院，安排 3000 多張病床；火神山、雷神山兩所醫院在 10 餘天時間內接連建成，多個方艙醫院迅速完工；全國優勢科研力量集中攻關，快速測出病毒全基因組序列，研發出診斷試劑盒，大規模篩選治療藥物，疫苗研發多條技術路線同步開展；財政部門不斷加大對疫情防控的經費保障力度，確保醫療救治和疫情防控資金；中央企業以戰時狀態全力啟動醫療物資生產，數以百萬計的急需醫療物資在半個月內實現了十數倍增長。

　　從前線的醫生不遺餘力地搶救患者，到後方各地基層工作人員風裡雨裡堅守崗位；從普通百姓用自己的方式說明中國渡過難關，到民間自發組織捐贈物資再到網路上一個個轉發鍵堆砌的幫助。世衛組織總幹事譚德塞評價：“中方行動速度之快、規模之大，世所罕見，展現出中國速度、中國規模、中國效率，人們對此表示高度讚賞。這是中國制度的優勢，有關經驗值得其他國家借鑒。”同時，全民戰疫，守望相助，也成為了集體主義的生動寫照。

　　但從思維方式到文化政治的差異，疫情之下，都不得不承認。疫情無國界，人類也早已作為一個共同體存在於地球上，無論是中西方哪一個文明受到傷害，最終都將對人類文明造成損傷。

Note

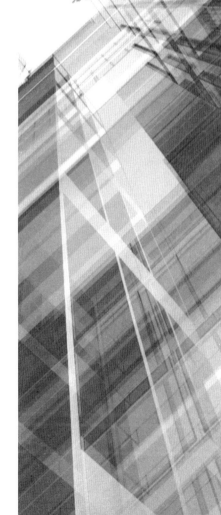

第九章　病毒的警鐘長鳴

9-1　新冠謠言下，人人平等

　　正如過去任何一次大傳染病一樣，新冠疫情不僅是一個醫學事件，而且還可以是一個經濟事件，一個政治事件。此外，還可以是一個傳播學事件。

　　疫情期間，人們毫不意外地接收到了更多有關於疫情的資訊。近年來互聯網的高速發展和普及更讓這些資訊借著網路快速擴散，這也給了虛假資訊可乘之機。從 Facebook 到微博，人們分享的錯誤資訊包羅萬象。從引發疫情的原因到如何治療疾病，從病毒起源論到雙黃連抗病毒，無所不有。

　　以至於在疫情大流行期間，各國不得不建立核查並打擊虛假新聞的機制，世界衛生組織也有一個定期更新的戳破謊言的網頁。

　　有趣的是，在虛假資訊面前，竟達成了意料之外的"人人平等"。那些擁有深厚學術背景的學者高知在虛假資訊前似乎也不能倖免。疫情宅家期間，新聞爆出"雙黃連可抗病抑菌，對新冠具有預防作用"後，各大藥房雙黃連一搶而空，雙黃連抗疫卻好像川普消毒液注射抗疫一樣令人啼笑皆非。

　　2020 年 3 月，YouGov 和《經濟學人》的一項民意調查發現，13%的美國人認為新冠肺炎危機是一場騙局，而高達 49%的人認為這種流行病可能是人為造成的。儘管人們希望強而有力的判斷或知識來幫助區分真相和虛構，但依舊有許多受過教育的人也落入錯誤資訊的陷阱。

　　既然人們深知虛假資訊會對社會造成巨大危害，卻仍然避無可避地相信虛假資訊。甚至連所謂的"聰明人"也沒能免俗，為什麼會造成這樣的現象？

9-1-1　虛假資訊加工變真實

虛假資訊被認為是一種缺乏真實根據，或未經證實、公眾一時難以辨別真偽的傳聞或輿論，人們也稱之為謠言。

虛假資訊傳播具有三個環節：傳播者（製造資訊者）、環境仲介和接受者。虛假資訊的傳播者將虛假資訊傳送給環境仲介，然後通過環境仲介傳送給接受者。接受者接收到虛假資訊後，經過自身的加工、處理後，自己又變為虛假資訊的傳播者，然後又將虛假資訊傳送到環境仲介中，這樣循環往復。

虛假資訊的傳播是一種社會現象，更是一種典型的社會群體心理行為。社會心理學的研究表示，凡是符合或迎合人們主觀願望、主觀印象或主觀偏見的虛假資訊，最容易使人相信，並樂於被人傳播，而且還有可能依據傳播者特定的心理傾向被隨意進行加工。

想要清楚為什麼“謠言面前，人人平等”，或許還需要從心理行為的角度對虛假資訊建立一個客觀的認識。其中，問題的一部分源於消息本身的性質。

現代社會裡，人們每天都在被各種資訊轟炸，以至於經常依靠直覺來判斷資訊是否真實。虛假新聞的傳播者往往通過一些簡單的技巧讓資訊看起來“真實”，這就阻礙了人們運用批判性思維來核實消息來源的真實性，即“當思想流暢的時候，人們會跟著點頭。”

澳大利亞國立大學的研究人員證明，在一篇文章旁配上一幅圖片，會增加人們對其準確性的信任，即使這幅圖片與文章內容無關。比如，一張病毒的普通圖片與一種新治療方法的文字同時出現，圖片並不能證明文章本身，但是它說明人們視覺化一般情況。於是，人們將這種“處理流暢性”視為說法正確的標誌。

　　出於類似的原因，虛假資訊還常採用描述性的語言或生動的個人故事，提供足夠多的熟悉事件或數字，比如提到一個公認的醫療機構的名字，從而使它與人們之前的知識聯繫在一起，讓人感覺資訊是令人信服的。

　　即使是簡單地重複一句話，無論是同一段文字，還是多條資訊，都可以通過增加熟悉感來增加"真實性"。而人們會把這種熟悉感，誤認為是事件的真實性。因此，人們在新聞推送中看到的東西越多，就越有可能認為這是真實的，即使最初持懷疑態度。

9-1-2　分享的便捷性加劇了虛假資訊的傳播

　　除了宣傳和兜售虛假資訊的人常用的包裝虛假資訊的手段，以互聯網為載體的資訊傳播更大程度上加劇了人們上當受騙的傾向。

　　傳統的資訊傳播裡，這個城市是現實的，傳播者之間存在現實的關係。但是，在互聯網時代，這個城市是虛擬的，人們有著更大的主動性，這些都涉及人們微妙的心理動機和社會態度。互聯網分享的便捷性早已顛覆了從前，人們隨手就可以下載和分享任何你願意或者你希望分享的內容。於是，分享成本過低降低了虛假資訊傳播的門檻。

　　加拿大里賈納大學（University of Regina）誤導心理學的首席研究員彭尼庫克（Gordon Pennycook）做了一項關於虛假資訊傳播的實驗，實驗要求參與測試者判斷關於冠狀病毒暴發新聞標題的真假。當參與者被要求判斷陳述的準確性時，只有 25%的人認為虛假標題是真實的。然而，當被問及是否會分享這個標題時，大約 35%的人表示會分享假新聞，比之前多了 10%的人。

　　通常人們分享消息前思考的是，這個消息是否會得到喜歡，而不是它的準確性。彭尼庫克也表示："社交媒體並沒有激勵分享真實的文章，它激勵的是參與。"

　　一些被分享的文章，如果分享者能直接思考真實性的問題，是能夠辨別資訊的真假。或者一些人認為可以把責任推給其他人來判斷：許多人在分享資訊的時候，會在頂部加上一種免責聲明，比如"我不知道是不是真的，但是……"。

人們理所應當地認為，如果資訊是真實的，會對朋友和追隨者有幫助；如果不是真實的，也依舊是無害的。因此，抱著分享的目的而忽視了分享的傷害。

事實上，無論是自製補救措施的承諾，還是政府的刻意掩蓋，在追隨者中引起強烈反應的承諾都會分散人們對真實性問題的注意力。當然，這個問題應該是：這是真的嗎？

9-1-3　情緒化虛假資訊更易傳播

如果人們留意一場虛假資訊的全民傳播，不難發現，虛假資訊總是協同著傳播者的情緒最後終於變成了鋪天蓋地的輿論導向。

2020 年 1 月 31 日，當記者從中國科學院上海藥物所獲悉，中成藥雙黃連口服液可抑制新冠病毒，是目前有效的廣譜抗病毒藥物之一，並進行報導後，立馬引起了全民的轟動。大家帶著"難以置信"的情緒一邊廣傳資訊，一邊湧向藥店。

的確，情緒是人類心理的一個重要方面，人們嘗試著對情緒進行調節和控制是日常生活的常見現象。情緒會影響個體日常行為，同樣也會影響個體的資訊傳播行為。Clore 和 Schwarz 提出情緒資訊等價說，認為情緒可以作為一種資訊線索直接影響決策判斷。事實上，人際間資訊傳播可視為是個體內心活動的語言表達。當個體有強烈情緒時，往往需要某種管道宣洩，語言無疑是重要方式。

資訊的傳播過程是一個既保留又擴散的過程，對於資訊受眾而言，一方面，他們不會僅僅將資訊存儲起來，否則資訊根本不會發生流傳，通常人們會在群體中分享獲得的資訊，但另一方面，資訊受眾也不會將所有資訊都再傳播出去。

研究證實，生動性語言資訊對資訊受眾的行為影響更大。Clore 和 Schwarz 的情緒資訊等價說認為情緒可以作為一種資訊線索直接影響決策判斷，當在表達正負向的態度時，情緒化的表述使受眾感受到更為強烈的態度傾向性。這意味著，情緒化的虛假資訊使受眾覺得資訊更容易理解，感覺資訊更為重要，導致其更願意傳播這些資訊。這樣，情緒化虛假資訊也就能更快和更廣地傳播。

於是，在虛假資訊傳播中，當資訊傳播者使用帶有情緒性語言進行表達時，資訊受眾會觀察和體驗到傳播者情緒。而這種情緒會使受眾產生與表述情景相似環境的想像，受眾情緒會被傳播者情緒調動起來，從而激發產生類似情緒，進一步將資訊無保留地擴散出去。

在情緒化的加持下，或許有一天再次傳出“板藍根可以預防病毒”，在不假思索的情況下，大家也能夠一邊“難以置信”，一邊再次湧向藥店。

想要跳出虛假資訊的坑，需要人們轉換思維。“在思想順暢時點頭附和”也依舊保持思考辨別，試圖尋找真相。同時，為了打擊虛假資訊，人們還要盡可能簡單地陳述事實。比如，借助圖像和圖表這樣的輔助工具，盡可能簡單地呈現事實，讓說法更容易視覺化。

如果可以的話，應儘量避免重複謊言本身，重複讓人感覺這個說法更為熟悉，會增加“真實”的感覺。當然，這並不都能做到，但至少可以努力使真實的事件比謊言更突出、更令人難忘，因此也更容易留在人們的腦海中。

談到人們自己的網路行為時，人們要從內容的情感中解脫出來，在傳遞之前多考慮一下它的事實基礎。是出自傳聞還是有確鑿的科學證據？能追查到原始來源嗎？與現有資料相比如何？作者是否依賴于常見的邏輯謬誤來證明自己的觀點？人們應該做的就是，在分享一篇文章之前，先考慮下它的事實依據。

世間沒有靈丹妙藥，就像人們試圖控制病毒本身一樣。只有多管齊下的方法才能真正打擊可能危及到生命的假消息。同時，阻止虛假資訊蔓延也是每個人的責任。

9-2　疫情下的社會脆弱性大考

　　科技的快速發展，讓人們得以目睹和深刻經歷著社會的現代化進程。現代化的雙重性既包含社會正態、積極和強大的一面，也不可避免存在其負面、消極、脆弱的另一面。

　　在疫情大流行的背景下，社會的不確定性有增無減。不同的問題在各個領域都不斷地湧現出來，從金融到教育，從醫療到就業，這也讓社會的脆弱性進一步凸顯。

　　同時，與“脆弱性”對應存在的“反脆弱性”也被社會日益重視。黑天鵝之父塔勒布在《反脆弱》一書中指出，當暴露在波動性、隨機性、混亂和壓力、風險和不確定性之中，反脆弱的事物不但能免受衝擊，還能從衝擊中受益，並在不確定中建立了一種超越“強韌性”的機制，能夠見機行事、自我改造和自我進化。

　　從“脆弱性”到“反脆弱性”，這是疫情下的大考。如何構建社會的反脆弱體系以增強社會韌性，並使社會持續自我進化，從各種混亂、壓力和衝擊中受益，也成為了後疫情時代值得深思的追問。

9-2-1　現代社會為什麼依舊脆弱？

　　“脆弱性”的概念起源於從 20 世紀 70 年代的自然災害分析。1979年，聯合國減災組織（UNDRO）出版了以“脆弱性”為題的報告。其後，這一概念逐步拓展到社會學、生態環境、貧困與可持續發展等領域，覆蓋自然科學、醫療科學、電腦科學、工程科學和社會科學等，成為一種研究視角和分析方法。

社會脆弱性涵蓋了社會生活的各個方面。從糧食安全的角度來看，世界糧食計畫署認為，脆弱性即糧食安全風險與抵禦風險的能力的差值；在收入和健康方面，世界銀行在《世界發展報告2000/2001》中則把脆弱性界定為"家庭或個人在一段時間內經歷收入或健康貧困的風險，但脆弱性也意味著有可能面臨一些其他風險（暴力、犯罪、自然災害、輟學）"。

而《2005-2015年兵庫行動綱領：加強國家和社區的抗災能力》認為"脆弱性"是"自然、社會、經濟和環境因素或活動所決定的條件。由於這種條件，一個社區更容易受到危害的影響"。

從農耕文明到工業文明，社會脆弱性都有其表現方式。機器文明賦予了時代新的特徵，卻由於現代化的系統性、複雜性、放大性和加速性使其與社會的脆弱性相伴。

首先，系統性可以分解為整體性、結構性、互聯性、有序性和動態性，最重要的則是其中的整體和不可分割的特徵，所以現代化社會往往牽一髮而動全身。其次，現代化過程就是複雜化範式演化的過程，而複雜範式的核心則是自組織主體的多元化，自組織主體關係交叉。於是，超越經驗，排斥中心控制，導致了社會脆弱性。其三，現代化的放大性過程是人與社會以及不同的體系交叉，多元滲透、溢出，從一個體系到另外一個體系的傳遞，形成放大機制的過程。

最後，全球化下，不論物質、技術，還是精神的創造，都呈現指數級增長。從摩爾定律和梅特卡夫定律就可見一斑。人類早已告別以世紀為單位變化的時代，進入以月甚至以天為單位的裂變的時代。

於是，當現代化超越經驗，甚至超越人們的"理性"時，人類的自身能力和人所主導、推動的現代化之間產生了差距。這種差距使得人們的認知、反應、選擇和決策的能力出現了遲滯現象，甚至發生了偏差，這就加劇了現代化的脆弱性。

顯然，在疫情的背景下，"社會脆弱性"和"次生風險"被進一步凸顯。疫情嚴重破壞了各國基本衛生服務，造成廣泛的社會經濟干擾和對醫療系統的衝擊，為遏制疫情蔓延而採取的〝封城〞、社交隔離等措施產生了廣泛和深刻的社會經濟後果。

此外，國際關係因素使疫情的影響更為複雜，不論是美股熔斷還是各國航空業的損失慘重，對糧食短缺、疫情再次暴發的擔憂帶來新恐慌等都體現了現代社會的脆弱。

疫情衝擊導致了社會脆弱群體的範圍擴大。疫情的全球大流行為企業、股市、油價和社會生活的各個方面都帶來了挑戰。航空公司、餐飲、商場、旅遊景點等虧損嚴重，為應對疫情所採取的居家、停工停產、封閉城市乃至國家的措施對世界的影響也是全方位的。

於是，在疫情影響下，相對於貧困人口、邊緣人群，曾經有較強抵禦風險能力的人群，即所謂〝不易受損者〞或者〝非脆弱群體〞也可能淪為脆弱群體。

此外，社會脆弱群體的脆弱程度加深。從全球抗擊疫情戰略來看，疫情蔓延對公共衛生和社會經濟狀況已產生深遠影響，並對脆弱群體造成了不同程度的損害。

疫情的全球大流行是 1918 年西班牙大流感以來人類在一百年裡未曾經歷過的巨大災難，它讓人類充分體會到〝脆弱性是普遍存在的〞。而由於各人在財富、權力、地位等方面普遍存在的不平等，加上社會排斥和歧視，疫情給不同群體帶來的不同程度的風險，使得不同群體對抗風險的能力也有很大不同。

9-2-2　風險疊加下的脆弱群體

疫情下，當所承受風險大於抵禦風險的能力時，行為主體的脆弱性就體現出來。疫情及應對疫情的措施帶來的〝脆弱性〞與既有〝社會脆弱性〞相互疊加、交叉，使得最脆弱群體面臨更大風險。

　　首先，婦女作為社會脆弱群體，疫情期間遭受家庭暴力的脆弱性增加。疫情暴發後，針對婦女和女童的暴力行為激增至 25%以上，有些國家則增加了一倍。截至 2020 年 4 月 3 日，法國從 2020 年 3 月 17 日"封城"起，報告的家庭暴力案件上升 30%，賽普勒斯、新加坡分別增加 30%和 33%。巴西、加拿大、德國、西班牙、英國等國的家庭暴力也都有所增加。

　　此外，從全球範圍看，經濟衰退對婦女影響也更大。婦女在工作場所的職位整體低於男性，她們多受雇於疫情影響最嚴重的部門，如娛樂業、零售業、旅遊業、小農業等，從事缺乏法律和社會保護的低薪、非正規領域工作。加上生育和照料負擔，在經濟不景氣和公共衛生緊急情況下更容易失業，失業後又更難於回到勞動力市場。因此，新冠肺炎疫情可能使近幾十年來女性在經濟正義和權利方面取得的進展處於危險中。

　　研究顯示，婦女承擔的無償護理工作是男子的三倍多，全球新冠肺炎疫情決策中既缺乏性別平衡，也沒有性別視角，性別和性健康專家的嚴重缺乏也會影響關鍵決策。在交叉因素影響下，婦女面臨的多重脆弱性暴露出來。

　　其次，兒童作為新冠肺炎疫情影響下的最脆弱群體之一，儘管疫情對兒童健康的直接影響似乎不大，但難以否認，疫情期間，兒童的生活被嚴重打亂，面臨風險體現在教育、糧食、安全、健康等各個方面。

　　疫情下的兒童教育問題在全世界普遍存在。根據聯合國教科文組織（UNESCO）的資料，截至 2020 年 4 月 21 日，全球共有 191 個國家關閉所有學校，影響到從學前教育到大學教育的超過 15 億學生，90%以上的課堂教育被打斷。

　　在全球範圍內，50%（8.26 億）的學生家中沒有電腦，43%（7.06 億）家中沒有網路，5600 萬人因為沒有網路而不能用手機獲得資訊；在撒哈拉以南非洲地區，89%（2.16 億）的學生家裡沒有電腦，82%（1.99 億）家中沒有網路，2600 萬人不能用手機獲得資訊。新冠肺炎疫情全球大流行的下資料鴻溝，可能會令低收入和處境不利的學生進一步落後于條件更好的同齡人。

　　其三，疫情期間老年人的脆弱性主要表現在健康的脆弱性。一項早期的中國研究顯示，20 歲以下青少年的死亡率非常低。隨著年齡的增長，嚴重程度的估計值明顯反映在病例報告中，平均年齡在 50-60 歲之間。根據德國疾控機構羅伯特·科赫研究所（Robert Koch Institute）的研究報告，截至 2020 年 5 月 2 日，67%感染者的年齡在 15-59 歲，87%的死亡者的年齡為 70 歲及以上，但只占這個年齡組感染人數的 19%。

　　另一方面，有報導稱，在醫療資源極度缺乏的條件下，有義大利醫生明確表示，不得不拋開 "先到先得" 原則，把呼吸機留給存活可能性較大的年輕患者。這在另一個角度體現了對老年人的交叉性歧視，這種做法也不可避免地走向人道主義危機，引發更多爭議。

　　其四，殘障人士作為一個特殊的社會群體，在獲得教育、保健和收入機會及其參與社區活動的範圍原本就受到限制，包括更可能生活在貧困中，遭受暴力、被忽視和虐待的比例也更高，而疫情的脆弱環境更是加劇了這種情況的發生。由於殘障人士缺乏可獲得的公共衛生資訊，難於獲得衛生設施。因此，感染新冠肺炎後，他們更可能出現嚴重的健康狀況。

　　除了婦女兒童老年群體和殘障人士的脆弱性凸顯，全球範圍下，疫情對難民和移民的打擊更是災難性的。

　　疫情背景下，因衝突、暴力等原因被迫離開家園的大量難民生活在難民營和其他不適宜居住的環境中，難以獲得乾淨飲水、衛生系統和保健設施。許多人連基本的生存條件都難以保障，勤洗手、做好個人防護和保持社交距離更無從談起。

　　全世界 85%以上的難民和幾乎所有的國內流離失所者都生活在中低收入國家，疫情蔓延給這部分人帶來嚴重經濟影響。從 2020 年 3 月開始，各國開始實行封鎖和其他公共衛生措施。到 4 月初，難民署及其合作夥伴僅從中東和北非就收到 35 萬多個來自難民和國內流離失所者的電話，其中大多數人是要求緊急財政援助，以滿足他們日常的生存需要。

難民以外，還有移民。根據美國聯邦調查局報告，新冠疫情在中國武漢出現後，針對亞裔美國人的仇恨犯罪和騷擾事件都有所上升。尤其是川普把疫情冠以"中國病毒"（Chinese Virus）後，更是放大了仇外情緒，使得對亞洲社區的汙名化以及仇恨犯罪事件在美國和國外都有所惡化。德國、英國、荷蘭、澳大利亞等多國都有亞裔被歧視、襲擊的事件發生。根據聯合國的報導，新型冠狀病毒肺炎被認為是"外來"疾病，亞裔和歐洲裔人群以及更廣泛的移民被污蔑為冠狀病毒的傳播者。

以社會脆弱群體為主，社會脆弱性關注著社會系統內部結構特徵對脆弱性的影響，即社會系統存在的先天不穩定性和敏感性所致的貧困、不平等、邊緣化、社會剝奪、社會排斥等。此外，社會脆弱性是動態的、相對的，在不同情境中有不同表現。收入、健康、風險、敏感性、暴露程度、環境與社會關係都是影響脆弱性的關鍵因素。

當然，社會脆弱性評價既是對社會脆弱性的評估，也是對社會韌性的反映。因此，社會脆弱性評價也將成為實現脆弱性和韌性研究相結合的重要切入點。從"脆弱性"到"反脆弱性"，這是疫情下的大考。如何構建社會的反脆弱體系以增強社會韌性，也值得人們持續思考。

9-3　從奢侈品回暖看後疫情貧富差距加劇

一場全球疫情似乎不是銷售昂貴奢侈品的最佳時機，尤其是在預計2020年全球經濟將萎縮5%的情況下。

但實際上，中國範圍內，隨著疫情的控制，經濟回暖跡象明顯。其中，恢復最快的業態便是奢侈品，在6月份時就已恢復到120%。資料顯示，大部分奢侈品品牌在 4 月追平了 2019 年的同期。5 月，奢侈品的增速達到 20% 到 40%。據悉，北京 SKP 的五一銷售是去年 3 倍，不管是香奈兒還是 LV，到晚上 9 點還在排隊。

此外，5 月，部分奢侈品牌還放出了漲價計畫。Chanel 在 5 月 13 日宣佈，由於疫情影響，原材料成本攀升，他們計畫將在全球範圍內上調手提包以及小皮具商品價格，整體漲幅在 5%至 17%左右。Louis Vuitton 則在 3 月提價之後，5 月再次調高產品價格。這也意味著，在疫情導致的經濟困難中，部分奢侈品利基市場仍在蓬勃發展--資產價格也在以意想不到的方式飆升。

8 月 2 日，佳士得拍賣行將邁克爾·喬丹穿過的另一雙運動鞋在 Gottahaverockandroll 以 474，696 美元（379，757 美元加上 25%的買家溢價）的價格售出，超過了之前的兩項里程碑式紀錄，這個價格就連億萬富翁也會感到頭暈目眩。此外，還有 12 雙喬丹運動鞋將在未來 10 天在兩家不同的拍賣行拍賣，其中一雙預計將拍出 35 萬至 55 萬美元，另一雙據佳士得拍賣行估計將拍出 65 萬至 85 萬美元。

不論是資產價格的飆升，還是奢侈品的線上拍賣，其反映了出口轉內銷的效應，年輕一代成為了奢侈品銷售的主力軍。但這也強調了這樣一個事實：疫情不僅造成了許多輸家，也成就了許多贏家，其中一些贏家仍準備花錢。

9-3-1　疫情如何加劇了差距？

學界對於未來經濟復蘇的軌跡會是什麼字母形狀有不同的討論。截至 8 月，市場的情況充其量可以稱為 "K 型復蘇"。雖然人們在 3 月都感到恐慌，但從那時起，不同的人就開始有了兩種極為不同的經歷。

首先，疫情增加了技術工人和非技術工人之間的工資差距。儘管疫情對所有工人都會造成影響，但它對非技術工人的影響比對技術工人的影響會大得多。一個原因是替代技術工人比替代非技術工人要困難，所以在疫情下，非技術工人更有可能被裁員或者被減薪。

同時，高技術職業如管理人員比低技術職業如手工操作更適合採用在家上班的安排。而對於富人和能在家辦公的人而言，儘管疫情給他們帶來了不便，但生活依舊繼續，只是要面對新技術和新的生活習慣，但是總體而言他們的生活並未因為疫情而顛覆。

其次，疫情減少了勞動收入在國民收入中的份額，增加了資本收入的占比。通常來講，各種控制疫情的措施對資本密集型行業如製造業的影響比對勞動密集型行業如服務業的影響要小，因為前者主要是工人操作機器，而後者要求員工直接服務于顧客。

研究也證實了新冠疫情對零售、旅遊、酒店和娛樂休閒等服務業的影響最大。而對於許多大型的全球化企業而言，疫情只不過是通向佔據更大市場地位道路上的一個顛簸。由於前所未有的央行流動性措施和投資者的熱情，它們的股價已經不只是反彈。有一些企業的股價甚至創下了新高，尤其是科技企業。此外，對於大型企業來說，它們進入信貸市場的條件從未像現在這樣有利，亞馬遜就在六月打破了美國企業債券發行的最低利率紀錄。

最後，疫情對中小微企業和弱勢群體如婦女和老人的影響更大。相對於大型企業而言，經濟萎縮對中小微企業的影響會大得多，每一天都有更多的實體商店和餐館倒閉，而數位化轉型對於餐飲和零售業依舊困難重重。另外，這些受疫情衝擊嚴重的餐飲和零售行業，恰好也是低收入就業者集中的領域。也正是他們更多地進入短工計畫，甚至面臨失業威脅。

婦女更有可能從事受疫情影響更大的勞動密集型行業如服務業的工作，老年人則在疫情中最容易被感染，所以最脆弱，他們的收入比勞動人口也要低許多。最後，疫情期間在第一線工作、運送食品和醫藥的工人面臨較高的感染風險，而這些大多是工資較低的職業。

9-3-2　人人平等又難以平等

根據亞洲開發銀行的分析，如果疫情持續 6 個月，亞太地區國內生產總值將下降 9.3%，相當於損失 2.5 萬億美元；就業將減少一億七千萬；貧困人口將增加一億四千萬。如果疫情持續更久，影響將會更大。

新冠疫情不僅會導致經濟萎縮，增加貧困人口，還會加劇收入差距。

有研究人員就根據 2018 年住戶調查資料，在假定兩年期間居民收入分佈不變的情況下，來推算出 2019 年中國的低收入人群的數量和比例。按照家庭年收入 10 萬元的標準，城鄉低收入人群占全國人口的近 65%，相當於 9 億人。 如果按照相對標準（收入中位數的 2/3），那麼低收入人群占比約為 37%，大約有 5.1 億人。這也意味著，中國仍是一個低收入人群占主體的社會，這也是發展中國家具有的基本特徵。

而德國經濟研究所 DIW 發佈的一份財富分配研究報告表明，在總淨財富中，德國最富的 0.1%擁有其中的 20%，最富的 1%占 35.3%，最富的 10% 占約 67%。這就意味著，越來越多的財富，集中在越來越少的一群人當中。該研究報告還顯示，人的幸福和滿意指數與財富成正比。

這組數字和結果，在疫情下為飯碗而奔波和焦慮的社會群像體面前，顯得尤其刺眼。疾病面前，似乎人人平等，平等到一個國家的首相都逃不過感染過新冠病毒。但是，一切又似乎難以平等。人人防疫條件並不一樣，人生危機面前，人人物資儲備也不一樣。疫情之下，不同的人更是朝著不同的方向發展著。

毫無疑問，收入差距的加劇會激化社會矛盾，遏制消費，從而增加經濟復蘇的風險。通常當不平等加劇時，要滯後一段時間才會觀察到社會分隔加劇。

美國斯坦福大學經濟學家拉傑·切迪的研究顯示，代際流動性因個體成長的社區環境不同而存在巨大差異。切迪發現，兒童在向上流動性最強的社區中每生活一年，他們成年後的收入水準將因此較全國平均值高出 0.8%。而在向上流動性最差的社區中每生活一年，將導致兒童成年後的收入降低 0.7%。

儘管為了應對收入差距的擴大，許多亞洲國家包括中國、印度和東南亞諸國近幾年來都已經把促進包容性經濟增長提升為基本國策。如中國在 2001 年開始執行西部大開發戰略以縮小地區差距，2006 年提出了構建和諧社會的設想，2015 年將確保到 2020 年消除極端貧困定為全面建成小康社會的一個重要指標。同時，通過改革戶籍制度、提高最低工資以及擴大農村社保覆蓋範圍以縮小收入差距。包括中國在 2020 年 12 月所提出的針對於互聯網企業的反壟斷及遏制資本無序擴張等，都是調整控制社會貧富差距擴大過快的有效方式。

但後疫情下，社會依舊面臨 "K 型" 復蘇的兩條路徑出現的分岔。隨著許多公共支持項目接近尾聲，金融市場走勢反映出對 "V 型" 復蘇的預期，政策制定者的明智做法是思考目前存在的鴻溝。儘管有效的政策干預也不能完全阻止這一情況的發生，但至少能大大減少它的影響。只有設法應對 "K 型" 復蘇的不利後果，才能避免所有人都可能面對的 "L 型" 復蘇。

9-4　疫情下的人類危機

新冠疫情期間，《人類簡史》的作者尤瓦爾·赫拉利在《金融時報》發表了一篇文章《冠狀病毒之後的世界》。他談到人們正在經歷的疫情和疫情結束後，世界向何處去的問題。

全球性的疫情持續，無疑把人類置於危機當中。疫情改變了人們的生存方式，不僅影響了人們的醫療保健系統，還將影響人們的經濟、政治和文化。除了醫療、經濟、政治甚至文化會面臨巨大危機，真正的危機還在於人類自己。

9-4-1　疫情下的人道主義危機

加繆在給哥倫比亞大學做演說時講了關於二戰的四個故事來解釋人類的危機：

　　在歐洲的某個大城市，人們發現了兩名囚犯。在經過了一夜的嚴刑拷打後，他們身上還淌著血。大樓的看門人若無其事地把一切都安排妥當了，而當其中一位囚犯指責她的態度時，她氣憤地回答 "我從來不管房客的事"。

　　在里昂，一名囚犯從牢房裡被押出來接受三級法庭的審訊。此前的一次審訊中，他的耳朵被揪裂開了。領他出來的德國軍官，用一種同情和關懷的口吻問他"您的耳朵今天怎麼樣了？"

　　在希臘，一位德國軍官準備給作為人質的三兄弟行刑。他們的老母親向德國軍官哀求放過她的兒子，他同意赦免一個，但條件是得由她自己選擇帶去其中的一個。由於她無法做出決定，士兵們舉起了槍。在最後的時刻，這位母親選擇了大兒子，因為他有一個家庭要照顧；可是這麼做，她同時也宣判了其他兩個兒子的死刑。而這，正是德國人想要的。

　　有一群被流放的人被遣送回法國，途經瑞士。在即將進入瑞士國土的時候，他們見到一支送葬隊伍，便爆發出一陣歇斯底里的笑聲，他們高聲叫嚷 "這兒是這樣送死人的呀"。

　　人類的危機到底存不存在？加繆分享："只要在人們這個世界上，有人懷著一種冷漠的，一種假惺惺的友好，一種體驗的好奇心或毫無反應的態度來看待人的死亡或受刑。只要有人置人於死地卻又既不覺得恐怖也不覺得可恥，只要人的痛苦被視為一種令人煩惱的苦役，如同為了得到一點兒黃油而排隊購物一樣的勞累，就可斷言，人類危機就是存在的。" 而這樣的人類危機，在疫情中，從個體到社會，都深刻經歷著。

　　疫情導致了一場全球性的人道主義大危機。每天有無數人染病，也有無數生命逝去。由於激增的感染者數量造成了醫療資源與物資的 "擠兌"，對醫療用品和專業人員需求的不斷增加，使得各國的醫療衛生體系和物資保障體系都承受了沉重壓力。疫情期間，馬德里一位急診科的醫生向《紐約時報》透露："人們必須要選擇插管的人，不能再在所有人身上使用它。" 西班牙《20分鐘》報導，60歲以上的重症病人不能進入 ICU 病房。

在美國，疫情中原本就面臨更大風險的美國老年人群體，也存在因年齡歧視被進一步弱化和邊緣化，生命權無法得到基本保障的現象。2020 年 3 月 23 日和 4 月 22 日，德克薩斯州副州長丹・派翠克在接受福克斯新聞網採訪時兩次表示，他 "寧願死也不願看到公共衛生措施損害美國經濟"，同意以老年人的生命為代價 "冒險重啟美國經濟"。

另一方面，民族孤立主義與全球團結之間仍存在分歧。全球能否團結戰勝病毒，首先需要在全球範圍內共用資訊，但各國的資訊壁壘依舊存在。面對全球範圍內普遍的生命權和健康權的巨大威脅，美國政府非但未將精力投入疫情防控，反而揮舞霸權大棒四處煽風點火，試圖轉移視線、推卸責任，對國際社會團結合作應對疫情造成嚴重破壞。

更甚至，伊朗作為疫情下世界感染率最高的國家之一，即使是英美等國的親密盟友，也在呼籲川普政府放鬆對伊朗的制裁，允許向伊朗運送 8000 萬人民醫療物資和人道主義援助。然而，美國一些領導人卻將新冠肺炎疫情視為 "極限施壓" 的工具，不顧大量無辜平民可能因此而喪生，進一步暴露美國人道主義的政治因素。

疫情期間大批航班取消，留學生滯留，網路求助消息鋪天蓋地。這既是關於普遍的風險，普遍的生存狀況，也是關於不同的制度、政策邏輯，區隔的人群和不等價的生命危機。而由於種族、國籍、文化歸屬、政策偏好和資訊不對稱等種種原因，在重新築起的邊界和有條件的流動之間無所適從的留學生，在某種程度上成為了疫情期間的 "無家可歸者"，一種生物危機中的難民。

此外，疫情加劇了個人和家庭在人道主義危機中面臨的種種不平等。隨著各國政府著眼於國內並首要考慮本國公民，其他需要人道主義援助的人被忽視了。隨著新冠疫情大流行的蔓延，全球各國政府都實施了限制出行政策。這就在無意間阻止了救援人員的交通出行，從而阻礙了人道主義應援行動。

在某些情況下，由於政府旨在保護其本國公民而採取了出行禁令。因此，已在國內的救援人員無法提供至關重要的服務。在希臘，即使該國其他地區已恢復正常，尋求庇護者和移民仍受控於嚴格的隔離封鎖政策，從而限制了他們獲得基本服務的機會。國際特赦組織稱，在全球範圍內，由於缺乏獲得援助的途徑，一些難民營面臨的饑餓風險比病毒本身構成的威脅更大。

救援行動的中斷意味著人們獲得肥皂和水的機會更少，而肥皂和水對於控制疫情的傳播至關重要。其他非藥物干預措施，諸如保持社交距離、避免聚集和擁擠的室內空間等，並不適用於許多需要人道主義援助的國家或地區。例如，孟加拉考克斯巴紮爾（Cox's Bazar）的人口密度為每平方公里40,000 人，是整個國家人口密度的 40 倍。在這種情況下，隔離確診病例極其困難，而且由於各國實施了出口限制，個人防護裝備往往難以獲得。

世界已經改變了很多次，但它還依舊在改變。因此，所有人都必須適應一種新的生活、工作和建立關係的方式。就像所有的變化一樣，有些人會失去比大多數人更多的東西，他們將是那些已經失去太多的人。人們所能期望的最好的是，這場危機的深度使人類能夠認識到危機並打破認知的局限，解決危機的第一步應是面對危機。

9-4-2　疫情下的全球公共治理危機

新冠疫情在全球的擴散，不僅僅是由於全球化程度的提高、國際人員往來密切造成病毒的傳播。相反，正是由於全球化還不夠深入、各個國家（或地區）之間的協調合作機制不夠完善，未能形成全球"一盤棋"的公共衛生治理體系，才使得全球公共衛生治理體系在疫情的衝擊下暴露出諸多缺陷。

一方面，作為負責衛生事務的聯合國專門機構，擁有 194 個成員國的世界衛生組織是全球公共衛生安全領域最權威、最專業的國際機構。在突發傳染病的早期檢測預警、協調防控策略、共用診治方法、組織國際援助等方面理應發揮重要作用。

然而，由於許可權不足、資金短缺等問題，世界衛生組織調動全球相關資源、協調各國（地區）合力應對疫情方面的作用並未得到有效發揮。比如，一些西方國家的不以為然，將政見凌駕於專業權威，將個別利益凌駕於公共健康，就錯失了寶貴的窗口時間，對本國和全球都造成不可挽回的損失。

　　世界衛生組織 1 月中旬就向各國各地區發出新冠肺炎疫情警示，1 月 30 日就宣佈新冠肺炎疫情為國際關注的突發公共衛生事件，但一些西方國家對此沒有引起足夠重視，沒有及時為大規模抗疫開展任何資源上的準備，導致付出了沉重的代價。再或者，關於病毒命名和溯源問題，世界衛生組織及時做了科學的命名，多次指出不應該出現汙名化和帶有種族歧視的做法。但美國等一些政治人物和媒體，置世界衛生組織專業權威不顧，一意孤行，嚴重損害了全球防控疫情的大局，給全人類的生命安全和身體健康帶來了極大的威脅。

　　另一方面，毫不誇張地說，新冠肺炎疫情是二戰以來最嚴重的全球危機。病毒對經濟衝擊加劇，給各國各地區帶來不穩定，甚至可能會出現動亂和衝突。這也意味著，國際社會需要大規模、協調一致的、全面的多邊應對措施。只有全面加強國際合作，凝聚起戰勝疫情的強大合力，才能共同抗擊疫情。

　　但少數西方國家尤其是美國在中國暴發新冠肺炎疫情後，不但未能給予必要的援助支持，反而最先採取針對性的旅行限制措施；在疫情暴發、醫療物資緊缺的情況下，不是集中精力防控疫情、尋求與中國的合作，反而將新冠疫情政治化、標籤化、汙名化，對中國的防疫藥品出口施加美國認證門檻；企圖以美國標準、認證貶損中國產品形象；通過發動輿論戰炒作、抹黑中國。美國甚至發起索賠訴訟，妄圖轉嫁國內矛盾，對全球合作抗擊疫情都造成了極為惡劣的影響。

　　同時，新冠肺炎疫情造成的單邊主義和民粹主義高漲，也成為了全球秩序變化的催化劑。究其原因，一是主要大國之間缺少戰略互信，造成以偏概全、“陰謀論”盛行，把新冠病毒危機政治化、把一些經貿問題政治化，構成零和博弈。二是缺乏與時俱進的全球協調機制，難以形成最大公約數的全球話語體系，很容易產生政治情緒，助長保守主義。三是全球缺乏指導新時期發展的理論，對經濟社會發展各種要素的全面作用和相關聯繫分析不夠，對全球治理體系改革、多邊主義以及人類命運共同體缺乏系統、深入研究。

新冠肺炎疫情可能使現有的問題更加嚴重，也可能創造百年一遇的機會。想要把握機會，完善全球公共衛生治理，就需要確立符合全人類最廣泛、最根本利益的價值導向，即必須將人的生命和健康放在首要位置，秉持生命至上、健康至上的價值理念。

其中，"人類命運共同體"理念的核心特質就是以人為本，尊重人的生命，尊重人的健康，以人與動物相區別的最基本屬性為紐帶，排除了性別、膚色、種族、信仰、國別等外在屬性的區別，基於人與人之間的最大同質性、休戚與共的普遍聯繫性，推動全人類守望相助、同舟共濟、共克時艱。

9-4-3　疫情下的科學意識危機

在過去，人們面對瘟疫知之甚少。面對病因不明且傳染性強的疾病，厭惡和恐懼使人們賦予其宗教迷信和道德的意義。

古代將鼠疫當作是上天降罪的工具。《伊利亞特》中的阿波羅為懲罰阿伽門農誘拐克萊斯的女兒而讓阿凱亞人染上鼠疫；《俄狄浦斯王》裡因底比斯國王所犯罪行，鼠疫席捲了底比斯王國；1348 年的大鼠疫在薄伽丘的《十日談》中被這樣描述--佛羅倫斯的公民們行為太不檢點。

麻風病在中世紀被認為是社會腐化和道德敗壞的象徵。法語描繪被侵蝕的石頭表面時的 lépreuse 一詞意為"像患麻風病似的"。瘟疫被看作是對整個社會的審判。到十九世紀後半葉，將災難性流行病解釋為道德鬆懈、政治衰敗、帝國仇恨的做法都很普遍。

1832 年，英國曾將霍亂與酗酒聯繫起來，英國循道公會牧師聲稱："凡染霍亂者，皆酒徒是也"。健康成了德行的證明，正如疾病成了墮落的證據。

而現代科學已經證實，以祈禱來驅散病毒、以殺貓來消滅鼠疫、以板藍根來治療怪病、以偏方來求得心安……這些不科學的防疫措施和應對方法非但不能遏制疫情，甚至可能加劇傳播、傷及更多生命。

相反，19 世紀下半葉現代微生物學的發展及科赫法則使得眾多的傳染病得以明確病原體和傳播途徑，一方面為針對性的防疫措施提供科學依據，另一方面也為疫苗開發提供基礎。20 世紀中葉以來發明的抗生素、重組疫苗和抗病毒藥物更是極大豐富了人類防治傳染病的手段，顯著降低了眾多傳染病對人類社會的威脅。

此外，科學精神也發揮了巨大作用。比如 1796 年詹納正是通過細緻觀察、理性分析和嚴謹試驗的科學精神而發明牛痘疫苗。如 1854 年英國倫敦暴發的霍亂中，斯諾首次通過流行病學調查即地圖標記的方法確定傳染源為一口水井，隨後水井的封閉大大緩解了疫情。

然而，這些積累了數千年人類智慧、被千萬人尊重著的權威的醫療指南和建議，這些現代醫學裡當前證據最強的實踐，卻在疫情期間科學政治化下受到了打擊和動搖。

2020 年 10 月初，Lancet、Science、Nature、NEJM 等一系列世界最頂級的醫學科學刊物紛紛發表文章，以前所未有的姿態嚴厲抨擊了美國總統川普的抗疫表現。

其中，《新英格蘭醫學雜誌》（NEJM）在 10 月 8 日發表的社論中，強烈地譴責了川普政府的無能和失敗，從而使美國的新冠疫情變成一齣悲劇。這是 NEJM 在其 208 年歷史上首次在美國大選前夕明確反對一方候選人，也是極為罕見地以全體編輯名義發表社論。

文章指出，美國原本擁有世界領先的生物醫學研究系統，也有公共衛生等方面的豐富專業知識，以及將這些專業知識轉化為新療法和預防措施的能力。

然而，川普政府卻在很大程度上選擇了忽略甚至貶低專家，摧毀了疾病預防控制中心（CDC）的信譽、將美國國立衛生研究院（NIH）邊緣化、並將美國食品藥品監督管理局（FDA）政治化。企圖掩蓋真相，推動謊言蔓延，不斷削弱人們對科學和政府的信任。

顯然，學界是失望的，其失望不僅僅在於川普在疫情中糟糕的表現，更在於川普對科學意識的摧毀和踐踏。回到瘟疫本身，科學理性地面對包括傳染性流行病在內的疾病，在醫學上建立更完整的疾病敘事，將疾病還原到生理和醫學本身，用客觀的態度來對待瘟疫造成的影響才是人類戰勝瘟疫的最有力武器。

9-5　病毒的警鐘長鳴

自新冠疫情被世界衛生組織定義為全球大流行後，就成為影響全球經濟、政治走勢最重要的變數，疫情擴散範圍和持續性也一再刷新各界的預期。

這樣的疫情，對人、對經濟社會的影響範圍和深度，在過去百年的歷史上都是一個新高。有觀點認為，新型冠狀病毒的影響已經在某種程度上超過了世界大戰。因為即使在世界大戰期間，經濟也沒有像病毒影響這樣而造成停擺，也沒有讓幾乎全世界所有國家都面臨危機與挑戰。

在這樣的歷史性疫情下，關於疫情對經濟、社會以及世界政治格局影響的討論紛至沓來。但這些討論與分析，卻很少從人類與自然的關係進行回溯與思考，從而對人類的行為作出調整。事實上，人類與自然的關係正是人類中心主義與非人類中心主義的爭論。儘管疫情已經在很大程度上改變了世界，但對於疫情的最終影響，人們仍然未知，但這遠非絕對。

從疫情下暴露的全球治理體系的無序失效到國家主義、民族主義、民粹主義的普遍抬頭，都離不開對中心主義的討論。疫情已經用一個自然發出的信號，提示人們思考人們所支配的世界。這也將對疫情過後人們對自然的關係重建產生必要的影響。

9-5-1　從人類中心主義到人類世

在過去的倫理道德觀念中，人類同自然一直處於對立狀態。人類由於同自然相比力量過於弱小而一直渴望能夠征服自然，因此人類的倫理選擇始終都是努力建構自然征服者的倫理身份。

人類中心主義的思想源頭，最早可以在西元前 5 世紀希臘哲學家普羅泰戈拉 "人是萬物的尺度，是存在的事物存在的尺度，又是不存在的事物不存在的尺度" 的思想中窺見。這種將能否為人所用作為事物存在根據的思想影響了柏拉圖，導致他從人的理念出發構造以人為中心的世界。

而在亞里斯多德的著述裡，人類中心主義思想更為明確具體。他在《政治學》中表示："自然不可能毫無目的、毫無用處地創造任何事物。因此，所有的動物肯定都是自然為了人類而創造的"，即動物的價值就是為人提供服務，人是動物的主宰，人不對動物負有道德義務。

在中世紀的神學體系中，上帝不僅創造了人，而且還創造了以人為中心的萬物，因此人是萬物的主宰。托勒密 "地心說" 仍以 "人類中心主義" 為基礎，認為人類不僅在空間位置上處於宇宙的中心，而且在 "目的" 意義上也處於宇宙的中心，因此人是世界萬物的主宰。這種思想催生了以神學目的論為主要思想的人類中心主義的誕生。在 17 世紀，法國哲學家笛卡爾把 "我思故我在" 作為認識論哲學的基礎，強調科學的目的在於造福人類，主張 "借助實踐哲學使自己成為自然界的主人和統治者"。

在人類中心主義的發展演變中，培根和洛克都強調知識的力量，主張人要做自然界的主人。笛卡爾和康得都強調人要做自然的統治者，做自然界的最高立法者。他們都堅持把人作為理解自然的標準，完全從人的利益出發評價世界。

18 世紀以後，數次工業革命推動了科學技術的飛速發展，人類選擇科學改變了自己在自然界的弱勢地位，能夠在某些方面利用科學技術征服自然、改變自然。人們製造槍支獵殺動物，改進漁具捕撈魚蝦，發明藥物對付蚊蟲，採集煤炭驅走寒冷，砍伐樹木修建房屋，修建道路方便通行。

同時，人類所擁有的強大能力，正在對地球上的生態系統產生重大的影響，人類世（Anthropocene）概念也由此誕生。達沃斯世界經濟論壇（WEF）創始人克勞斯·施瓦布（Klaus Schwab）表示："人們必須記住人們現在所生活的時代--這個'人類世'或者'人類時代'，這也是有史以來人類活動第一次成為塑造地球上所有生命維持系統的主要力量"。也就是說，人類的行為已經幾乎成為影響地球面貌的重要力量。

現在，"人類世"這個概念已經不僅僅是一個討論的概念和說法。2019年5月21日，英國著名科學雜誌《自然》報導，權威科研小組"人類世工作組"投票決定，正式向國際地球科學聯合會提出申請，在地質年代表上加上"人類世"，起始時間為20世紀中期。已經有充分的證據表明，在1950年以後的數十年中，地球的一些地質特徵發生了明顯變化，大氣中二氧化碳含量、全球氣溫和海平面都發生了異動，與過去1萬多年來的變化趨勢截然不同。

9-5-2　自然敲響的警鐘

某種程度上，人類已經成為地球的主人或是最重要的統治者，人具有了超越自然的力量，具有了擺脫自然束縛的能力。但恩格斯也說過："人們不要過分陶醉于人們對自然的勝利。對於每一次這樣的勝利，自然界都將對人們進行報復。"

在新冠肺炎流行以後，聯合國環境署（UNEP）發佈了一個被命名為"新冠病毒：自然敲響的警鐘"的視頻。在這個視頻中，聯合國環境署指出："新冠肺炎疫情大流行是自然向人類敲響的警鐘，人們對自然的破壞已經危及到人們自身的生存。平均每4個月就會出現1種新的威脅人類健康的傳染病。其中，75%的新發傳染病是由動物傳染給人類的"。而且，由於人們獵殺野生動物，對野生動物自然棲息地造成破壞，導致很多動物和植物的消失，這給人類的生態健康帶來了威脅。

　　正是由於生物多樣性的存在，病毒不容易傳播轉移到人的身上。而隨著人類活動的範圍越來越大，人類與野生動物的接觸越來越多。再加上不法者非法獵殺野生動物和進行野生動物交易，病毒更容易傳染給人類。

　　新冠病毒與 2003 年的 SARS 冠狀病毒以及 2012 年的 MERS 冠狀病毒同屬於冠狀病毒科 β 屬，都是一種人畜共染病毒。醫學至今也未能確定這種病毒的來源、出現原因及中間宿主，儘管有研究指向病毒的第一攜帶者是來自蝙蝠。但要證實從蝙蝠如何傳播到人類身上的這個傳播鏈條，這條科研路依舊曲折迂迴。

　　目前，已知地球上存在大約 170 萬種未知的病毒。這些病毒傳染給人類之後，很多都會像這次的新型冠狀病毒一樣，是人類所未知的，使人們難以抵禦。這次的病毒出現以後，人們期望能找到治療的藥物以及控制傳染病的疫苗，但由於野生動植物的減少，人們應對這種未知傳染病的資源也在減少。

　　此外，在世界聚焦於新型冠狀病毒大流行造成的健康和經濟危機之際，西伯利亞的很大一部分地區在經歷反常高溫。2020 年 5 月，這個廣闊的俄羅斯地區有些地方的地表溫度已經比平均溫度高出 10 攝氏度。即刻的後果顯而易見：冰雪加速融化，大面積野火較早發生，永凍層融化。西伯利亞的這波熱浪還有另一個令人震驚的影響：永凍層的融化將大量二氧化碳和甲烷釋放到大氣中，很可能加速全球變暖。

　　法國艾克斯-馬賽大學（Aix-Marseille University）病毒學家 Jean Michel Claverie 教授指出，從冰川、凍土中釋放出的病毒一旦接觸到合適的寄主，它們就有可能復活。因此，如果讓人類同曾冷凍的流行病病毒接觸，就可能會被感染，從而開啟一場新的大流行病。

　　2016 年 8 月，在西伯利亞位於極圈內的亞瑪律半島凍原，一個 12 歲男孩就在感染炭疽後死亡，另有至少 20 人入院。而這次炭疽感染的一個可能性起源是，75 年前，一頭感染了炭疽的馴鹿死亡，其屍體埋進了凍土。其身處的凍土在 2016 年夏季的高溫中融化，這頭馴鹿的屍體再度暴露了出來，並將炭疽釋放進了附近的水和土壤，進入了食物鏈。於是，在附近吃草的超過 2000 頭馴鹿被感染，最終導致了部分人類的感染。

　　當然，一個曾具致死性的病毒在經歷冷凍後釋放是否還具有活性，抑或其的殺傷力有無被削弱還需要學界的研究和更充分的證實。但是，氣候變暖的異象頻發，可以確定的是，環境的改變已經把人們推到了一個面臨更大風險的局面。不確定性的增加與氣候變化息息相關，而人們卻依然沒有足夠的警惕。

9-5-3　人類中心到人類主體的確認

　　難以否認，人類的活動的確已經使人類走在危險的邊緣了。當前傳染病的流行對全人類造成了重大影響，甚至是生命的喪失和經濟的倒退。人道主義危機興起，各國政府已採取前所未有的措施來應對新冠肺炎流行的緊急情況。隨著經濟的重建，或許人們還應該抓住的機會是對氣候變化採取同樣大刀闊斧的行動，實現從人類中心主義到去中心化的過渡。

　　去中心化不是否定人類的主體地位。相反，只有確認人類從中心到主體的身份，才能確認人類應負的責任，才能找到人類危機的解困之路。人類不能成為宇宙或自然的中心，但是可以成為保護自然的主體；人類不能成為自然的統治者，但是可以成為自然的保護者。自然作為客體，無論過去、現在抑或將來，都難以做到這一點。要解決日益嚴重的環境污染問題，消除人類面臨的生態危機，只有確定人的主體地位，發揮人的主體作用才能做到。

　　實際上環境污染問題和生態危機都是人類自己造成的，因此只有人類自己才能解決自己製造的問題。人類在進行倫理選擇的過程中，儘管認識到環境同人類的美好生活密切相關，人類可以為自己創造美好的生活環境，也可以保護這種環境。但事實上卻總是事與願違，人類目前還沒有做到這一點。

　　人通過進化獲得了人的形式，進入倫理選擇階段。倫理選擇就是人通過教誨分清對錯、善惡，做一個有道德的人。倫理選擇就是人類要認識到自己作為主體存在的價值以及在解決生態危機中應該承擔的責任和義務，從而真正選擇一條符合人類倫理的科學道路。人類的正確選擇，應該是解決生態危機而不是製造新的危機。

　　在電影《天外來菌》中，一個人類的衛星墜落在猶他州的小鎮上，打開衛星的人們釋放出了致命病毒，病毒幾乎殺死了小鎮上所有人，只留下四個倖存者，造成了整個世界的恐慌。就在人們一籌莫展時，未來人類傳遞的一個加密的代碼，指出這種病毒唯一的剋星正是政府想要開採的礦藏表面的細菌。最後，研究小組大量培養該細菌終於消滅了病毒，拯救了人類。

　　這部影片似乎隱喻著這個時代，人類已經進化到了如此現代文明的程度，最後，反而是最低級的生物拯救了人們的文明。這也更像是一個警告：若人類對大自然沒有敬畏之心，病毒就是修正人類不當行為的一種自然工具。

　　老子在道德經中說：天地相合，以降甘露，民莫之令自均（《道德經》32 章）。天道是均平的，天地相合降下來的甘露，人和萬物都公平地受到了滋潤。同時，天道均平與天道無私又是相聯繫的，因為天道無私，所以它才能均半，萬物都能夠接受它的滋養。在《聖經・馬太福音》5 章 45 節中也講到："他叫日頭照好人，也照歹人；降雨給義人，也給不義的人"。

　　無論是老子還是《聖經》，其所傳達的都是千百年來人類所面對的問題，即在宇宙中，在自然界，在這個地球上，人類在天道的眼中與其他萬物所處的地位是均等的。因此，人類需要對病毒、對環境、對野生動物、對大自然報以敬畏之心。

　　一切美好與不美好事物的存在與發生都有美好與不美好的一面，正如病毒的存在能給人類帶來疫情也能幫助人類消滅細菌一樣。"道大，天大，地大，人亦大。域中有四大，而人居其一焉。"（《老子》25 章）。宇宙有道、天、地、人四大系統，而人類只不過是這個四大系統中的普通一員。人類並沒有比地、天、道尊貴，也並不擁有比物更高的地位。在後疫情時代，人類的大考是需要學習以一種敬畏的心去對待地、天、道，並且要尊重、遵守和愛護地、天、道的運行規律，真正地實現人與自然的和諧共生，使得人類長久地生存與發展。

　　這場疫情正在造成巨大的經濟和政治動盪，除非人們找到匹配的應對方法。對於疫情的最終影響，人們仍然未知。疫情後的世界將會發生重大變化，甚至人類也將面臨危機。但這並不是必然，人們還有選擇。但是，最重要的是，人們總能做出正確的選擇。

Note

第十章　後記

　　《自律與自然--一部人類與瘟疫的鬥爭史》讓我們通過歷史看到，瘟疫在人類的歷史中總是周而復始地以不同的形式出現和存在。正如《聖經》傳道書的 1 章 9-11 節所說：已有的事，後必再有；已行的事，後必再行。日光之下，並無新事。豈有一件事情人能指著說，這是新的。哪知，在我們以前的世代，早已有了。已過的世代，無人紀念；將來的世代，後來的人也不紀念。我們人類每一次所面對的瘟疫，站在歷史的那個時刻而言對於我們人類都是空前的災難，然而我們在走出疫情後，一代一代的人總會隨著時間忘卻了歷史中曾經付出的慘痛代價與教訓。

　　而隨著現代科技的飛速發展，我們的諸多領域從歷史來看都已經進入了一個全新的無人區，包括對環境的破壞、生命科學的探索、生物醫藥的研發、智慧科技的發展等。人類總是會不自覺的被空前的科技盛世所催眠，沉醉在科學技術所帶來的繁榮中，逐步失去了對大自然的敬畏之心。科技的發展在造福人類的同時，也漸漸的讓人類失去了自律，並嘗試著不斷的突破自然的底線。而這次的新型冠狀病毒顯然就是人類在缺乏對大自然的敬畏之後，在突破了人與自然界的一些界限之後，自然界的一些病毒也以人類同樣的方式突破我們人類的免疫屏障進入到人類社會中。

　　而原本我們只需要自律就能極大的降低病毒所造成的傷害，可以說在現代國家治理中，我們人類都完全有能力通過加強自律，只需要借鑒於中國、新加坡、日本等模式對國民進行適度的自律管理。同樣，我們每一個個體也只需要戴上口罩，保持速度的社交距離這樣一種簡單的自律就能直接並且有效的降低病毒的傳播、感染與所帶來的死亡率。但我們卻看到即使是在這樣嚴峻的病毒威脅下，很多國家的很多國民照樣我行我素。很多的人更是寄希望於科技，寄希望於疫苗。顯然，這並沒有錯，人類歷史中的每一次大瘟疫最終都是依靠科技的力量得以有效控制與解決。

　　但科技不是萬能的，我們人類在大自然面前既是強大的，也是最脆弱的。我們似乎一直在對大自然展開探索，一直在不斷的借助於科技拓寬人類的生存邊界，並一直在壓縮大自然的邊界。我們卻忘記了一個最樸素、簡單的道理，那就是我們對大自然的認識還非常有限，當大自然中的一些生態環境被我們人類破壞、改變、壓縮之後，自然界各種未知的病菌為了獲得生存，必然會通過各種自我變異的方式突破人與自然的邊界，從而突破人類的免疫屏障，以人類為其生存的新宿主。

今天的西方世界在這次疫情中正是由於過度的自由民主而導致大量的生命逝去，其中以美國最為典型。美國這樣一個曾經以清教徒為立國基礎的國家，是一個建立在清教徒的極度自律與強大的冒險精神基礎上所建立的強國，卻因為各種的傲慢，在民主與自由中放棄了自律，放棄了最基本的佩戴口罩的自我保護方式。

這一場人類的大瘟疫必然會很快結束，但如果我們人類不能以自律的方式與自然和諧共存，或許不久下一場更大的瘟疫正在前方不遠處等著我們人類。而在我看來下一場人類的大疫情將來自于海洋，這其中有兩個主要的因素：

一方面是海洋本身就生存著成千上萬我們人類未知的病毒與細菌，而今天由於海洋的污染一直沒有被受到足夠的重視，導致海洋的生態環境破壞日趨嚴重，這些人類未知的海洋病毒與細菌在生存空間與環境遭受到擠壓與破壞的時候，在我們不知道的某一天就會變異，並將突破我們人類的屏障以我們人類為新的宿主。

另外一方面是由於全球暖化導致冰川融化，而引發遠古的未知病毒重返世間。2020 年的下半年，一篇論文在《當代生物學》雜誌發佈，科學家在北極凍土層發現了一具 57000 年前的史前生物屍體。這是一頭狼崽的 "木乃伊"，也是目前已知保存最完整的狼木乃伊。可以說由於凍土層的保護，在被發現時保護的異常完好，甚至連胃裡的東西都被檢查了出來。那麼它是怎麼被發現的呢？實際上正是由於永久凍土融化，導致這一狼崽屍體被發現。在南極圈以及北極圈厚厚冰層之下，有著時代非常久遠的凍土，而這些凍土卻十分危險，因為凍土下面或許會埋藏著諸多遠古生物屍體或者病菌等。而這些遠古的未知病毒借助於上帝之手被封存在了厚厚的冰川之下，但遺憾的是我們人類借助於科技的各種方式推進並加速了地球的暖化，導致冰川以驚人的速度被融化，這些遠古被封存的病菌或許在不久的將來就會在我們人類中間復活。

　　敬畏大自然，保護大自然，與大自然之間保持著和諧的邊界，這才是我們人類能夠有效避免大瘟疫的唯一途徑。如果我們不對環境保護問題嚴肅對待，那麼我可以明確的說，人類社會中所出現的下一次危機必然將比這次瘟疫所要付出的代價更為沉重。自律與自然，我們人類都必須肩負的責任，我們需要自律來約束我們的行為，以實現與自然之間的和諧共處，不要在科技的盛世下盲目的以為科技的發展可以幫助我們人類突破自然的底線。對於我們人類而言，對自然的愛護才是對我們人類自身生存最好的守護。

Note

第十一章 參考文獻

第一章

[1]　L. Bos. Beijerinck's Work on Tobacco Mosaic Virus: Historical Context and Legacy. 1999, 354（1383）:675-685.

[2]　Lily E. Kay. W. M. Stanley's Crystallization of the Tobacco Mosaic Virus, 1930-1940. 1986, 77（3）:450-472.

[3]　荷馬《伊利亞特》[M]卷 1

[4]　趙天恩.中國古代麻風史概述[J].中國麻風皮膚病雜誌,2011,27（01）:73-74.

[5]　Michael Kulikowski. Justinian's Flea: Plague, Empire, and the Birth of Europe. 2007, 35（4）:148-148.

[6]　谷應泰《明史紀事本末》[M]卷 78

[7]　Boylston A W. The origins of vaccination: myths and reality[J]. Journal of the Royal Society of Medicine, 2013, 106（9）: 351-354.

[8]　Katherine E Arden, Ian M Mackay. Human rhinoviruses: coming in from the cold. 2009, 1（4）:913-920.

[9]　Briese Thomas, Renwick Neil, Venter Marietjie, et al. Global distribution of novel rhinovirus genotype.. 2008, 14（6）:944-7.

[10]　Andrew Moravcsik. Pandemic 1918: Eyewitness Accounts From the Greatest Medical Holocaust in Modern History. 2019, 98（2）:179-180.

[11]　LiYH,Chen SP.Evolutionary history of Ebola virus[J].Epide-miol Infect,2014,142（6）:1138-1145.DOI:10.1017/S0950268813002215

[12]　Jiang Chenyang, Lian Xiaodong, Gao Ce, et al. Distinct viral reservoirs in individuals with spontaneous control of HIV-1.. 2020, 585（7824）

第二章

[13] 鞏玥,史志祥,陳菁等.冠狀病毒的研究現狀[J].中國生物工程雜誌,2020,40（Z1）:1-20.

[14] 中華預防醫學會新型冠狀病毒肺炎防控專家組.新型冠狀病毒肺炎流行病學特徵的最新認識[J].中國病毒病雜誌,2020,10（02）:86-92.

[15] Cleri DJ,Ricketi AJ,Vemaleo JR. Severe Acute Respinatory Syndrome（SARS）.Infecious Disease Clinics of Noth America.2010,24（1）:175-+.

[16] ZumlaA,Hu DS,Perdman S.Midde East respiratory syndrome. Lancet,2015,386（9997）:9954007.

[17] Aiu I,Kojima K,Nakane M.Tansmision df severe acute respintary syndmme.Emerging Infectious Diseases,2003,9（9）:I1834184. [59]Gdh DLM,Lee BW,Chia KS,et al. Secondary hauschold tmnsmision of SARS,Singpore.Emerging Infectious Diseases,2004,10（2）:232-234

第三章

[18] Gerald W. Volcheck. How the Immune System Works. 2001, 86（3）:350-350.

[19] Effros RB.Roy Walford and the immunologic theory of agingImmun Ageing,2005,2（1）:7.

[20] Walford RL:The Immunologic theory of aging [M].Copenhagen:Munksgaard Press,1969.

[21] Myroslava Protsiv, Catherine Ley, Joanna Lankester, et al. Decreasing human body temperature in the United States since the industrial revolution. 2020, 9

[22] Lungato LGazarini MLParedes-GameroEJ,et alParadoxical sleepdeprivation impairs mouse survival after infection with malaria parasites.Malaria Journal,2015,14:183

[23] Almanan Maha, Raynor Jana, Ogunsulire Ireti, et al. IL-10-producing Tfh cells accumulate with age and link inflammation with age-related immune suppression.. 2020, 6（31）:eabb0806-eabb0806.

[24] Franceschi C, Capri M,Monti D,et al.Inflammaging and anti-inflammaging: a systemic perspective on aging and longevity emerged from studies in humans[J].Mech Aging Dev,2007,128:92-105.

[25] Montecino-Rodriguez E,Berent-Maoz B,DorshkindK.Causes, consequences,and reversal of immune system aging[J].J Clin Invest,2013,123:958-965.

[26] NishimuraH, Nose M, Hiai H, et al. Development of lupus-like autoimmune diseases bydisruption of the PD-1 gene encoding an ITIM motif-carrying immunoreceptor[J]. Immunity,1999, 11（2）:141-151.

[27] Dong H , Zhu G , Tamada K , et al. B7-H1, a third member of the B7family, co-stimulates T-cell proliferation and interleukin-10 secretion[J].Nature Medicine, 1999, 5（12）:1365-1369.

[28] Nagavendra Kommineni, Palpandi Pandi et al.,（2019）. Antibody drug conjugates: Development, characterization, and regulatory considerations. Polym Adv Technol, 2019;1－17, DOI: 10.1002/pat.4789

[29] 張百紅, 嶽紅雲. 腫瘤免疫治療的療效預測因數[J].癌症進展, 2019, 17（01）:7-10+61.

第四章

[30] Sang Woo Park, Daniel M. Cornforth, Jonathan Dushoff, et al. The time scale of asymptomatic transmission affects estimates of epidemic potential in the COVID-19 outbreak. 2020, 31

[31] Cytokine Storm Syndrome: Looking Toward the Precision Medicine Era Edward M.BehrensGaryA.Koretzky.https://onlinelibrary.wiley.com/doi/full/10.1002/art.40071

[32] Into the Eye of the Cytokine Storm. Jennifer R. Tisoncik,a Marcus J. Korth,a et al. aMicrobiol Mol Biol Rev.2012Mar;76（1）: 16 – 32.https://mmbr.asm.org/content/76/1/16

[33] Tung Thanh Le, Zacharias Andreadakis, Arun Kumar, et al. The COVID-19 vaccine development landscape. 2020, 19（5）:305-306.

[34] Lee Wen Shi, Wheatley Adam K, Kent Stephen J, et al. Antibody-dependent enhancement and SARS-CoV-2 vaccines and therapies.. 2020,

[35] Janssen Vaccines & Prevention B.V.A Randomized, Double-blind, Placebo-controlled Phase 3 Study to Assess the Efficacy and Safety of Ad26.COV2.S for the Prevention of SARS-CoV-2-mediated COVID-19 in Adults Aged 18 Years and Older.[R].2020

第五章

[36] Xu, J., et al., Orchitis: A Complication of Severe AcuteRespiratory Syndrome （SARS）1. Biology of Reproduction, 2006. 74（2）: p. 410-416.

[37] Wadman, M., et al., How does coronavirus kill? Clinicians tracea ferocious rampage through the body, from brain to toes. Science 2020.

[38] Wells A U. The revised ATS/ERS/JRS/ALAT diag-nostic criteria for idiopathic pulmonary fibrosis （IPF）-practical implications[J].Respir Res,2013,14（Suppll）:S2-S6.

[39] Yong-Zhen Zhang, Edward C. Holmes. A Genomic Perspective on the Origin and Emergence of SARS-CoV-2. 2020, 181（2）:223-227.

[40]　Xiaolu Tang,Changcheng Wu,Xiang Li,Yuhe Song,Xinmin Yao,Xinkai Wu,Yuange Duan,Hong Zhang,Yirong Wang,Zhaohui Qian,Jie Cui,Jian Lu.On the origin and continuing evolution of SARS-CoV-2[J].National Science Review,2020,7（06）:1012-1023.

[41]　Xiao Kangpeng, Zhai Junqiong, Feng Yaoyu, et al. Isolation of SARS-CoV-2-related coronavirus from Malayan pangolins.. 2020, 583（7815）:286-289.

[42]　宋新明.流行病學轉變--人口變化的流行病學理論的形成和發展[J].人口研究,2003（06）:52-58.

[43]　Fan, C., et al., ACE2 Expression in Kidney and Testis MayCause Kidney and Testis Damage After 2019-nCoV Infection. medRxiv, 2020: p.2020.02.12.20022418.

[44]　Marinho Paula M, Marcos Allexya A A, Romano André C, et al. Retinal findings in patients with COVID-19. 2020,

[45]　Jonathan P Rogers, Edward Chesney, Dominic Oliver, et al. Psychiatric and neuropsychiatric presentations associated with severe coronavirus infections: a systematic review and meta-analysis with comparison to the COVID-19 pandemic. 2020, 7（7）:611-627.

[46]　李雪英.PTSD 的認知理論及認知行為治療.中國臨床心理學雜誌,1999,7（2）:125～128

第六章

[47]　陳根《數字孿生》[M].2019

[48]　麻省理工科技評論.以色列科學家發明可重複利用口罩,USB 連接手機充電器能消滅病毒[EB/OL].http://mapp.mittrchina.com/mittrchina_h5/app/shareArticleInfo/shareArticleInfo.html?uid=26103&ccid=2587

[49] 哈麗特·康斯特布林.肺炎疫情:能抵禦傳染病的城市會是什麼樣子 [EB/OL].https://www.bbc.com/zhongwen/simp/amp/world-52529304?__twitter_impression=true

[50] 邱建,李婧,毛素玲,李異.重大疫情下城市脆弱性及規劃應對研究框架 [J/OL].城市規劃：1-9[2020-10-20].http://kns.cnki.net/kcms/detail/ 11.2378.TU.20200909.1447.008.html.

第七章

[51] 鳳凰網財經.龍永圖:有人開始談"去中國化" 我們要保持高度警 惕[EB/OL].https://finance.ifeng.com/c/7wKHwBqo2uO

[52] 復旦平安安觀經濟研究中心.疫情下的中小微企業[R].2020-5-8

[53] 朱晨波.疫情衝擊下中國航空業發展探討[J].民航管理,2020（06）:22-25.

[54] 李寧.好萊塢電影產業模式的發展嬗變（2009—2019）[J].當代電 影,2020（04）:112-120.

[55] 未來智庫.數位化前瞻研究:數位新基建,數位生態,數位經濟[R].2020-6-7

第八章

[56] 鄒松霖.從壞典型到好榜樣:韓國抗疫不靠"封城"靠什麼？[J].中國 經濟週刊,2020（06）:99-102.

[57] Deep Knowledge Group.COVII-19 Regional Safety Assessment （200 Regions ） EB/OL]hts//www.dkv.global/covid-safety-assesment-200-regions.

[58] 張澤滈,劉宏.漸進決策與治理能力--以新加坡對抗新冠疫情為例[J]. 湖北社會科學,2020（08）:42-51.

[59]　顧林生,任傑昊.面對疫情　日本快速回應施策[J].中國應急管理,2020
　　　（02）:52-54.

[60]　The Editors. Dying in a Leadership Vacuum. 2020, 383（15）:1479-1480.

[61]　冉冉.反智、民粹：川普領導下的美國疫情治理[J].中央社會主義學院
　　　學報,2020（03）:53-60.

[62]　（美）艾德勒.六大觀念[M].北京:三聯書店 ,1989.16.

[63]　古希臘羅馬哲學[M].北京:三聯書店,1957.49.

[64]　蒙培元.中國哲學主體思維[M].北京:人民 版社.1993.121.

[65]　Larry M.Bartels.Unequal Democracy:The Political Economy of the New
　　　Gilded Age[M].Princeton:Princeton University Press,2008:112.

[66]　 James D.Hunter.Culture Wars:The Struggle to Define America[M].New
　　　York:Basic Books,1991.

[67]　 Morris P.Fiorina et al.Culture War:The Myth of a Polarized
　　　America[M].New York: Pearson Longman,2005.

[68]　劉明明,劉依.美國陷入疫情困境的體制根源[J].前線,2020(08):20-23.

[69]　劉柏惠《美國衛生事權劃分與轉移支付制度借鑒》,《地方財政研究》,
　　　2016 年第 8 期。

[70]　2 K. J. Arrow,Uncertainty and the Welfare Economics of Medical Care,The
　　　American Economic Review,Vol. 53（5） ,1963.

第九章

[71]　Mchi R,Kelme H Teres of Emc6sa Emotion;Theo9,Raeesth, Euperene[M]. NewYoet:Aadesms Phes, 1980.

[72]　賴勝強,唐雪梅.資訊情緒性對網路謠言傳播的影響研究[J].情報雜誌,2016,35（01）:116-121.

[73]　李英桃.新冠肺炎疫情全球大流行中的"脆弱性"與"脆弱群體"問題探析[J].國際政治研究,2020,41（03）:208-229+260.

[74]　OCHA,Global Humanitarian Response Plan Covid-19:United Nations Coordinated Appeal（A-pril-December2020）,March28,2020, https://www.unocha. org/sites/unocha/files/Global-Humanitariar-Response-Plan-COVID-19.pdf；《2019 冠狀病毒病全球人道主義應對計畫:聯合國協調呼籲（2020 年 4 月—12 月）》。

[75]　《特殊時期最寶貴的人權保護--抗擊疫情離不開命運共同體意識》,《人民日報》,2020 年 4 月 16 日第 3 版

[76]　李映紅.論人與自然互主體性的複歸[J].中國礦業大學學報(社會科學版）,2020,22（04）:90-100.

Note

Note